Das dtv Reise Textbuch Prag führt auf neue Art und Weise zu den Sehenswürdigkeiten der Goldenen Stadt.

Reiseberichte, Briefe, Tagebuchnotizen, Jugenderinnerungen, Inschriften, Sagen, Legenden, lyrische Gedichte, Balladen, Ausschnitte aus Erzählungen und Romanen besagen mehr und anderes, als im Reiseführer steht, über eine Straße oder Gasse, einen Platz, eine Kirche, ein Schloß, ein Café oder Bierlokal, einen Friedhof, einen Park, eine Brücke...

Eine Fülle solcher Texte enthält dieses Buch. Sie lassen die glanz- und leidvolle Geschichte Prags lebendig und seine Gegenwart verständlich werden.

Die dtv Reise Textbücher, topografisch gegliedert und darum praktisch zu handhaben, erweisen ihren Wert an Ort und Stelle. Sie sind aber ebenso dienlich bei der Vorbereitung auf eine Reise und ebenso sinnvoll beim Nach-Lesen, wenn man wieder zu Hause ist.

REISE TEXTBUCH PRAG

Ein literarischer Begleiter auf den Wegen durch die Stadt

Herausgegeben von Heinrich Pleticha
Mit Fotos von Werner Neumeister und Heinrich Pleticha

dtv

Deutscher Taschenbuch Verlag

Originalausgabe, Juli 1988

Redaktion Langewiesche-Brandt
Umschlaggestaltung: Celestino Piatti
Gesamtherstellung: Kösel, Kempten
ISBN 3-423-03908-6. Printed in Germany

INHALTSVERZEICHNIS

CHARAKTERBILD

ZWISCHEN NATIONEN UND KONFESSIONEN

INHALTSVERZEICHNIS

HRADSCHIN

KLEINSEITE

MOLDAU

KARLSBRÜCKE

ALTSTADT

JUDENSTADT

JUDENFRIEDHOF UND ALTNEUSYNAGOGE

NEUSTADT

VORSTÄDTE

WÜRSTE UND BIER

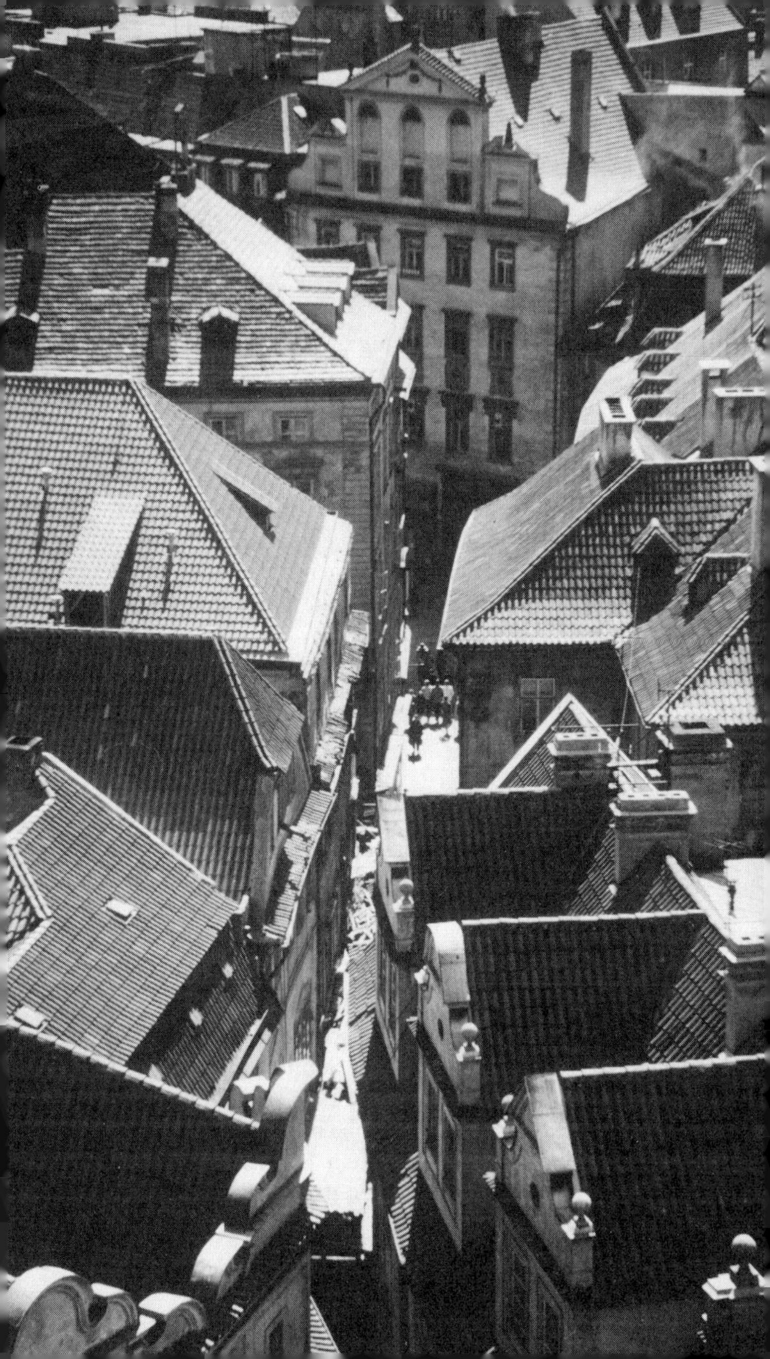

CHARAKTERBILD

Die Faust im Wappen

Alles was in dieser Stadt an Sagen und Liedern entstanden ist, ist erfüllt von der Sehnsucht nach einem prophezeiten Tag, an welchem die Stadt von einer Riesenfaust in fünf kurz aufeinanderfolgenden Schlägen zerschmettert werden wird. Deshalb hat auch die Stadt die Faust im Wappen.

Franz Kafka (1883–1924)

Die Farben der Stadt

Die Farben dieser Stadt sind Rot und Gold. Es sind die alten Farben Spaniens. Und tatsächlich: es besteht eine tiefe Verwandtschaft zwischen Spanien und dieser Stadt. Schon äußerlich: wer je vom Laurenziberg gegen den Hradschin blickte, dem wird die Verwandtschaft mit dem Escorial aufgefallen sein und der wird begreifen, warum der ganz vom spanischen Geist erfüllte Rudolf II. nur hier sich heimisch fühlte. Und wer je an einem heißen Sommertag vom Weißen Berg westlich in die von Sonnenglast erfüllte Ebene sah, der fühlte sich in die Hochebenen Spaniens versetzt. Aber die Verwandtschaft ist nicht nur eine äußerliche, sondern auch eine innerliche: in dem Hinneigen zum Nihilismus, zum Extrem, in der Bereitschaft zur letzten Konsequenz.

Rot und Gold. Es sind nicht nur die Farben Spaniens. Sondern auch die Farben von Byzanz. Byzanz aber, das ist der Osten. Und tatsächlich: es besteht eine tiefe Verwandtschaft zwischen dem Osten und dieser Stadt. Schon äußerlich: Wer je vom Žižkaberg an einem nebeligen Tag östlich blickte, der glaubte die endlose Weite Rußlands vor sich zu haben. Aber auch diese Verwandtschaft ist nicht nur eine äußerliche, sondern auch eine innerliche: der Nihilismus des Ostens, seine Lethargie, seine Schwermut, seine oft mystische Glaubenskraft, all dies durchpulst immer wieder das Leben dieser Stadt.

Rot und Gold. Es sind nicht nur die alten Farben Spaniens und Byzanz', sondern auch die alten Farben Roms. Und tatsächlich: es besteht auch eine tiefe Verwandtschaft zwischen Rom und dieser Stadt. Schon äußerlich: diese Riesenpaläste – Waldstein-Palais, Czernin-Palais, diese Paläste der Lobkowitz, Thun, Schwarzenberg – und diese Kirchen, wie St. Niklas, St. Ignatius, sie alle atmen schon römisches Format, wie man es kaum in Wien und kaum in Salzburg trifft.

Die Farben dieser Stadt sind Rot und Gold. Es sind die Farben Spaniens, die Farben von Byzanz und die von Rom. Und so wie diese Farben ist diese Stadt. Sie gehört Spanien und damit dem Westen, sie gehört Byzanz und damit dem Osten, sie gehört Rom und damit der Welt. Sie ist überall zu Hause: als Rilke, dieser Ur-Prager, nach Rußland kommt, gerät er in Ekstase. Hier sei seine Heimat, bekennt er. Und als er in Paris lebt, äußert er sich, dies sei das Beste, was von seinem Leben zu berichten wäre. Und in Wirklichkeit ist er überall daheim. Nach Rilke könnte man Dutzende anderer Beispiele anführen: wie Masaryk, wie Werfel, wie Kafka.

Willy Lorenz

Ein Glanz vom Abend

Man kann dich, Prag, nicht so in Worten malen
wie irgend eine andre alte Stadt
mit Burg und Fluß und Turm; das Bild bleibt matt,
es müßte jedes Wort besonders strahlen;

es müßte leuchten, wie wenn an Portalen
ein Glanz vom Abend sich verfangen hat!
Wie stürmt dein Jahr! Wie ist der Sommer satt
in deinen Gärten, diesen stillen, schmalen,

die mit Terrassen von den Höhen steigen.
Wie kann der Frühling sich in Blüten neigen
bis an den Strom! Es dunkelt Turm und Tor,

Paläste stehn, von goldnem Glanz umdüstert,
Und wo Verschollenheit in Lauben flüstert,
stürmt schon dein Traum versteint den Berg empor!

Leo Hans Mally (geb. 1901)

Prags eigentliches Antlitz

Überhaupt sind es die Tag- und Nachtstunden atmosphärischen Aufruhrs und die Stunden des Übergangs, in denen Prags eigentliches Antlitz sichtbar wird, das wie ein Urbild unter vielen Masken schlummert: das Antlitz einer uralten verwitterten Stadt, die ihr Geheimnis hütet. Wenn an lichtlosen Nebeltagen des Herbstes oder Winters alle Form und Gliederung der Bauten vom Grau der Mauern aufgesogen wird, wenn sich die Häuserfronten dumpf verschließen und auch vertraute Gassen abweisend erscheinen, dann weiß man plötzlich, daß dies die Stadt des Golem ist, das Prag der Alchimisten, Astrologen und Beschwörer dunkler

Mächte, wie sie der menschenscheue Kaiser Rudolf II., aber auch ein Wallenstein, in ihren Dienst beriefen, der Schauplatz dunkel ausweglosen Schicksals, das Kafka in immer neuen Abwandlungen beschreibt. Prag hat erst eigentlich in unserer Zeit den Hauch des Mystischen und Hintergründigen verloren, der ihm Jahrhunderte hindurch zu eigen war. Es scheint, als sei mit der Zerstörung des sagenumwobenen Ghetto und mit dem Bau der Uferstraßen, welche der innigen Verschränkung von Fluß und Stadt ein Ende bereiteten, der Mythos der Unzugänglichkeit dahingeschwunden.

Götz Fehr (1918–1982)

Alte Stadt mit Türmen

Alte Stadt mit Türmen (hoch über dem Fluß) und Getrieb der zwei Völker... In Sommertagen am schönsten, doch im Winter am seltsamsten. Der Nebel steigt aus dem dunklen Fluß; aus dem Flusse, der zugleich schwermütig, zugleich leuchtsam ist; der Nebel dampft aufwärts, zieht wehend empor zur Burgstadt, die jenseits der Flut mit grauen, grünen Türmen in die Wolken ragt.

Schau, diese Türme scheinen durch die Luft zu fliegen, weil nur die Umrisse des oberen Teils und die Spitzen herausragen aus dem brauend weißen Dunstgebild, das sie umfängt. Alte, stumme Türme fliegen durch die Luft, ganze Bündel von Türmen, unten ist das Getrieb der Völker in ehrwürdigen Wundergäßchen mit alternden Fassaden, mit steinernen Winkeln, mit Häusern, auf denen Moos wächst, mit Toren, die jedes vom Schicksal berührt sind...

Dann große Straßen, breite Plätze, aber nicht allzu viel, auch sie der Gegenwart entrückt; bergen Erinnerungen...

Zwischendurch Mädel mit Stuppsnasen. Fremde Laute.

Alfred Kerr (1867–1948)

Behagliche Stadt

Ansonst war Prag, mit den heutigen Verhältnissen verglichen, damals eine behagliche, ruhige Stadt. Am «Goldenen Brünnel» droben hörte man nur den Strom eintönig vom Wehr herauf brummen und die Hufe der Rößlein klappern, die die Wagen der Straßenbahn zogen. Die Kleinseite war ein Stilleben. Ich bevölkerte die sommerlichen Anlagen des Kinsky-Gartens, schwärmte durch die mondbeglänzten Gassen, berührte schaudernd die Pforten der alten Paläste, als müßten sie sich vor mir auftun, ich saß nachts auf der Brüstung der Steinernen Brücke neben einem vergnügten Heiligen und hörte in der schwarzen Moldau drunten die Bäche meiner Heimat singen. Auf der einsamen grasigen Stiege, die vom Laurenziberg zur Welschengasse hernieder führte, schrieb ich die ersten Liebesgedichte, träumte ich mir die Gestalten des Dombauers Parler, des Sternenkaisers Rudolf und seines Astronomen Kepler, des Winterkönigs, der schwedischen Feldherren. Ich sah die Stadt mit den Augen eines Eichendorff, und nur zuweilen fühlte ich die Dämonie des Völkerhasses darüber schweben. So nahm ich unbewußt dämmernd den Reichtum dieser Stätte in mir auf.

Hans Watzlik (1897–1948)

Regnerisches Prag

Die Bäume ziehen um
Der Wind
Mischt Blätter mit Früchten
Unter dem Gewölbe der Gemüsehändlerbuden
Es ist Montag
Ein Dudelsackpfeifer spielt
Der Spieler
Während die Eismänner auf Blättern pfeifen

CHARAKTERBILD

Trinkt er
Trinkt
Aus einer Kürbisflasche

Ein Weißdornstrauch und seine hohe Frisur
Eine Irrsinnige verbeugt sich

Tage kommen
Am Stock aus den Branntweinschenken
Einen grauen Regenschirm
In der Hand
Der Tag ist eine Hökerin
oder eine Kartenspielerin

Ein Herr eilt aus dem Büro
Er betritt eine Waage
Eilt weiter ins Unbekannte

Heute werden alle Schwellen mit Kot bespritzt

Schon gehe ich
In die Zeltnergasse
Um den Keller zu riechen

Der Tabak wird feucht
Vergeblich suchst du in allen Taschen der Welt Zündhölzer

Heute schmeckt gut
Die Knoblauchsuppe
Auf dem Teller
Der Stiftungsgassen

Alte orthodoxe Juden
Und ihre zusammengeklappten Schirme
Stehen lange
In Trüppchen
An der Ecke des Kastulusplatzes
Sie stehen in Trauer
Nachdem sie ihr Gebet für die Toten beendet haben
Sie stehen und bilden sechszackige Sterne

CHARAKTERBILD

Ich atme in der Langen Straße
Wo ein Esel schreit
Den Geruch der Fleischerläden ein
Das Pflaster ist mit Mehl bestreut
Ich weiß nicht wer es als Falle gestreut hat für
  unsichtbare Wesen

Sie gehen
Und machen Halbwendungen
Schon zum dritten Mal hat mich eine kalte linke Hand
  berührt
Ich habe es an der Richtung des Daumens erkannt

Der Wind
Kalt wie ein Lederhandschuh ohne Finger
Wärmt sich
Er wärmt sich über dem Kessel der Würstelverkäuferin

Schon seit dem Morgen erkennt man nicht wie spät es ist
Welche Jahreszeit
Man erkennt nicht welches Datum ist
In der Torfahrt hängt ein Kalender
Ein Papagei reißt die Blätter ab

Heute schmeckt die Pfeife
Und ein Ostseehering
Die Straßen fahren nach Norden
Die Kinder bekommen Schnupfen
Aus dem Kloster kommen drei Franziskaner

Es ist die Stunde
Wo sich die Hunde zusammenrotten
Wo der Kriminalfall
Zu Ende gebracht ist
Das Viertel ist abgesperrt
Ein Schuß verhallt wie ein Schrei im Schornstein

Noch eine Woche wird es bewölkt sein

Die Hausmeisterin grollt
Daß der Schornsteinfeger
Der nach dem Sonntag gekommen ist
Auf jeder Stufe eine Trauernachricht hinterlassen hat
Der Schornsteinfeger der Unglückspostbote
Ihn begleiten Tränen
Und Wind

Regnerisches Prag

Vítězlav Nezval (1900–1958)

Stadtviertel

Unserer Ansicht nach würden wir Prag in folgende Viertel teilen: Das Burg- und Kleriseiviertel (der Hradschin). Es enthält eine unbewohnte Burg und eine Menge von Domkapitularen, welche mit der ihnen zuständigen männlichen und weiblichen Dienerschaft die Häusermehrzahl dieses Viertels bewohnen. – Ein luftiges Nest auf hohem Berge; vergeht einem zwar der Atem, ehe man Reinheit der Luft erreicht, von der sich mit vollkommener Gewißheit behaupten läßt: Kein Jude habe sie noch in seinem Munde gehabt. – Ward es mir zu schwül und zu drückend in der untern Stadt, dann ging ich hinauf, fest versichert, mir an der wunderschönen Aussicht nicht den Magen, wie in der Schalheit der Prager Gesellschaft den Geschmack zu verderben.

Das Bürokraten- und Artillerieviertel (Kleinseite) mit dem Augezd: Von der geistes- und goldarmen Bürokratie Prags und dem Lunten tragenden Teil der Garnison bewohnt. Wer dieses Viertel durcheilt, begegnet gewöhnlich nur Herren mit Aktenbündeln und wichtig machender Geschäftigkeit, Damen, von Fleisch und Gemüse tragenden Dienstmädchen gefolgt, und rotbraunen Artilleristen, an denen jeder Zoll ein mathematischer Beitrag zur Quadratur des

Zirkels. Daß diese demohngeachtet noch nicht gefunden, kann nicht sowohl ihnen, als vielmehr andern Umständen zur Last gelegt werden.

Das Aristokraten- und Handelsviertel (die Altstadt), teils von den ersten Gliedern der Haute volée, zumeist aber von dem eleganten Handelsstande bevölkert. In prachtvollen Palästen höchst eingezogene Familien eines uralten Adels. In eleganten Gewölbsauslagen noch elegantere Warenlager, hinter glattpolierten Kirschbaumbudeln höfliche gewandte und zuvorkommende Commis. – Besonders kann man Letztere nicht mit Unrecht mit den Namen seiner *teuersten* Freunde belegen.

Das Judenviertel. Wer noch nie in dieser Gegend gewesen, wird dieselbe schon in der nächsten Nähe nicht allein an dem gestikulierenden Rundgange der Söhne Abrahams, Isaaks und Jakobs, sondern auch an dem Schmutz und Unflat erkennen, der hier anfängt, die ganze Judenstadt durchzieht, und erst mit ihr wieder endet. Wem übrigens etwas in Prag verloren gegangen, er kann versichert sein, daß er es hier nicht wieder findet, obwohl es nur *hierher* seinen Weg genommen.

Hinter der Judenstadt beginnt das Fabriks- oder Arbeiterviertel. Der eigentliche Aufenthalt der untersten Volksklassen Prags, die größte Rohheit und Unwissenheit haben hier ihren Wohnsitz aufgeschlagen. Nur die Ehrlichkeit dieser Bevölkerungsklasse kann ihn in etwas erträglich machen. Hier wird das meiste Bier getrunken, so wie die meisten Gewinnste der Lotterie-Collekturen vom Grün- Geflügelvieh- und Wildbretmarkte hierher ihren Ausfluß nehmen.

An dem Pulverturme fängt das Viertel der Geldaristokratie an, und zwar besteht diese teils aus bankrotierten und dabei reich gewordenen Kaufleuten, teils aus solchen, die auf dem besten Wege sind, ihr gleiches Glück im Wege eines bedeutenden Fallissements zu begründen. Den Schluß machen jene, die zu hoch stehen, um je fallieren zu können, und endlich jene Private, denen ihr anderweitig erworbenes Geld im Wege des gegenwärtigen adeligen Verwirtschaftungssystems zu Häusern verholfen hat. In diesem Viertel ist das Geld keine Chimäre, obgleich man es lieber einnimmt als mit demselben herausrückt.

Der ganze obere Teil der Neustadt mit Einschluß des Karlshofes sollte füglich mit dem Namen des Hornviehviertels bezeichnet werden, denn man findet in dieser Gegend mehr Schlachtvieh und sonstiges Vieh als Menschen. Den Hauptteil der Bevölkerung bildet die auf Kosten der Menschheit gemästete Menschheit der Bäcker, Bräuer, Müller und Holzhändler. Sie führen die ganze Woche hindurch Fleisch, Bier, Mehl und Holz spazieren, am Sonntage aber sich selbst, um auf solche Weise das Sonntagsfutter ihrer Pferde hereinzubringen.

Unterhalb des Viehmarktes schließt die Stadt mit dem Holzgarten- und Flamänderviertel. Wer die Grobheit und Gemeinheit Prags in ihrer ganzen Naturschönheit kennen lernen will, dem raten wir, in Begleitung eines tüchtigen Stockes, den Besuch dieses Viertels an.

Anonym, 1845 (Prag und die Prager)

In den Gassen der Stadt

Auf dem großen Ring hörte ich die Mädchen am Brunnen böhmisch und deutsch durcheinander schwatzen, hörte am Abend den Liedern der frommen Beter an der Mariensäule zu. Die ungarischen Grenadiere auf der Wache am Rathause wurden von Italienern abgelöst; wie in einer Zauberlaterne wechselte das bunteste Leben. Dann schlenderte ich ein andermal auf dem Wissehrad umher, wo über versunkenen königlichen Palästen die Gänse schnattern und die Ziegen weiden, und wo ungemein zerrissene Wäsche getrocknet wird. Wieder ein andermal lehnte ich unter dem Schutze des heiligen Johannes von Nepomuk auf der berühmten Brücke und sah, ohne meiner unsterblichen, vernünftigen Seele einen Grund dafür angeben zu können, stundenlang in die Moldau hinab. Dann stieg ich nachher wohl durch die steilen Gassen der Kleinseite die Treppe zum Hradschin herauf, und sah über die Mauerbrüstung die stolze Böhmenstadt zu meinen Füßen liegen. Manche heiße Sommerstunde verbrachte ich in der kühlen dämmerigen Halle des Domes von Sankt Veit; aber Jemima Löw verfolgte mich bis unter den purpurnen Baldachin, der das Grab des heiligen Nepomuk überhängt. Da ist an der Wenzelskapelle der große Türring, an welchem sich der heilige Herzog und Landespatron im Todeskampfe hielt, als er von dem verräterischen Bruder erschlagen wurde. Wenn man diesen Ring mit Ehrfurcht küßt, so ist das nützlich und gut gegen mancherlei Übel: ach, gegen das, was mich bedrückte, hätte solch ein Kuß doch nicht geholfen. Ein gutes Mittel gegen Kopfweh ist's ferner, wenn man von einem alten Holzschnitzwerk neben der Tür den Staub abreibt und damit drei Kreuze auf die Stirn macht; – ich hatte auch öfters Kopfweh – echtes körperliches, nicht nur geistiges – in jenen seltsamen Tagen; ach, ich konnte es nicht heilen durch solches Bekreuzigen. Die Pein legte sich nur dann ein wenig, wenn ich spornstreichs die Treppe von der Kaiserburg und dem Dom wieder herabsprang und über die Brücke, vorüber am heiligen Nepomuk und den andern Bildern, zur Josephsstadt rannte.

Wilhelm Raabe (1831–1910)

Torbogen nahmen mich auf

Torbogen nahmen mich auf und entließen mich, Paläste zogen langsam an mir vorüber mit geschnitzten, hochmütigen Portalen, darinnen Löwenköpfe in bronzene Ringe bissen.

Auch hier überall Schnee, Schnee. Weich, weiß wie das Fell eines riesigen Eisbären.

Hohe, stolze Fenster, die Simse beglitzert und vereist, schauten teilnahmslos zu den Wolken empor.

Ich wunderte mich, wie der Himmel so voll ziehender Vögel war.

Als ich die unzähligen Granitstufen emporstieg zum Hradschin, jede so breit, wie wohl vier Menschenleiber lang sind, versank Schritt um Schritt die Stadt mit ihren Dächern und Giebeln vor meinem Sinn.

Schon schlich die Dämmerung die Häuserreihen entlang, da trat ich auf den einsamen Platz, aus dessen Mitte der Dom aufragt zum Thron der Engel.

Gustav Meyrink (1868–1932)

Steinernes Geschichtsbuch

Man hat Prag oft ein steinernes Geschichtsbuch genannt, es ist dies keine Redensart. Prag ist wirklich eine steinerne Chronik und zwar eine mit den schönsten Illustrationen und den wunderbarsten Ornamenten geschmückte. Das fabelhafte Bad der Libussa auf dem einsamen, trümmerreichen Wischehrad, die einfache Capelle, in der Huß gepredigt, der majestätische Theyn, der grabsteinbesäete Judenkirchhof, jenseits der Brücke der Palast des Friedländers mit seinen ausgedehnten Gärten, wie für einen Monarchen mit einem Heer von Dienern geschaffen, das Goldschmiedgäßchen, in dem die Alchymisten des zweiten Rudolf wohnten, der in der Einsamkeit seinen Träumen nachhing, während er eine Provinz nach der andern verlor, das Ferdinandeische Lustschloß, wo Tyho de Brahe's Observatorium stand, der Wladislaw'sche Tract des Hradschins, aus dessen breitem Fenster zwei königliche Statthalter und ihr Secretär in den achtundzwanzig Fuß tiefen Wallgraben flogen – alle diese und noch hundert andere denkwürdige Ruinen, Gräber, Häuser, Paläste sah ich wieder und wieder an, bis die Vergangenheit, die Geschichte, die sich an sie knüpfte, vor meinem Blicke lebendig ward.

Alfred Meissner (1822–1885)

Viel hundert Sagen...

In Prag bin ich entschieden mal geboren,
Vielleicht vor tausend Jahren, wer kanns wissen,
So ist mein Herz der alten Stadt verschworen;
Dort möcht ich immer meine Fahnen hissen.
Palerm und Ripen gehn mir nicht verloren,
Die waren auch von je mir Leckerbissen.
  In Prag aß ich auch mal im Blauen Stern
  Mit Oskar Wiener, einem Dichterherrn.

Du mußt es sehn, wenn sich der volle Mond
In seinen Gassen, Gäßchen eingefangen,
Wenn im Barock er auf den Kirchen thront,
Wenn seine Lichter den Hradschin umprangen,
Den silbernen Sarg Sankt Nepomuks umfangen,
Wenn er in Waldsteins großer Halle wohnt.
  Viel hundert Sagen singen und Geschichten,
  Ganz Praha ist ein Goldnetz von Gedichten.

Detlev von Liliencron (1844–1909)

ZWISCHEN NATIONEN UND KONFESSIONEN

Prager Bürger

Auf eine hohe Stufe der Wohlhabenheit hob sich die Prager Bürgerschaft schon zu Anfange des XIV. Jahrhunderts. Die damals höchst ergiebigen Silberbergwerke von Kuttenberg und die Goldbergwerke zu Eule verbreiteten Reichtum im ganzen Lande, vorzüglich aber in der Hauptstadt, und veranlaßten hier ein rasches Zuströmen von Volk aus allen Teilen von Westeuropa.

Prag wurde das Eldorado vorzüglich deutscher Glücksritter; um so mehr, als jene Přemysliden, deren Hof damals den deutschen Kaiserhof an Glanz überstrahlte, ihnen durch Anlegung und reiche Dotierung vieler Stifter für die Tempelherren, die deutschen Ritter, die Johanniter, die Kreuzherren und andere streng geistliche Orden, für ihr Unterkommen gesorgt hatten.

Unter diesen Umständen füllte sich die Stadt immer mehr mit Kirchen, Klöstern und ansehnlichen Wohngebäuden.

František Palacký (1798–1876)

Drei Nationen

Es heißt, daß Böhmen das Herz von Europa sei und daß, wer es besitzt, der Herr Mitteleuropas wird, mag sein. Aber Prag liegt an einer Linie, auf der die gewaltigsten

Bewegungen ihrer Zeit aufeinanderprallen – die Slawen und Germanen, die katholische Kirche und das Hussitentum, Tradition gegen Revolution, der katholische und evangelische Glauben, die Macht des Herrschers und die des Adels. Immer wieder gab es dann einen Zusammenbruch, von dem das Land sich erstaunlich schnell erholte und zu einer neuen Blüte kam. Seit 800 Jahren waren die Randgebiete von Deutschen besiedelt, gar nicht so viel weniger lang als im Inneren die Slawen hausten, welche den germanischen Stämmen der Markomannen und Quaden gefolgt waren, diese wieder den Ureinwohnern, den Kelten. Die Bewohner Böhmens, ob slawischer oder deutscher Zunge, waren seit jeher fleißige und tüchtige Menschen gewesen, so daß es ein reiches Land wurde, aber wie alle wirklich tüchtigen Völker waren sie auch sparsam. Prag machte mir den Eindruck einer behäbigen Stadt, Hauptstadt eines Landes, in dem alles fett war, die Ernten, das Vieh, das Wild – nirgends waren die Hasen, die Fasanen und Rebhühner so fett und daher so wohlschmeckend. (...)

Man pflegt zu sagen, daß die Bewohner Prags zwei Nationen angehörten, eigentlich waren es drei, denn seit Hunderten von Jahren gab es außer Deutschen und Tschechen auch eine starke jüdische Bevölkerung. Für alle diese drei war Prag die Heimat, und nicht nur, daß sie sich dort zu Haus fühlten, sie empfanden sich als Miteigentümer. Die Tschechen haben einen ungeheuren Fehler begangen, die Stadt als nur ihnen gehörig zu beanspruchen und mit allen Mitteln zu versuchen, die deutsche Sprache auszumerzen; anstatt froh zu sein, daß die Deutschen in Prag sich als Böhmen fühlten, wurde es ihnen ausgetrieben. Vor dem Jahr 1914 war das noch nicht gelungen, und die Prager lebten recht verträglich miteinander. Was auch die k. u. k. Verwaltung erleichterte, die stets bestrebt war, kein Herrenvolk aufkommen zu lassen.

Alfons Clary-Aldringen (1887–1978)

Zwischen den Rassen

Ein eigentümlicher, für eine in vielen Kreisen gemischte Kultur bezeichnender Zwiespalt machte damals manchem zu schaffen: das «Zwischen-den-Rassen-Stehen». Wir denken hier nicht so sehr an die Juden. Die Emanzipation hatte sie zwar in die kulturellen und politischen Tageskämpfe stark mithereingerissen. Aber ihre persönliche Entscheidung war durch ihre Herkunft gegeben: soweit sie der städtischen Bevölkerung entstammten, hielten sie sich ans Deutschtum. Soweit sie vom Lande zugezogen waren, vollendeten sie den draußen begonnenen Tschechisierungsprozeß nun bis zur völligen Einschmelzung ins Tschechische. Wir denken auch nicht so sehr an die Massen der «Zweisprachigen», die, meist tschechischer Herkunft, sich bald eindeutig zum Tschechischen bekannten.

Oskar Schürer (1892–1949)

Barrieren

Mit der halben Million Tschechen der Stadt pflog der Deutsche keinen außergeschäftlichen Verkehr. Niemals zündete er sich mit einem Streichholz des Tschechischen Schulengründungs-Vereins seine Zigarre an, ebensowenig ein Tscheche die seinige mit einem Streichholz aus einem Schächtelchen des Deutschen Schulvereins. Kein Deutscher erschien jemals im tschechischen Bürgerklub, kein Tscheche im Deutschen Kasino. Selbst die Instrumentalkonzerte waren einsprachig, einsprachig die Schwimmanstalten, die Parks, die Spielplätze, die meisten Restaurants, Kaffeehäuser und Geschäfte. Korso der Tschechen war die Ferdinandstraße, Korso der Deutschen der «Graben».

In der Hussitenzeit hatten die Kirchen Prags den Utraquismus durchgesetzt, indem sie das Abendmahl in beiderlei Gestalt verabreichten. Jetzt waren sie nicht einmal in sprachlicher Beziehung utraquistisch, die Deutschen hatten ihre Stammkirchen, die Tschechen die ihren.

Die deutsche und die tschechische Universität, die tschechische und die deutsche Technische Hochschule waren einander so fern, als wäre die eine am Nordpol, die andere am Südpol. Jeder von den hundert Lehrstühlen hatte sein Pendant auf der anderssprachigen Seite, aber es gab kein gemeinsames Gebäude, keine gemeinsame Klinik, kein gemeinsames Laboratorium, keine gemeinsame Sternwarte (die eine hatte die astronomischen Instrumente Tycho de Brahes, die andere die des Johannes Kepler geerbt), keine gemeinsame Fachbibliothek und keine gemeinsame Leichenkammer. Für den botanischen Garten der einen Universität wurde vom Südsee-Archipel eine Pflanze bestellt, die man im botanischen Garten der anderen Universität hätte blühen sehen können, wenn dies nicht eine Mauer verhindert hätte.

Was jedem Prager selbstverständlich war und jedem Nichtprager als unglaubwürdig erscheinen muß, um so mehr, wenn man die damalige Rolle des Theaterlebens in Betracht zieht, war dieses: Kein tschechischer Bürger besuchte jemals das deutsche Theater und vice versa. Gastierte im tschechischen Nationaltheater die Comédie-Française oder das Moskauer Künstlertheater oder ein berühmter Sänger, so nahm die deutsche Presse nicht die geringste Notiz davon, und die Kritiker, die tagtäglich die Namen Coquelin, Stanislawski oder Schaljapin jonglierten, verfielen gar nicht auf die Idee, einer solchen Vorstellung beizuwohnen. Andererseits vollzogen sich Gastspiele im Deutschen Theater, ob es nun solche des Wiener Burgtheater-Ensembles, von Adolf von Sonnenthal oder Enrico Caruso waren, ohne Kenntnisnahme durch die tschechische Öffentlichkeit.

Daß diese Barriere zwischen den beiden nationalen Gettos nimmermehr überschritten werde, darüber wachte auf deutscher Seite die «Bohemia» mit flammendem Schwert. Der Versuch einiger deutscher und tschechischer Schauspieler, sich an einem Stammtisch zusammenzufinden, wurde von ihr als nationaler Verrat gegeißelt, und in diese Geißelung fiel auch die tschechische Presse ein.

Egon Erwin Kisch (1885–1948)

Reinster Ausdruck tschechischen Wesens

Aber daß das tschechische Volk nicht so ist, wie es die landläufige Meinung zu erkennen glaubt, das beweist seine Musik. Denn nicht Hus und nicht Masaryk sind der reinste Ausdruck tschechischen Wesens, sondern der Sohn eines kleinen tschechischen Fleischhauers, der Bratschist am Prager Nationaltheater war und von 1841 bis 1904 lebte. Antonín Dvořák, von dem hier die Rede ist, hat durch seine Musik am stärksten Ausdruck vom tschechischen Wesen gegeben. Er hat die treffendste Charakteristik seines Volkes geschrieben, in einer Sprache, die international ist und die jeder verstehen kann und verstehen muß. In seiner Musik erlebt die Welt die typischen Eigenschaften des tschechischen Volkes, die so wenig bekannt und ihm fast nie zugeschrieben werden. In seiner Musik taucht jene seltsame Mischung von melancholischem Humor und humorvoller Melancholie auf, die die Tschechen eben besitzen, jener trockene Witz und jene Traurigkeit, die gepaart sind mit Stille, Zartheit und Sensibilität. Aus seiner Musik hört man die viele Sehnsucht nach Schönheit, nach Größe, nach Freude, die Bereitschaft zur Einfachheit, aber auch zur Tapferkeit – wenn sie unbedingt notwendig ist. In seiner Musik hört man die Freude am Spiel und das Horchenkönnen auf ferne Stimmen.

Willy Lorenz

Lehrer am Piaristengymnasium

Tschechisch verstanden sie alle, darin hätten wir vielleicht Fortschritte machen können. Darüber hinaus wurde uns nichts geboten. Mit gutem Bedacht schreibe ich es hin, und man wird es schon der Beobachtungsgabe eines lernbegierigen siebzehnjährigen Knaben (so alt war ich fast, als ich das Piaristengymnasium verließ) glauben müssen: die uns fünf Jahre lang im Lateinischen unterrichten sollten, verstanden kein Latein, die uns drei Jahre griechischen Unterricht gaben, verstanden kein Griechisch; ebenso stand es um Geschichte und Mathematik; und die uns in der deutschen Sprache unterrichteten, konnten deutsch nicht einmal richtig sprechen, geschweige denn, daß sie sich jemals wissenschaftlich mit der deutschen Sprache beschäftigt hätten. Der Dicke mit dem gemeinen Knechtsgesicht war, wenn ich nicht irre, durch volle vier Jahre unser Ordinarius. (...)

Nun war unser Piaristengymnasium offiziell eine deutsche Schule. In den beiden untersten Klassen gab es (vielleicht irre ich in der Bezeichnung) tschechische Parallelklassen, in denen die tschechischen Kinder ein wenig an die deutsche Unterrichtssprache gewöhnt wurden. Später saßen Deutsche und Tschechen in derselben Klasse beisammen, ungefähr in gleicher Stärke. Es braucht nicht erst gesagt zu werden, daß unter solchen Umständen auch bei besseren Lehrern die sprachliche Langsamkeit der einen Hälfte ein Hemmschuh für den gesamten Unterricht geworden wäre. Von den nationalen Kämpfen Böhmens, die damals schon sehr lebhaft waren und bereits auf die österreichische Politik Einfluß nehmen mochten, wußten wir in unserm jugendlichen Alter noch nicht viel, die deutschen Knaben jedenfalls viel weniger als die tschechischen. Wir lernten voneinander in den Pausen die «zweite Landessprache», in welcher wir uns ja nach dem Schulregulativ mündlich und schriftlich sollten ausdrücken können wie in der Muttersprache. Ich gewann einen tschechischen Freund, welcher seitdem von sich reden gemacht hat, der mich zu seiner nationalen Gesinnung bekehren wollte; es kam aber nichts dabei heraus, als daß er mir seine tschechischen Gedichte brachte, die ich verdeutschte, wofür er dankbar meine ersten Verse ins Tschechische übersetzte. Wir bewunderten einander umschichtig.

Fritz Mauthner (1849–1923)

Altstädter Gymnasium · Sprachenstreit

Es war ein trüber Morgen, als wir uns an diesem Tage als Schüler der siebenten Klasse in den jetzigen 6. philosophischen Hörsaal begaben, welcher auf dem ersten Hof des Klementinums liegt. Ein trüber Morgen war das, im Ofen prasselte das Feuer, das junge Volk tobte um die Bänke herum, einige standen am Ofen und beratschlagten darüber, wieviel der eine aus Griechisch konnte, ob er in Geschichte vorbereitet war, ob er die Literatur kannte und so weiter. Die es konnten, leugneten es, indem sie sagten, sie könnten nichts, die aber nichts konnten, freuten sich, daß heute der Professor nicht prüfen werde, andern wieder war das gleich, ob geprüft würde oder nicht, sie vergnügten sich nach ihrem Herzen, und ihnen war wohl.

Es ging auf Viertel neun, der Professor kam heute lange nicht. Einige Schüler schoben sich in die Bänke und lasen noch einmal durch, was sie im Unterricht brauchen könnten, andere blieben am Ofen stehen und berieten in diesem kleinen Parlament über Dinge, die vielleicht dem Herrn Innenminister Bach nicht gefallen hätten.

Es schlug Viertel, und der Herr Professor Z., allseits geschätzt und beliebt, betrat die Klasse. Das Beratschlagen verstummte, und Professor Z. hatte nun sein Solo. Er zwirbelte den Bart nach links und nach rechts, rückte sich die Brille zurecht, seine Stirn lag irgendwie in Falten, und er begann auf tschechisch vorzutragen. Das war allerdings nichts Besonderes, daß er tschechisch vortrug. Wir Septimaner waren im tschechischen Geist erzogen, schon seit dem Jahre 1849 hörten wir bis zum heutigen Tage den größten Teil unserer Lektionen auf tschechisch, Religion, Literatur, Griechisch, Latein, Geschichte, Naturgeschichte – und deshalb begann auch die heutige Unterrichtstunde tschechisch.

Der Vortrag galt der englischen Geschichte, und falls ich mich nicht irre, ging es um Eduard I. von England, um die Kämpfe der Schotten unter dem heldenhaften William Wallace, der als Kämpfer, als Verkünder der schottischen Freiheit gegen Eduard I. fiel. Wir lauschten mit angehaltenem Atem den Heldentaten von Wallace, die Worte der nationalen Freiheit hatten für uns einen bezaubernden, allerdings auch elegischen Klang, denn damals hatten sich bereits die Wolken über unserer Freiheit zusammengezogen. Unsere Federn fuhren übers Papier, als hätten sie Schwingen; kein Wort sollte uns entgehen, alles mußte aufgeschrieben werden.

Der Vortrag dauerte noch keine Viertelstunde, da klopfte jemand an die Tür, und die Klasse betrat unser damaliger Direktor, der berühmte Klicpera. Den Kopf hielt er gesenkt, auf der charaktervollen Stirn thronte ungewöhnlicher Ernst, man kann sagen, wie eine unheilverkündende Wolke. In der Hand hielt Klicpera ein Blatt Papier, ein schicksalhaftes Papier. Schweigend stellte er sich neben den Katheder, faltete das Papier auseinander, überflog mit einem Blick die ganze Klasse, in seinem Auge glitzerte eine Träne. Mit fester, aber gewaltsam fester Stimme, in der immer wieder ein schmerzliches Wort bebte, für jene zu verstehen, die verstehen konnten, las der grauhaarige Klicpera in deutscher Sprache einen Erlaß des Ministeriums vor. Sein kurzer Inhalt war der, daß «mit Ausnahme der Religion an allen höheren Gymnasien in deutscher Sprache unterrichtet» werden sollte. Nachdem Klicpera den Erlaß verlesen hatte, sagte er kein Wort – vor innerer Bewegung hätte er auch nichts sagen können. Er sagte kein Wort, faltete das verhängnisvolle Blatt zusammen und ging mit dem gleichen Schritt, mit dem er gekommen war.

Wir standen alle da, als hätte der Blitz in die Klasse eingeschlagen. Wir konnten es nicht fassen, wußten nicht, ob es wahr war, was wir gehört hatten oder nicht. Durch die ganze Klasse rauschte mit einem Male der Herbstwind. Im Ofen prasselte das Feuer, aber uns fror bis ins innerste Mark. Alle unsere üppigen Jugendblüten welkten mit einem Schlage dahin.

Vítězslav Hálek (1835–1874)

Nikolanderrealschule · Aus der «Meyeriade»

Als sie nunmehr sich versammelt und vollgedrängt die Versammlung,
Und des Schuldieners Glocke das Zeichen gegeben den Lehrern,
Daß sich begebe ein jeder zu den seiner harrenden Schülern,
Nahte auch Meyer, der Greis, mit ängstlichen Schritten der Klasse.
Schon von weitem ertönte das Toben der lärmenden Knaben
Und der Alte des Traumes gedenkend, zagte im Innern.
Jetzo war er ganz nahe der Türe und wollte hineingehn,
Doch er zauderte noch und überlegte im Herzen.
Dieser Rat erschien dem Zweifelnden endlich der beste:
Auf die Klinke zu drücken, ganz leise wie der Direktor,
Und die Türe zu öffnen, doch nicht sich zu zeigen den Schülern.
Diese vermuten sodann, es wäre Brumm, der Direktor
Und verstummen zumal; er pflegte es oft so zu machen.
Also tat er auch jetzt, doch anders wollt's der Kronide.

Denn es hatte vorhin, der Chlapetz mit grausamer Arglist
Spähend durchs Schlüsselloch ihn gewahrt, den duldenden Alten.
Und im Herzen erkannt, was jener zu tun im Begriff war.
Deshalb sprach er jetzt Böses ersinnend also zur Versammlung:
«Meyer ist draußen und steht vor der Tür und will uns erschrecken,
Wanke, komm her, und Tatschner und Jeiteles, Lange und Eidlitz!
Drücken wir alle zusammen die Tür zu, daß er nicht rein kann.»
Jener sprach's; und allen das Herz im Busen bewegt' er.
Rege nun ward die Versammlung, wie schwellende Wogen des Meeres
Auf der ikarischen Flut, wann hoch sie der Ost- und der Südwind
Aufstürmt, schnell dem Gewölke des Donnerers Zeus sich entstürzend.
Wie wenn brausend der West erregt unermeßliche Saaten
Zuckend mit Ungestüm und die wallenden Ähren hinabbeugt
So war rings die Versammlung in Aufruhr. Hin mit Geschrei nun
Stürzte das Volk zu der Türe; emporstieg unter dem Fußtritt
Finsterer Staub in die Luft, sie ermunterten einer den andern,
Zuzudrücken die Tür, und zu verwehren den Eintritt
Ihm, dem reisigen Greis, der ängstlich besorgt vor der Tür stand.
Jetzo drückte er fest auf die Klinke, den Weg sich zu bahnen,
aber vergebens; es hielten die Helden von innen die Tür zu.
Fester drückte der Alte, den Widerstand zu besiegen,
Und es ward ihm erregt die schwarze Galle im Zwerchfell.
Gestern hatten sie erst ihn entfacht zu feindlichem Zornmut.

Heute begannen sie wieder. Er faßte nun auch mit der andern
Hand die Klinke der Tür und stemmte nach auswärts die Füße,
Half sogar mit dem Kopf und rüttelte, schüttelte wütend,
Alles umsonst! nur höhnendes Schrein und lautes Gelächter
Tönte von innen heraus, die schwachen Kräfte verspottend.
Aber mit listigem Sinne sprach Chlapetz so zu den Helden:
«So wie ich drei zähle, laßt die Tür los und lauft in die Bänke.
Also jetzt aufgepaßt, hört ihr? und Achtung, ich zähle: eins, zwei, drei!»
Schreiend ließen die Helden die Tür los, die Plätze erstrebend,
Jählings stürzte der Alte herein, und Heulen erhob sich.
«Welcher elende Knabe hat diese Frechheit ersonnen?
Halten mir meuchlings die Tür zu, no das is doch eigentlich sehr gut!»
Also rief erbebend der Greis: «Er melde sich selber!
Kommt er nicht gleich heraus, der Gassenbub, der das gemacht hat,
Nach der Stunde verrät es der Fischl, ich wer's schon erfahren!
Jetzt aber meine ich Ruhe! Verstanden Jeiteles? Ruhe!
Ruhe gebiete ich, Ruhe meine ich, Ruhe befehl ich!
Grabesstille muß herrschen sobald ich rede, verstanden?»
Also sprach der Greis, doch das Lärmen mehrte sich stetig
Doležał schrie oi oi und Langendorf heulte: miauau,
Jeiteles meckerte deutlich, und Beck yate natürlich.
Herrlich war das Konzert, und Meyer, der Edle, begann nun:
«Hinten haben noch zwei was miteinander zu sprechen.
No so werd ich halt prüfen, denn vortragen kann ich ja so nicht!
Kommt heraus, Jeiteles.» Dieser erschrak und meckerte nicht mehr,

Sondern eilte hinaus und sprach die geflügelten Worte:
«Bitte ich kann heute nichts: denn nächsten Monat ist Passah
Und da mußte ich lernen Hebräisch, mehrere Seiten:
Ma nischtane haloilo hazeh, das müssen wir können.»
Hell auflachten die übrigen Helden, doch Meyer erwidert':
«No, was lachen Sie denn, kann er wenigstens in Religion was.
No, das ist doch sehr scheen, is gut, Sie können sich setzen.
Heute prüfe ich nicht die Israeliten; is auch recht!»
Ihm erwiderte drauf der treffliche Jeiteles, sprechend:
«Bitte dann wähnten sich doch die Katholiken im Nachteil!
Bitte prüfen Sie gar nicht! ich schwöre im Namen der Klasse:
Alle werden wir still sein, und keiner uns vorlaut benehmen.
Tragen Sie ungeniert vor, wir werden uns keiner dran kehren
Und wir stören Sie nicht! Wir sind ja alle beschäftigt.
Ich werde machen mein Pensum aus Mathematik und Griechisch
Und die andern lernen Latein für die folgende Stunde!»
Ihm erwiderte drauf der lehrende reisige Meyer:
«No das is recht! doch wenn der Direktor etwa hereinkäm
Gebt die Hefte hibsch weg, und legt herauf euer Lehrbuch
Daß ich mich nicht muß schämen, und sagen kann: ich bin zufrieden!»
Also sprach der Greis und ergriff die rötliche Dose,
Bergend das schwärzliche feine, das niesenerregende Pulver,
Nahm eine Prise daraus und schneuzte gewaltig; es dröhnte
Rings im geräumigen Saal der Schall seiner kräftigen Nase.
Dann aber setzt er sich hin und begann den herrlichen Vortrag
Wörtlich wie er im Gindely steht auf Pagina dreizehn.

Oskar Kraus (1872–1942)

Antisemitischer Alltag

An jüdischen Feiertagen blieb die Hälfte der Bänke leer – das war Herkommen und legal. Hier nun fand unser Geschichtstyrann den Weg, auf eine gleichfalls nicht unlegale Weise, mit seiner Gesinnung hervorzukommen. Er stammte, wie die meisten unserer Professoren, aus dem sudetendeutschen Randgebiet – aber während die anderen, wie etwa Kornhäuser-Ahala (trotz seines jüdisch klingenden Namens gleichfalls Sudetendeutscher), in einer ärarisch-österreichischen Traumwelt lebten, die wie durch bleiche schwarz-gelbe Dünste neutralisiert war, ging Proft mit der ihm eigenen dunklen Leidenschaftlichkeit seinen politischen Sonderschritt – in einer etwas späteren Epoche wäre er mit dem antisemitischen Haupttrupp in Reih und Glied marschiert; damals konnte er als eine Art Vorläufer gelten. Im allgemeinen ließ er nichts merken, zeigte sich sogar betont unparteiisch. Seine Attacke ritt er, indem er regelmäßig an den Tagen, an denen die Juden wegblieben, einen möglichst großen und komplizierten Abschnitt vortrug und dabei viele Einzelheiten zufügte, die in unserem trockenen Geschichtslehrbuch fehlten. Seiner Ansicht nach, die er auch bekannt gab, war es eben Pflicht der jüdischen Schüler, sich bei den christlichen Kollegen die Zusätze zu verschaffen. (...)

Ein trüber Herbsttag – nach unserem «Versöhnungsfest», dem Jom Kippur. Ironische Begrüßungsworte Profts an die «Herren Israeliten, die ein so bequemes Leben haben». Dann beginnt seine Prüfungsorgie. Er «zweiert». Jedem, der an die Tafel gerufen wird, stellt er Fragen über Themen, die im Lehrbuch fehlen. Nach drei solchen Fragen und den dazugehörigen Verhöhnungen folgt unweigerlich sein: «Setzen Sie sich.» Und groß malt er, so daß alle es sehen, wieder einen Fünfer in seinen Taschenkatalog.

Max Brod (1884–1968)

Die Prager Musikantenbraut

Wißt ihr, wer mein Schätzel ist?
Ein Prager Musikant,
Ein Musikant von seiner Kunst
In Baß und in Discant.

Und wißt ihr, wo mein Schätzel ist?
So wißt ihr mehr als ich;
Denn weil er halt nicht schreiben kann,
So denkt er nur an mich.

Und 's Denken ist ein lustig Ding,
Summt leis' ins Herz hinein;
Woher es kommt, wohin es geht,
Das muß erraten sein.

Ei, kommst denn nimmermehr zur Ruh',
Du Musikantenblut?
Ei, lernst denn nimmermehr verstehn,
Wie lieb's in Böhmen tut?

So zieh' nur hin durch Stadt und Land,
Mit dir Sankt-Nepomuk,
Der segne Fiedel dir und Baß
Mit gutem Strich und Druck!

Und wo in Gottes weiter Welt
Du klopfst an Tür und Tor,
Find' offne Beutel überall
Und ein geneigtes Ohr!

Die Mädel schaun dir ins Gesicht,
Die Männer nach der Hand,
Und einer und die andre spricht:
Ein braver Musikant!

Dann sing ein Lied von deiner Braut,
Die an der Moldau ist;
Das klingt mir hell durch Mark und Bein
Und sagt mir, wo du bist.

Und sagt mir noch so mancherlei,
Was schwer sich sagt im Reim,
Und sagt mir: Wann die Lerche kommt,
Kehr' ich nach Böhmen heim.

Wilhelm Müller (1794–1827)

HRADSCHIN

Wintertag auf dem Hradschin

An einem blauweißen Wintertag,
Blankblau der Himmel, hellweiß die Gassen,
Geh ich auf den Hradschin in Prag,
Mich von Winterglanz blenden zu lassen.

Veitsdom und Burg, gewaltig und reich,
Gäßchen und Winkeltreppen daneben
Und über allem der Schneestaub ganz weich:
Schöneres kann's auf der Welt nimmer geben!

Ringsum das Wunder, durch das ich geh,
Winter mag's sein, doch wirklich kein kalter!
Märchenhaft raunt durch all den Schnee
Stehen gebliebenes Mittelalter.

Alchimistengäßchen, auch du
Hast dich ins Schneebett ganz eingegraben.
Willst wohl auch nach der Wintersruh
Bald deine Auferstehung haben?

Wie ich so geh, so weiß ich, ich bin
Selbst ein ganz alter Weiser und Deuter,
Stampf durch das Mittelalter dahin,
Nur ein Gedanke ist mein Begleiter:

Ob's in der Bibel auch Schnee geben mag?
Und so steig ich, ganz eingesponnen
In meine wichtige Frage, versonnen,
Ob's in der Bibel wohl Schnee geben mag?
– Vierhundert Jahre vergehn wie ein Tag –
Ob's in der Bibel wohl Schnee geben mag?
Nieder ins lärmend lebendige Prag.

Hugo Salus (1866–1929)

Auf dem Hradschin

Der Platz vor der königlichen Burg in Prag sieht trotz der ärmlichen Allee, welche ihn überquert, sehr vornehm aus. Das macht: er ist ganz von Palästen umrahmt. Am mächtigsten wirkt die breite Stirne der alten Königsburg mit dem großen weißen Vorplatz, hinter dessen barocken Gittern der unermüdliche Wachposten auf und ab pendelt. Das Stammhaus des Fürsten von Schwarzenberg und ein anderes, etwas langweiliges Gebäude schauen wie in steter Verbeugung begriffen herüber, und zur Rechten des Schlosses wacht in etwas protziger Pose der neugestrichene Palast des Erzbischofs über die kleinen Wohnhäuser der Prälaten und Domherrn, die sich nahe an ihren mächtigen Patron heranschmeicheln. An einer Ecke nur, zu seiten der Burg, wo die Schloßstiege und die steile Spornergasse münden, ist eine Lücke geblieben, und tief drinnen liegt in herrlichen Panoramen, zwischen den Laurenziberg und das Belvedere gedrängt – Prag – dieses reiche, riesige Epos der Baukunst. Voll Licht und Leben spannt es sich aus vor den Augen des Hradschin, und zu seinen alten fügen sich immer würdig neue, glänzende Strophen. Am anderen Ende der Häuserreihe, die einerseits durch diesen lichten Lugaus begrenzt erscheint, liegt ein armes, einstöckiges altes Gebäude, das tagaus tagein dasteht mit den Händen vor den Augen und nichts schauen will von der nahen Pracht. Die Kinder der ganzen Umgebung gehen mit scheuem Schauern an seinem ernsten Schweigen vorbei, und lassen sie sich mal von diesem Hause erzählen, so schlafen sie wohl die ganze Nacht nicht, oder sie haben heiße Träume, in denen blasse Nonnen seltsame Dinge tun. Freilich, das mußte der jungen Phantasie aber auch Flügel geben, zu hören, daß die Barnabiterinnen, welche für immer in diesen grausamen Mauern ihr stummes Sterben leben, auch untereinander nie ein Wort tauschen, und sich nicht einmal so viel Sonne schenken dürfen, als Eine in dem Auge der Anderen finden kann; daß sie ihre, von bangen Gebeten zerrissene Nacht in den Brettersärgen überstehen mußten, in denen man sie endlich – wohl nicht in zu langer Zeit – in das Stück Erde legte, das im Innersten der dunklen Wände sein sollte und zu dem gewiß niemals der Frühling fand. Der Bruderorden dieser Barnabas-Büßer ist längst ausgestorben. Die halbzerfallenen Schädel der beiden letzten Genossen liegen auf einem Steinaltar in den vergessenen Gruftkatakomben von Santa Maria della Victoria und genießen die gebetlose Ruhe des Vermoderns. Aber die Schwestern sind viel zäher im Leiden. Als vor etwa fünfzehn Jahren zum letztenmal die rostige Rast der Türangeln gestört wurde, da wollten weißhaarige Leute aus der Nähe, Betschwestern mit nicht ganz zuverlässigem Gedächtnis – wollten wissen, daß zu den sieben noch lebenden Schwestern eine achte hinzugekommen sei – aber das waren doch nur ziemlich haltlose Vermutungen.

Rainer Maria Rilke (1875–1926)

Sankt-Veits-Dom · Die Einweihung

Der Herzog Wladislaw kam an dem Festtage mit dem Gefolge aller seiner Hofherren und der Lechen und Führer und Herren der Länder Böhmen und Mähren vor die Kirche. Die Herzogin kam mit ihren Frauen. Guido kam mit seinem Geleite. Es kamen Otto, der Bischof von Prag, Zdik, der Bischof von Olmütz, und Daniel, der Propst, und die Erzpriester und Priester von Prag und die Äbte der Klöster, und die Nonnen, und die Pröpste und Priester und Pfarrer aus vielen Teilen der Länder, und selbst aus der Fremde. Es kam ein Teil der Krieger Wladislaws, und es kam unzähliges Volk. Mehr als tausend Scharen von Menschen sind von allen Seiten der Länder Böhmen und Mähren zu dem Feste der heiligen Kirche Böhmens gekommen. Die Herbergen hatten sie nicht gefaßt, und sie lagerten unter dem freien Himmel.

Auf einem Platze abseits der Kirche, der mit unbehauenen Schranken umgeben war, knieeten mit entblößtem Haupte, mit bloßen Armen, mit nackten Füßen und in Gewänder von grober Leinwand gekleidet, Konrad, Wratislaw, Otto, Leopold, Spitiněw und Wladislaw, die Sprossen aus dem Stamme Přemysls. Die Weihe der äußeren Teile der Kirche wurde begonnen. Alle, die vor ihr waren, knieeten in Andacht auf die Erde nieder. Es knieete der Herzog mit den Seinigen, die Herzogin mit den Frauen, alle Priester, die nicht bei der heiligen Handlung mitwirkten, und alle anderen. Es war der ganze Berg mit knieenden Menschen voll. – Unter den Frauen der Herzogin knieete Dimut, und betete. Sie war in ein schwarzes Gewand gekleidet, und ihre Augen waren gegen die Erde gewendet.

Da die Heiligung vor der Kirche vollendet war, wurden ihre Tore geöffnet, und die Priester und der Herzog und die Herzogin und die Hofherren und die Herren der Länder und Krieger und Volk gingen in dieselbe.

Die mährischen Fürsten blieben auf ihrem Platze knieen, da sie nicht in die Kirche gehen durften, weil sie in dem Banne waren.

In der Kirche wurde die Weihe ihrer inneren Teile begonnen.

Adalbert Stifter (1805–1868)

Sankt-Veits-Dom · Der rote Küster

Ich besuchte auch den wunderlich schönen Dom, wo ein roter Küster mit zusammengeleimter Perücke schlechte Merkwürdigkeiten zeigte. Die Sonne brach draußen durch die Regenwolken und flog gleich in die Fenster über dem massiven Grab des heiligen Nepomuk und über das Grab Ottokars. Es ist mir unsicher im Gedächtnisse, als ob der Sarg von blankem Silber gewesen sei, aber ich kann nichts Positives darüber sagen, da mir Muhammeds Sarg nicht aus dem Gedächtnis ging, der in der Luft schweben soll, getragen von den Kräften eines unsichtbaren Magneten.

Der rote Küster schnupfte am Grabe. Eine schlechte Perücke und eine Schnupftabakdose sind jeder Kirchenillusion tödlich. Beides sollte nicht geduldet werden. Die alten Fürsten des Reiches und der Kirche gingen im Notfalle mit völlig nackten Köpfen. Ich gedenke mit heiligem Schauer eines Bildes, auf dem dargestellt ist, wie Bernhard von Clairvaux Kaiser Konrad einen Kreuzzug predigt. Wenn Bernhard die Perücke und Schnupftabakdose meines roten Küsters gehabt hätte, er würde keinen Kreuzweg zustande gebracht haben.

Das Innere der Kirche ist von einer wilden Schönheit. Der graue Tag und die bleichen Sonnenstrahlen mögen das ihrige dazu beitragen. Es entsteht der Eindruck einer böhmischen, recht großzügigen Pracht mit wilden, stolzen Motiven, nicht so sehr der einer weichen, künstlerischen Kultur.

Heinrich Laube (1806–1884)

Sankt-Veits-Dom · In der Wenzelskapelle

Die absonderlichsten Privatschicksale waren im Gange der Zeit an die nationalen Leidenschaften geknüpft gewesen. Und eines der merkwürdigsten vertraute mir der Vater an, als wir wieder einmal droben im St.-Veits-Dom die Grabkapelle des Hl. Wenzel besucht hatten, des ersten Herzogs und Patrons der Tschechen, der von seinem grimmen und deutschfeindlichen Bruder Boleslaus beim Kirchgang niedergestochen worden war. Darüber war nun beinahe ein Jahrtausend vergangen, aber fast schon ebensolange sangen die Tschechen ihr ergreifendes Lied:

«Heiliger Wenzel, Herzog des böhmischen Landes,
laß nicht untergehen uns und unsere Kinder.»

Der Türring, daran der hinsinkende Fürst sich festzuhalten versucht hatte, ist am Eingang der Kapelle noch zu sehen, und man hatte diesen Raum als Mausoleum des Heiligen ganz und gar mit Karneolen und Achaten, mit Amethysten und Chrysopasen ausgekleidet, wie sie so reichlich in den böhmischen Zauberbergen zu finden sind. Nicht aber der mittelalterliche Prunk des Gemaches und nicht das Los des fürstlichen Märtyrers war es, was mich dort am stärksten anzog, sondern in einer Ecke eine eiserne Tür, die mit sieben Schlössern verwahrt war, deren Schlüssel sich in der Obhut der sieben höchsten Würdenträger des Königsreichs, der Kirche und der Hauptstadt befanden. Der Vater wußte sie alle mit Rang und Namen aufzuzählen, den Statthalter, den Kardinal, den Oberstlandmarschall, den Oberstburggrafen, den Landesgerichtspräsidenten, den Korpskommandanten und den Primator oder Bürgermeister. Nur wenn alle sieben Schlüssel beisammen waren, konnte diese Tür geöffnet werden. Sie führte zu der Kronschatzkammer Böhmens, wo Krone, Szepter und Reichsapfel des Vaters des Vaterlandes, Karls IV., Ornate, Insignien und höchste Kostbarkeiten seit nunmehr fast sechs Jahrhunderten verwahrt wurden.

Johannes Urzidil (1876–1970)

Basilika Sankt Georg

Würde in der Basilika des heiligen Georg
Feuer ausbrechen, was Gott verhüte,
wäre das Gemäuer nach dem Brand rosig,
Vielleicht auch beide Türme: Adam und Eva.
Eva ist schlanker, wie es bei Frauen zu sein pflegt,
was aber nur eine schwache Huldigung ist an ihr
Geschlecht.
Tonstein wird in der Glut rasch rosig.
Wie junge Mädchen
nach dem ersten Kuß.

Jaroslav Seifert (1901–1986)

Daliborka-Turm

Das geheimnisvolle Dunkel, das den düsteren Daliborka-Turm auf dem Hradschin in seine Schleier hüllte, beginnt nach und nach zu schwinden und das uralte Gefängnis, von dessen Schrecken und Greueln so viele romantische Überlieferungen haarsträubende Details zu erzählen wissen, büßt immer mehr von seinem gespensterhaften mysteriösen Reiz ein. Die Archäologen und Kulturhistoriker zerstören unbarmherzig den eigenartigen geheimnisvollen Nimbus, der die unheimliche Stätte umgab. Zunächst wurde die Legende von dem grauenerregenden Hungerzwinger der Daliborka umgebracht, denn die Forschung ergab die völlige Haltlosigkeit der hartnäckig sich erhaltenden Überlieferung. Skeptische Archäologen stiegen in das Innere des krugförmigen Verlieses hinab und siehe da, man fand keine Spur von den Gebeinen der hier durch den Hungertod Verschmachteten, deren, wenn die Überlieferung nicht eben grund- und haltlos gewesen wäre, hier doch ganze Haufen hätten vorgefunden werden müssen. Im Gegenteil, man fand hier die Spuren recht zweckmäßiger hygienischer Vorkehrungen, die man gewiß nicht getroffen hätte, wenn der düstere Raum tatsächlich für die zum Hungertode verurteilen Delinquenten bestimmt gewesen wäre. Dann kam die romantische Sage von Dalibor an die Reihe und der vom Strahlenkranze alter poetischer Überlieferungen umflossene angebliche Beschützer der von ihrem Grundherrn geknechteten und ausgebeuteten Bauern entpuppte sich nicht als ein tapferer, uneigennütziger Volksfreund, sondern vielmehr als ein habgieriger Junker, der die Untertanen des Herrn Adam Ploskovský von Drahonic nur aus dem Grunde gegen ihren Grundherrn aufwiegelte, um sich selbst sein Gut aneignen zu können.

Jaroslav Kamper (1871–1911)

Goldmachergäßchen · Entstehung einer Legende

Der Ruhm des alten jüdischen Friedhofes, des «Beth chajim» ist uralt und in den vielhundertjährigen Überlieferungen und Sagen, die sich an diese Stätte knüpfen, begründet. Die Berühmtheit des «Goldenen Gäßchens», wie die originelle Sackgasse auf dem Hradschin früher genannt wurde, dagegen ist neueren Datums und eine Schöpfung moderner Romantik. Im 18. Jahrhundert ist es wohl in Prag niemandem eingefallen, in den kleinen, merkwürdigen Häuschen etwas anderes zu sehen, als sie von altersher waren, nämlich die bescheidenen Behausungen kleiner, mühsam ihr Dasein fristender Leute. Damals war man sich noch der ursprünglichen Bestimmung der Miniaturbauten klar bewußt, und dieses Bewußtsein war kein geeigneter Nährboden für romantische Sagen. Als später die Zeitgenossen der letzten königlichen Torbogenschützen, die hier einst ihren Sitz hatten, das Zeitliche segneten, stand der Entstehung der abenteuerlichsten Sagen nichts mehr im Wege, und als gar irgendein unbekannter Witzbold das armselige, entlegene und vor Schmutz triefende Gäßchen in einem

Anfalle parodistischer, ironisierender Laune das «Goldene Gäßchen» benannte, war der Grundstein zu einem ganzen phantastischen Bau gelegt. Niemand kümmerte sich mehr darum, daß gerade die schmutzigsten, krummsten und engsten Gäßchen Prags ihre Benennung nach den seltensten Edelmetallen erhielten. Die Bezeichnung allein genügte, um zu den merkwürdigsten und kühnsten Kombinationen zu verleiten.

Jaroslav Kamper (1871–1911)

Goldmachergäßchen

Im Goldmachergäßchen auf dem Hradschin
scheint die Zeit stillzustehen
Willst du fünfhundert Jahre leben laß alles andere sein
und widme dich der Alchimie
Wenn das schlichte Wunder geschieht
wird es in unseren Flüssen kein Gold mehr geben
Leb wohl leb wohl Scharlatan
dem nächsten Zeitalter bestelle unsern Gruß

Vítězlav Nezval (1900–1958)

Ständesaal · Die böhmische Stände

Wir besuchten das Schloß am 15. August, an welchem im sogenannten «böhmischen Saal» die Stände des Königreiches Böhmen ihre Versammlung abhielten. Prager Bürgergarde hielt in den Gängen Wache. Der Ständesaal ist ein viereckiger Raum mit zwei Eingängen. Diesen gegenüber befindet sich eine Tribüne mit einem Thronsessel und einem Baldachin für den Vorsitzenden. Der gegenwärtige Präsident des Landtages, Graf Chotek, Oberstburggraf von Böhmen, ist nur Graf, deshalb war der Thronhimmel an der Wand emporgezogen. Wäre der Oberstburgraf Fürst, so hätte er unter dem Baldachin Platz nehmen dürfen. Beim Erscheinen der kaiserlichen Kommissäre erhebt sich die ganze Versammlung, um sich erst nach der Begrüßung durch den Oberstburggrafen wieder niederzulassen. Zur Rechten des Vorsitzenden erblickt man den Fürsterzbischof von Prag und Primas von Böhmen im großen Ornat, reich geschmückt mit Ordenssternen. Daran schließen sich drei Bischöfe und die Äbte der böhmischen Stifte in schwarzen und weißen Talaren, im Glanze von Orden und goldenen Brustkreuzen. Dem Präsidenten gegenüber besetzt der Hochadel in roten, üppig mit Silber gestickten Fräcken, silbernen Epauletten, weißen Kniehosen, ebensolchen Seidenstrümpfen und mit silberverbrämten Dreispitzen die sogenannte Herrenbank. Die meisten in dieser Gruppe tragen den goldenen Kammerherrenschlüssel. Die Ritterschaft nimmt die Bänke zur Linken ein und prunkt in dem gleichen Festkleid wie der Hochadel. Die Vertreter der Städte sind schwarz gekleidet. Zuerst begrüßt der Oberstburggraf den Fürsterzbischof und die geistlichen Herren, sodann die weltlichen Hochadeligen, darauf den Ritterstand und zuletzt die städtischen Abgesandten. Sodann verliest einer der Sekretäre die kaiserliche Botschaft mit den Postulaten, das heißt den für das nächste Jahr zu bewilligenden Steuern. Das kaiserliche Sendschreiben wird lautlos entgegengenommen. Schließlich fragt der Oberstburggraf die Versammlung, ob irgend einer der Anwesenden Anträge einzubringen habe. Auch da folgt tiefes Schweigen, der Oberstburggraf dankt den Anwesenden im Namen seines Allerhöchsten Herrn für die Pünktlichkeit in der Erfüllung ihrer Pflichten und entläßt die Versammlung.

Charles Sealsfield (1793–1864)

Burg · Besuch bei einem Emigranten

Ich kletterte schweigende, laternenlose düstere Straßen hinauf bis zum Fuße des Hügels, den das riesige Schloß der Könige von Böhmen krönt. Das Gebäude zeichnete seine schwarze Masse gegen den Himmel ab. Kein Licht drang aus seinen Fenstern, es glich in der Einsamkeit, in der Lage und im Umfang dem Vatikan oder dem Tempel von Jerusalem. Man hörte nur den Widerhall meiner Schritte und der meines Begleiters; ich war genötigt, ab und zu auf den Absätzen der gepflasterten Stiegen stehenzubleiben, so steil ging es bergauf.

Je höher ich emporstieg, desto sichtbarer wurde die Stadt unter mir. Die Verknüpfung der Geschichte, das Los der Menschen, die Zerstörung der Reiche, die Absichten der göttlichen Vorsehung kamen mir ins Gedächtnis und wurden eins mit den Erinnerungen meines eigenen Geschickes: nachdem ich die toten Ruinen erforscht hatte, wurde ich zur Besichtigung lebender Ruinen berufen.

Auf der Höhe angelangt, auf der der Hradschin erbaut ist, passierten wir einen Infanterieposten, dessen Wachstube an das äußere Tor angrenzte. Wir gelangten durch dieses Tor in einen viereckigen, von einförmigen und verlassenen Gebäuden umgebenen Hof. Wir schlängelten uns zur Rechten in das Erdgeschoß ein, gingen über einen langen Flur, der wie in einer Kaserne oder in einem Kloster in weiten Abständen von an der Wand hängenden Glaslaternen erleuchtet wurde. Am Ende dieses Korridors öffnete sich eine Treppe, an deren Fuß zwei Schildwachen auf und ab gingen. Als ich in den zweiten Stock hinaufstieg, begegnete ich Blacas, der herunterkam. Ich betrat mit ihm die Gemächer Karls X.; dort standen wieder zwei Grenadiere. Diese fremde Wache, die weißen Uniformen an der Tür des Königs von Frankreich, berührten mich peinlich. Sie vermittelten eher die Vorstellung eines Gefängnisses als die eines Palastes.

Wir gingen durch drei stockdunkle und fast unmöblierte Säle. (...) Blacas ließ mich in dem dritten Saal, um mich mit derselben Etikette wie in den Tuilerien dem König zu melden. Er holte mich, führte mich in das Kabinett Seiner Majestät und zog sich zurück.

François René de Chateaubriand (1768–1848)

Belvedere · Besuch bei Kaiser Rudolf

Silberner Duft liegt über der Stadt da unten. Die Sonne über uns glostet aus dunstigen Schleiern. Da blitzen mit einemmal im lichtstaubigen Graublau des Himmels dort drüben silbrige Striche auf: Taubenschwärme kreisen, spiegeln sich in der stillen Luft und verschwinden hinter den Türmen der Teynkirche. – Lautlos – unwirklich. – Aber ich nehme die Tauben über Prag für ein gutes Omen. Der hochgewölbte Bau des Niklasdoms dicht unter uns verkündet mit Glockenschlag die zehnte Morgenstunde; ein scharfer befehlender Uhrklang irgendwoher aus dem Gemäuer der Burg vor uns wiederholt mit bestimmter und schneller Glockentrommel das Zeichen der Stunde; es ist hohe Zeit. Der uhrenfanatische Monarch ist gewohnt, auf die Sekunde genau seine Zeit einzuhalten. Weh dem, der unpünktlich vor ihn treten wollte! Noch fünfzehn Minuten – denke ich –: dann werde ich vor Rudolf stehen.

Wir haben die Höhe erreicht und könnten die Rößlein traben lassen, aber auf Schritt und Tritt strecken sich uns die Hellebarden in den Weg: des Revidierens ist kein Ende. – Endlich donnert unter unsern Pferden die Hirschgrabenbrücke, und wir umreiten den stillen Park des einsiedlerischen Monarchen.

Das grünkupferig, wie von einem unförmigen Schiffskiel bedachte, luftige Bauwerk des Belvederes taucht aus alten Eichen vor uns auf. Wir springen aus den Sätteln.

Mein erster Blick fällt auf die Steinreliefs, die am Sockel der zierlichen, von säulengetragenen Bögen ringsum gebildeten Loggia eingelassen sind. – Simsons Kampf mit dem Löwen ist da abgebildet, und gegenüber: Herakles, der den nemeischen Löwen erwürgt. Das sind die Symbole, mit denen Kaiser Rudolf sich den Eingang in sein allerletztes Refugium wie ein Abwehrzeichen flankiert. Es ist ja bekannt, daß der Löwe sein Lieblingstier ist, und daß er sich einen mächtigen Berberlöwen als wie seinen Begleithund gezähmt hat, mit dem er selbst seine Vertrauten zu schrecken liebt. – Öd und still ists ringsumher. Niemand da, uns zu empfangen? Soeben klirrt ein gläserner Ton zum Zeichen des ersten Viertels der elften Stunde. Auch hier die Uhren!

Und mit dem Schlag öffnet sich die schlichte Holztür. Ein eisgrauer Diener lädt uns wortlos zum Eintritt. Plötzlich sind Stallknechte da, um unsere Pferde entgegenzunehmen. Wir stehen in der langen, kühlen Halle des Belvederes. Es riecht nach Kampfer zum Ersticken: der ganze Raum ein vollgestopftes Naturalienkabinett. Glaskasten an Glaskasten mit seltsamem, exotischem Inhalt. Lebensgroße Puppen von wilden Menschen in den seltsamsten Stellungen und Verrichtungen; Waffen; riesige Tiere; Geräte aller Art, Fahnen der Indianer und Chinesen; Kuriositäten der beiden Welten in unabsehbarer Fülle. – Wir bleiben auf den Wink unseres Führers vor dem Schreckphantom eines mächtigen, zottig behaarten Waldmenschen mit satanisch grinsendem Schädel stehen. Kelleys kecker Mut hat sich in die innersten Falten seines Pelzmantels verkrochen. Er flüstert etwas von bösen Geistern. – Ich muß lächeln über den Marktschreier, der sich vor seinem Gewissen nicht fürchtet, wohl aber vor einem ausgestopften Gorilla.

Aber im selben Augenblick erschrecke ich selbst bis in die Nieren: ein schwarzes Gespenst biegt lautlos um die Ecke des Affenkastens und vor uns steht eine hagere Gestalt; gelbe Hände raffen einen schäbigen schwarzen Tuchmantel und spielen unruhig unter den Falten mit einer deutlich sich abzeichnenden Waffe, wohl einem kurzen Dolch; darüber ein bleicher Vogelkopf, in dem gelbe Adleraugen lodern –: der Kaiser!

Sein fast schon zahnloser Mund ist dünn gefaltet. Nur die schwere Unterlippe hängt schlaff und bläulich über dem harten Kinn. – Sein Raubvogelblick überfliegt uns. Er schweigt.

Mein Kniefall scheint ihm eine Sekunde zu spät zu kommen. Dann aber, als wir geneigten Hauptes vor ihm in den Knien verharren, macht er eine wegwerfende Handbewegung:

«Dummes Zeug. Steht auf, wenn ihr was Rechtes seid. Andernfalls schert euch und bestehlt mich nicht um meine Zeit!»

Das sind die Begrüßungsworte des erhabenen Rudolf.

Gustav Meyrink (1868–1932)

Belvedere-Garten · Sabrina hört die «Verkaufte Braut»

Ich bin glücklich – bin glücklich, glücklich, glücklich.

Ihr seid alle Narren. Ihr versteht mich nicht. Ihr habt keinen Zutritt zu mir. Ihr könnt mich nie verstehen. Nie und nimmer. Ich will auch gar nicht, daß ihr mich versteht. Ich würde mich selbst verachten, wenn in mir je der begründete Verdacht aufstiege, daß ihr mich verstehen könnt. Ich gestatte es gar nicht, ich verbiete es, daß ihr mich versteht.

Die schöne Musik! Pst – Ruhe! Kein Gerede da! Auch die Dame auf der Bank links könnte ein Weilchen schweigen, nicht?

«Sollt uns nicht das Leben freuen,
Da uns Gott Gesundheit gibt.»

Der Chor der Bauernburschen und Mädel, der Anfang meiner «Verkauften Braut». Sehr fein spielen das die Dreiundsiebziger. Obwohl sie Deutsche sind, ein deutsches Regiment, die von Eger. Unsern Waldštýn haben sie dort ermordet, den böhmischen Herzog von Frýdland, der uns von Habsburg frei machen wollte. Und sie sind auch sonst «strammdeutsch», nicht bloß einfach deutsch – Deutsche zum Quadrat, die Heiloh-Brüder. Die mit den roten Aufschlägen. Richtige Tschechenfresser. Aber alles, was recht ist, das Potpourri aus meiner «Prodaná» haben sie exzellentissime gespielt. Man kann's gar nicht besser machen. Einfach unbegreiflich. Heiloh!

«Denk' nur nach, o Mařenka, denk' genau», das weltberühmte Sextett – Einsatz a capella – mit dem bezaubernden hohen A der Heldin, die erst gegen Schluß zu singen beginnt. Heiloh! Von der Bank heruntergeschmissen hat's mich, den alten Bettler mit der schwarzen Brille, krach, heruntergeschmissen. Da blutet's noch. Die Wange! Man hat mir ein sauberes Taschentuch gereicht. Gerade die Dame auf der Bank links – die Dame, die ich so angeschrien habe –, die hat's mir gereicht und hat dann abgewehrt, als ich's ihr zurückgeben wollte. Gut, ich behalt's, zum Andenken. Die Leute in den Belvedereanlagen sind gutherziger, als sonst Prager zu sein pflegen. Willst du Mitleid, such es unter den Armen! Bei diesen Leuten aus dem Volk, die keinen Kreuzer haben, die von fern zuhören, auf den Gratisbänken.

Weil sie kein Geld haben, sich zum Konzert zu setzen und ein kleines Paprika mit einem Smíchover Bier und einem knusprigen Salzstangel ... wär nicht schlecht, gar nicht schlecht ... oder ein Krenfleisch oder ein Paar «Italiener» vom Uggé, die feinsten Würstchen der Welt ..., womöglich die špekáčky dazu, die mit Recht weitgerühmten Speckknödel dieser erstklassigen Selcherei ... mit ein wenig Semmelbröseln bestreut ... ach, ich vertrag sie ja gar nicht mehr, die Uggés, ich mit meinem kranken Magen. Lassen wir die Illusionen kräftiger Mannesjahre hinter uns! Erfreulich genug der Klangozean des Militärkonzerts – Gegenwart – Smetanamusik.

Und dazu die Bäume und die blühenden Fliederbüsche und die Aussicht auf die hundert Türme des Mütterchens Prag. Die Moldau… Er war und ist ein wahrer Engel, ein Musik-Engel, unser Freund Bedřich Smetana. Mein einstiger Freund. Denn auch das ist dahin.

Max Brod (1884–1968)

Hirschgraben

Von allem Schönen, was Prag bot, dünkte uns das Schönste der sogenannte Hirschgraben. Von unserer Wohnung im Palais Chamaré war er leicht zu erreichen, nach ein paar Minuten stand man schon an der großen Schloßtreppe, die die Spornergasse entlang zum Hradschin hinaufführte. Je höher man stieg, desto schöner wurde der Blick auf die uralten Häuser der Spornergasse, auf die alten Mauern rechter Hand, hinter denen Baumwipfel hervorschauten, und auf den Hradschin selbst, dem man entgegenstrebte. Durch das gewaltige Portal der Kaiserburg schritt man in den ersten Hof, durch einen Torbogen in den zweiten, und von dort ging es über eine hölzerne Brücke zu einem Gattertor linker Hand, durch das man in eine Allee von Nußbäumen eintrat. Es war ein einziger, breiter Weg, der sich vor einem aufrollte: rechts waren Gemüseland und Beerenpflanzungen, links ging es über Rasenböschungen steil in die Tiefe, wo unter Laubbäumen ein Bächlein dahinrieselte. In der Hälfte des Weges stand an einer Ausbuchtung eine alte Linde. Um ihren Stamm lief eine runde Bank. Hier war das Herz des Hirschgrabens. Hier saßen wir an Sommerabenden, wenn die Linde duftete, und sahen hinunter in den Graben, wo einstmals zur Zeit Karls IV. Tierhetzen stattfanden – Schillers «Handschuh» soll hier gespielt haben – und wo in späteren Jahren Hirsche gehalten wurden, woher der Name geblieben war. Drüben stieg steil der Laubwald hinan, und man sah halbversteckt die uralten, winkeligen Häuser der Goldmachergasse, wo die Alchimisten unter Rudolf II. ihr Wesen trieben, und den runden Turm der Daliborka, der so furchtbare Greuel vergangener Justiz in sich schloß. Weiterhin erhoben sich die Türme des Sankt-Veits-Domes aus einem Meer von Grün, der weite Himmel spannte sich darüber, Friede und Stille war ringsumher. Hier dachte ich oft, daß es auf der ganzen Welt keinen Ort geben könne, der so schön wäre wie unser Hirschgraben, und ich dachte dasselbe Jahre und Jahre später, als ich schon viel mehr Schönes von dieser Welt gesehen hatte.

Charlotte Herder (1872–1959)

Strahow · Fastensuppe beim Abt

Gestern mittag bin ich beim Prälaten des Strahofer Klosters, namens Milo Griem, zu einer Fastensuppe eingeladen gewesen. So mag man schon einmal fasten. Die Bibliothek scheint mir für eine Privatbibliothek sehr bedeutend und enthält merkwürdige Manuskripte der böhmischen Geschichte. Die Kirche ist trefflich angelegt und hat das beste Orgelchor, welches ich jemals gesehn habe. An dem Bibliothekar Pater Gottfried und noch einem etwa 60jährigen Pater Oktavian habe ich ein paar Leute meines Stils gefunden. Beim Prälaten sahe ich einige tüchtige große Gemälde auf Holz von Dürer, zwei schöne Landschaften von Salvator Rosa und die treffliche «Kreuzigung» von Rubens, wo der gottlose Schächer den Fuß losgerissen hat. Es ist zu viel auf einmal, was man sieht. Die Aussicht von dieser Höhe über die ganze Stadt, den Strom, nach dem Ziskaberg zu und die Straße nach Wien hin ist über alle Sprachen hinaus. Solche Dinge muß ein Künstler zeitlebens vor sich haben. Aus der Vermählung solcher Gegenbilder mit dem inwohnenden Leben kann natürlich ein Drittes hervorgehn, das seiner Stelle würdig ist. Die Augen gehn mir über, indem mir dies einfällt, ich kann nicht mehr schreiben, mein ewig geliebter Freund! Leben Sie wohl!

Karl Friedrich Zelter (1758–1823)

Neue Welt · Teta Linek sucht den Neffen

Diese Gegend heißt mit Unrecht die «Neue Welt». Sie liegt auf der Höhe des uralten Burgbezirkes jenseits des Flusses, eingebettet zwischen der sogenannten Brandstätte und dem ehemaligen Garnisonsgericht. In vergangenen Zeiten vermischte sich hier der Fliederduft des Frühlings mit den martialischen Gerüchen der nahen Kasernen, dem gärenden Arom des Kommißbrotes, des Lederzeugs und des Pferdemistes von der offenen Reitschul herüber. Diese «Neue Welt» hat einer neueren noch nicht Platz gemacht. Baufälliges Winkelwerk von Häusern drängt sich hier wie auf Abbruch. Versehentlich hat die weit ins Land hinauszielende Entwicklung der Stadt diesen Moder links liegengelassen, mit seinen schiefen Dächern, wurmstichigen Loggien, schmutzigen Höfchen und ausgetretenen Holzstiegen. Die Neue Welt hat die billigsten Mieten, denn man wohnt hier auch nur auf Abbruch und Widerruf, wiewohl auf historischem Boden. Das Prager Volk hat im Gegensatz zu den fremden Bewunderern seiner Stadt nicht allzuviel Sinn für Romantik. Es flieht die barocken Durchhäuser und Schwibbögen der altertümlichen Bezirke und zieht die weiten lichten Vorstädte mit ihren ineinander geschobenen Betonschachteln vor, von denen eine jüngst Tetas Mißbilligung erregte. In den unausgetrockneten Sümpfen der Vergangenheit wie in dieser Neuen Welt leben nur mehr düstere Kleinbürger von der geringfügigsten Sorte, ein paar närrische Sonderlinge oder Schiffbrüchige und Herabgekommene, die sich ein besseres Obdach nicht leisten können.

In einem dieser verwinkelten Häuser hat Teta soeben die mulmige Holztreppe erstiegen. Nun steht sie vor der richtigen Tür. Nach Jahrzehnten. Durch eine Mattscheibe dringt schmutziges Licht in den Flur. Man kann aber auch ohne Brille ein kalligraphisches Meisterwerk lesen, das an die Tür genagelt ist:

«Redakteur M. Linek – Spezialist für Propaganda.» Und darunter in kleinerem Schriftgrad: «Hier werden Geburtstagsgedichte, Festreden, Prospekte, Offerten, Grabschriften aller Art in Auftrag genommen. – Astrologische Beratungsstelle. – Photographische Vergrößerung von Familienbildern – Juxartikel für fröhliche Geselligkeit.»

Teta liest mit großer Aufmerksamkeit und merkwürdiger Seelenruhe all diese Waren, die von der Firma M. Linek feilgeboten werden. So, und nun weiß sie alles. Bis zuletzt hat sie das Wunder mit zähem Glauben erwartet, der Neffe werde sich am Ende zwar als unwürdiger Priester, aber immerhin als Priester entpuppen. Die kindische Erwartung ist jetzt und für immer zerstört. Angesichts des Spezialisten für Propaganda, des astrologischen Beraters und des Verkäufers von Juxartikeln für fröhliche Geselligkeit glaubt sie nicht mehr an die vollzogene Weihe. Warum soll sie noch die Hand aufheben und den altertümlichen Glockenzug in Bewegung setzen? Was hat sie denn mit diesem Redakteur M. Linek zu schaffen, dem Sohn eines Trinkers und eines fremden Weibes? Ein gleichgültiger Bursche, den sie ein einzigesmal als Halbwüchsigen gesehen hat! Soll sie abrechnen mit ihm? Das ist es ja gerade. Es gibt keine Abrechnung über dreißig verschwendete Jahre. Worte und Vorwürfe erstatten nichts zurück, und der Gläubiger wird mehr von ihnen hergenommen als der Schuldner.

Franz Werfel (1890–1945)

KLEINSEITE

Auf der Kleinseite

Alte Häuser, steilgegiebelt,
hohe Türme voll Gebimmel, –
in die engen Höfe liebelt
nur ein winzig Stückchen Himmel.

Und auf jedem Treppenpflocke
müde lächelnd – Amoretten;
hoch am Dache um barocke
Vasen rieseln Rosenketten.

Spinnenverwoben ist die Pforte
dort. Verstohlen liest die Sonne
die geheimnisvollen Worte
unter einer Steinmadonne.

Rainer Maria Rilke (1875–1926)

Kleinseitner Düfte

Am Fuße des Burgviertels, wo der Weg hinansteigt zu der böhmischen Akropolis (und auch sonst wohl in einem Torgange breiterer Straßen), ist ein Duft von Pilsener Bier ... und Würstel mit Kren sind auch nicht weit; und eine slawische Rettigfrau sitzt am Türbogen mit schwarzschaligen

Früchten – und drin schmeckt der Spinat eine ganz leise Spur nach «Knofel», wie man hier das verrufenste der Gewächse nennt. Und es ist über allen Dingen, über den Menschen, über den Straßen etwas Musikhaftes – kein greller Ton. In allem Getrieb Melodisch-Hindämmerndes. In aller Lebendigkeit Verklingend-Verklingendes . . .

Alfred Kerr (1867–1948)

Pawlatsch

Auf der Kleinseite und in der Altstadt war alles anders. Schmale, winkelige Gassen, schmuddlige, aber oft sehr romantische Hinterhöfe.

Viele Häuser hatten einen viereckigen Hinterhof, und in jedem Stockwerk mündeten die Türen der Wohnungen auf einem rund um den Innenhof laufenden Balkon, genannt «Pawlatsch». Da standen die Hausfrauen und tratschten miteinander, da hängten sie ihre Wäsche auf oder lauschten verzückt einem Hofsänger, für den diese Höfe akustisch ideal geeignet waren.

Alle Geräusche und Temperamentsausbrüche drangen aus den Wohnungen über die Pawlatsch in die Ohren der Nachbarn, balkanesisch laut und abwechslungsreich, es war ein Zusammenleben ohne Geheimnisse. Man brauchte sich für das blau geschlagene Auge keine Ausrede auszudenken, weil alle wußten, daß die Faust dem Ehemann gehört hatte.

Friederike Hübner (geb. 1918)

Zu den neun Teufeln

In dem Hause «Zu den neun Teufeln» zu Füßen der Prager Kleinseite, nahe der Moldauinsel Kampa, wohnte noch während meiner Kindheit eine Greisin von fast hundert

Jahren, die mein Vater von Zeit zu Zeit besuchte. Dabei nahm er mich mit, denn er war verwitwet und hatte nur selten jemanden, dem er mich anvertrauen konnten. In jenem Hause hatte er als Student in den siebziger Jahren gewohnt. Es lag unfern eines «Čertovka», d. i. Teufelsbach, benannten Wasserlaufs, der die Kampa vom Festland trennt. Die Greisin, schon während der Studienzeit meines Vaters ziemlich bejahrt, war damals seine Hauswirtin gewesen. Er war aus dem deutschsprachigen Westböhmen in das ihm fremde, riesenhaft erscheinende und etwas unheimliche Prag gekommen, und das alte Fräulein, dem er empfohlen worden war, hatte für ihn durch Jahre geradezu mütterlich gesorgt, was die Ursache seiner dauernden Anhänglichkeit bildete.

Es gab aber noch einen anderen Grund für diese Besuche; der lag in dem alten, winkeltreppigen, mit allerlei Nebenkammern, Alkoven, Kabinetten, Geheimtüren und vertrackten Kellerräumen versehenen Hause selbst, dessen bloßer Name ja bereits dämonisch wirkte. Niemand wohnte darinnen außer dem Fräulein, das von den Besitzern – böhmischen Herren von altem Adel – zur Hausbesorgerin bestellt war, ein Amt, das schon ihr Vater innegehabt hatte, obzwar es in diesem Hause nichts anderes zu besorgen gab als eben die Wohnung des Hausbesorgers. Denn die restlichen Räume standen leer oder waren jedenfalls unbewohnt. Da oder dort war wohl ein brüchiges Möbelstück übrig, irgendein seltsames Gerät, dessen Aufgabe nur noch im Älterwerden bestand, ein zerschlissener Großvatersessel, bloß für gewichtslose Gespenster tauglich, ein verkrümmtes Bücherbrett, sogar noch mit eingeschrumpften Schweinslederscharteken darauf; in rußigen Küchen schichteten Messing und Kupfer Grünspan und Patina, zersetzte sich Zinn am Aussatz und zerfiel an der Pest, vergrindeten sich dreifüßige Eisenkessel mit mürbem Rost.

Johannes Urzidil (1876–1970)

Niklaskirche · Ein Nonplusultra des Kirchenbarocks

Dies Kirchenbarock in Prag ist ein Nonplusultra wie das römische, das von München und Dresden, von Salzburg und von Wien.

Da ist: Sankt Ignaz; die barockisierte Karlskirche am Karlshof droben mit dem abenteuerlich-drastischen Theaternaturalismus der biblischen Barockfiguren auf den Balkonen; da ist Sankt Johann Nepomuk (die leider fast stets geschlossene Kirche gegenüber Emmaus); da ist Loretto mit dem niederländischen Carillon, der in die Fülle der vom Barock der Lorettokirche bedrängten und schon verwirrten Empfindung vollends verwirrend eindringt – das Fernste mit dem Fernsten vermischend, aber endlich das Gefühl auch wieder vereinfachend, da es sich an die wie stille und lösende Tränen fallenden Glockenspieltöne anhängt und mit ihrer liedhaften Einfachheit durch die Lüfte entweicht; Strahow dann, und «Maria Victoria», und auf der anderen Stadtseite die tschechische Nationalkirche; und das Barock der Jakobskirche hinter dem Ungelt, und dies, und das – und endlich die Apotheose des Prager Kirchenbarocks, die Kirche des heiligen Nikolaus im Herzen der Kleinseite, rings von generösen, wohlgeschnittenen Platzräumen umgeben, planvoll auf Vedutenwegen in die Mitte vieler Blickrichtungen gestellt, die einen ringförmigen Chorus der Bewunderung ausmachen.

Die gotische Kathedrale auf der Burg ist großartig – aber die Dientzenhofersche «Mikuláš»-Kirche tritt vom Geist des Barocks her, der ein Genie ist, mit ihr in Wettbewerb. Ist sie nicht auf dem Wege zum Burgberg fast bis an die Sohle der Kathedrale herangekommen? Ist ihre Größe nicht kathedralisch und ihre Pracht nicht die eines Mittelpunktes der katholischen Christenheit? Man hat gesagt, sie sei die schönste Barockkirche diesseits der Alpen. Dies zu bestätigen, wäre zuviel, solange es das bayrisch-schwäbische Ottobeuren gibt und Balthasar Neumanns oberfränkisches

Vierzehnheiligen, das nicht mehr dieser Erde zu gehören scheint. Aber kein Zweifel, daß die große Prager Nikolauskirche zu den fünf oder sechs gewaltigsten Kirchen des nordischen Barocks, zu den großartigsten des europäischen Barocks überhaupt gehört.

Sie ist in jedem Zug meisterhaft. Es ist eine Meisterschaft in der schweren Gattung des Barocks, nicht in der leichteren (die in Prag beispielsweise von der Strahower Kirche dargestellt wird). Keine Schlacke unvermögender, nur nachahmender Provinzialität entstellt die majestätische Glut dieses Werks.

Wilhelm Hausenstein (1882–1957)

Kleinseitner Bettler

Es war ein wunderschöner Junitag. Herr Adalbertchen kam aus der St.-Niklas-Kirche, setzte sich zum Schutz gegen die stechende Sonne die Mütze auf den Kopf und ging langsam über den jetzigen Stefansplatz. Bei der Dreifaltigkeitsstatue blieb er stehen und setzte sich auf eine Stufe. Der Brunnen hinter ihm plätscherte laut, die Sonne wärmte, es war alles so angenehm. Offensichtlich wird er heute irgendwo zu Mittag essen, wo sie erst nach zwölf zu Tische gehen.

Kaum daß er sich niedergesetzt hatte, erhob sich eine von den Bettlerinnen vor der Tür der Niklaskirche und ging in derselben Richtung. Sie wurde «Millionenweib» genannt. Die anderen Bettlerinnen versprachen, daß der liebe Gott das gegebene Almosen hunderttausendfach vergelten werde, sie aber versprach millionen- und abermillionenfache Vergeltung. Deshalb gab auch die Frau Offizial Hermann, welche zu allen Versteigerungen in ganz Prag ging, ihr als einzige ein Almosen. Das Millionenweib ging, wenn es wollte, aufrecht, und wenn es wollte, hinkte es. Jetzt ging es aufrecht und direkt auf Herrn Adalbertchen unter der Dreifaltigkeitsstatue zu. Der Leinenkittel schlug fast lautlos gegen die dürren Beine, das tief in die Stirn gezogene blaue Kopftuch nickte herauf und herunter. (...) Lauter kleine Runzeln wie dünne Nudeln liefen an der spitzen Nase und um den Mund zusammen. Ihre Augen waren wie die einer Katze gelbgrün.

Sie trat bis zu Herrn Adalbertchen. «Gelobt sei Jesus Christus!» murmelte sie.

Herr Adalbertchen nickte zum Zeichen der Zustimmung.

Das Millionenweib setzte sich an das andere Ende der Stufe und nieste. «Brrr!» machte sie, «ich kann die Sonne nicht ausstehn: wenn sie auf mich scheint, muß ich niesen.»

Herr Adalbertchen schwieg.

Das Millionenweib zog das Kopftuch zurück, und ihr ganzes Gesicht war zu sehen. Es blinzelte wie eine Katze in der Sonne, dann schloß es die Augen, dann funkelten sie unter der Stirn wieder wie zwei grüne Punkte. Der Mund zuckte ununterbrochen: wenn er sich öffnete, war vorn oben der einzige Zahn zu sehen, ganz schwarz.

«Herr Adalbertchen», begann sie wieder, «Herr Adalbertchen, ich sag immer, wenn Sie nur wollten!»

Herr Adalbertchen – nichts. Er drehte ihr nur sein Gesicht zu und schaute auf ihren Mund.

«Immer und stets sage ich: ja, wenn Herr Adalbertchen nur wollte, könnt er uns sagen, wo es gute Leute gibt.»

Herr Adalbertchen – nichts.

«Warum schauen Sie mich so unverwandt an?» fragte das Millionenweib nach einer Weile. «Was gibt's denn an mir zu sehen?»

«Den Zahn! – Ich wundere mich, warum Sie diesen einen Zahn haben.»

«Ach ja, der Zahn!» seufzte sie und redete dann weiter: «Sie wissen, daß der Verlust eines Zahnes immer den Verlust eines guten Freundes bedeutet. Schon sind alle unter der Erde, die mir wohlwollten und es aufrichtig mit mir gemeint haben – alle. Nur einer blieb mir noch – aber ich weiß nichts von ihm – weiß nicht, wo dieser mein guter Freund weilt, den mir der barmherzige Gott auf meinem Lebensweg noch zugedacht hat. Ach du mein lieber Gott, ich bin entsetzlich einsam.»

Herr Adalbertchen blickte vor sich hin und schwieg.

Etwas wie ein Lachen, wie eine Freude glitt über das Gesicht der Bettlerin, aber es war ein häßliches Lachen. Sie spitzte den Mund, ihr ganzes Gesicht verzog sich gegen die Lippen wie zu einem Stengel.

«Herr Adalbertchen, wir zwei könnten noch glücklich werden. – Deswegen träume ich immerfort von Ihnen, ich glaube, der Herrgott will es so. – Sie sind so einsam, Herr Adalbertchen, niemand sorgt für Sie. – Sie finden überall Gunst, Sie haben so viele gute Menschen. – Sehn Sie, ich würde sofort zu Ihnen ziehen. Ein Federbett habe ich –»

Während sie sprach, hatte sich Herr Adalbertchen langsam aufgerichtet. Nun stand er und brachte mit der rechten Hand das Lederschild seiner Mütze in Ordnung. «Lieber nehme ich Arsenik!» rief er und wandte sich ohne Gruß um.

Er ging langsam auf die Spornergasse zu. Zwei grüne Kugeln funkelten ihm nach, bis er um die Ecke verschwand.

Jan Neruda (1834–1891)

Herr Kaufmann Josef Welsch

Der Kaufmann Josef Welsch war einer der wohlhabendsten Geschäftsleute der Prager Kleinseite. Ich glaube, er hatte in seinem Laden alles, was Indien und Afrika hervorbringen, vom Süßholz und gebrannten Elfenbein als Glanzmittel bis zum Goldstaub. Auch war sein Laden auf dem Marktplatz den ganzen Tag über wie vollgestopft. Herr Welsch war ununterbrochen im Laden, ausgenommen am Sonntag zur Zeit des Hochamtes zu Sankt Veit und dann zur Zeit einiger großer Paraden, die die Prager Bürgervereine abhielten, denn Herr Welsch war Schütze, erste Kompanie, erste Gruppe, erster Mann vom Herrn Leutnant Nedoma rechts. Im Laden hätte er gerne alle Kunden selber bedient, obwohl er hier zwei Gehilfen und zwei Lehrburschen hatte, und wen er nicht bedienen konnte, den grüßte er; er nickte, lächelte. Herr Welsch lächelte überhaupt immer, im Laden, auf der Straße, in der Kirche, überall, sein geschäftliches Lächeln hatte sich ihm in seine Wangenfalten eingegraben und konnte nicht mehr aus ihnen heraus. Eine liebe Gestalt, nicht groß, dick, mit einem ständig wackelnden Köpfchen und mit diesem Lächeln. Im Laden mit einer flachen Mütze und ledernen Kaufmannsschürze, auf der Straße in langem, blauem Rock mit goldenen Knöpfen und bauchigem Zylinderhut. Ich hatte eine gewisse läppische Vorstellung von Herrn Welsch. In seinem Haushalt war ich während seiner Lebzeit niemals gewesen, aber manchmal stellte ich ihn mir vor, wie er zu Hause aussehen mag, es war immer dasselbe Bild: Herr Welsch sitzt ohne Mütze, aber mit der Schürze am Tisch, vor ihm steht ein Teller mit dampfender Suppe, den Ellbogen hat Herr Welsch auf den Tisch gestützt, und die Hand hält einen vollgeschöpften Löffel zwischen Teller und lächelndem Mund, und da sitzt er wie geschnitzt, und der Löffel bewegt sich weder hin noch her. Eine dumme Vorstellung, ich weiß.

Aber (...) am 3. Mai 184* um 4 Uhr nachmittags war Herr Welsch schon gar nicht mehr am Leben. Er lag über dem Laden im ersten Stock, in seinem Paradezimmer in einem prächtigen Sarg. Der Deckel war noch nicht daraufgelegt – Herr Welsch lächelte noch nach seinem Tode und mit zugedrückten Augen.

Das Begräbnis war für die vierte Stunde bestimmt. Der Leichenwagen, der sogenannte Quastenwagen, stand schon auf dem Marktplatz vor dem Hause. Auch stand da eine Kompanie des bürgerlichen Schützenvereins mit der Musik. Das Paradezimmer war fast voll, lauter Kleinseitner Honoratioren. Es war selbstverständlich, daß der Herr Pfarrer von Sankt Niklas mit der Assistenz etwas später kommt, wie das bei jedem geehrten Nachbarn üblich war, damit es nicht heißt, es habe mit ihm Eile aus dem Tor hinaus.

Jan Neruda (1834–1891)

Neruda-Gasse · Haus Zur Sonne

Ich habe zu lang in der Fremde geweilt,
da ist manches Bild mir vorübergeeilt,
hat mit sich genommen, was in mir geruht;
nur selten noch zeigt mir's im Traume mein Blut.
Süß duftet der Flieder, ich wart auf der Bank,
und gehe Schlag elf jene Straße entlang,
da eilt aus dem Hause «Zur Sonne» ein Kind,
ist selber nur Sonne und Flieder und Wind...

Oft, wenn mich der Weg dort vorübergeführt,
hab ich eine Qual in der Seele verspürt.
Ich ging auf den Zehen und sah nicht zurück,
damit nicht erwache das schmerzliche Glück.
Doch hätt' ich gestampft mit dem Fuß wie ein Pferd,
es hätte die Straße gewiß nicht gestört.
Und käm mir mein Mädchen entgegengerannt,
ich hätt' die Verwandelte nicht gleich erkannt.

Ich blieb, der ich war. Doch die Schläfen sind grau.
Ich hab eine liebe und herrliche Frau.
Viel hat sich ereignet, wir nahmen es hin.
Vielleicht komm ich heim und der Flieder wird blühn.
Dann lauf ich hinauf und hinab durch die Stadt
und seh mich nach Jahren an Prag wieder satt;
geh bis nach der Vorstadt, von Hemmung nicht frei.
am Hause «Zur Sonne» ganz leise vorbei.

Rudolf Fuchs (1890–1942)

Juninacht über den Dächern

Eine herrliche warme Juninacht. Die Sterne flimmerten nur so, der Mond schien fröhlich, die Luft war ein einziges silbernes Licht.

Am fröhlichsten aber schien der Mond auf die Dächer der Spornergasse, und am allerfröhlichsten auf die stillen Dächer der Nachbarhäuser «Zu den zwei Sonnen» und «Zum tiefen Keller». Sonderbare Dächer! Mir nichts, dir nichts, kann man von dem einen aufs andere gelangen, und sie bestehen aus lauter Winkeln, Traufen und Übergängen. Besonders vielfältig verschachtelt ist das Dach des Hauses «Zu den zwei Sonnen»; es ist ein sogenanntes Satteldach mit einem Doppelgiebel zur Straße und einem Doppelgiebel zum Hof. Zwischen ihren beiden Firsten läuft eine breite Rinne, unterbrochen durch einen quer verlaufenden Steg von Boden zu Boden. Dieser Steg ist wiederum überdacht und wie die anderen auch mit Hohlziegeln gedeckt, die auf dem Dach zahllose Regenrinnen bilden. Von dem Gangsteg führen zwei große Erkerfenster in jene breite mittlere Rinne, welche über das Haus wie der gutgezogene Scheitel über die Mitte des Kopfes eines Prager Stutzers läuft.

Jan Neruda

Santa Maria de Victoria · Das Prager Jesuskind

Dezember. Die große Welt ist sicher tot. Es schneit noch immer.
Wie wohlig aber, mein Gott, dieses kleine Zimmer.
Das Kamin voll rötlich schimmernder Kohlen
Färbt mit schläfrigem Widerscheine die Bohlen.
Kein Laut, nur das Wasser kocht ganz leise noch fort.
Oben, über den beiden Betten, auf dem hölzernen Bord,

Unter der gläsernen Glocke, das Haupt von der Krone bedeckt,
Die Welt in der einen Hand, die andere ausgestreckt,
Jedes Kind zu empfangen, das sich befiehlt seiner Hut,
Fürstlich unter dem ungeheuren, goldigen Hut,
Allerliebst im feierlich steifen Mantel-Verschlag
Thront und waltet das Jesuskindlein von Prag.
Vor den Gluten, die es beleuchten, liegt es allein,
Klein und verborgen wie das Brot im heiligen Schrein,
So hütet das Gotteskind seine Brüderchen bis zum Tag.
Ungehörter noch als der Atem entweicht,
Füllt seine ewige Gegenwart die Kammer und gleicht
All diesen armen schuldlosen Dingen voll Einfalt.
Er ist bei uns, er gebietet dem Bösen Einhalt.
So darf man schlafen; Jesus, unser Bruder, wird wachen.
Er gehört uns, aber auch diese schönen Sachen:
Die herrliche Puppe und das Pferdchen aus Holz ist dabei,
Und das Schäfchen: in der Ecke liegen die drei.
Wir schlafen, aber all diese guten Dinge gehören uns doch.
Der Vorhang ist zu... Weit weg, irgendwo noch
In der Nacht, im Schnee, hat eine Art von Stunde getickt.
Das Kind im warmen Bettchen versteht beglückt:
Es schläft, und einer ist nah, der es mag.
Es regt sich ein wenig, murmelt vag,
Rückt einen Arm ans Gesicht,
Möchte erwachen und kann doch nicht.

Paul Claudel (1865–1955)

Blick in den Nostitzpark

Was Papa vor seinem Fenster im kleinen hatte, das hatten wir vor den acht Vorderfenstern im großen: über das Höfchen weg den Blick auf den herrlichen Nostitzpark mit seinen uralten Bäumen und mit einem Vogellärm, der uns oft an den Frühsommermorgen aus dem Schlafe weckte. Was für Vögel da durcheinanderlärmten, habe ich nie auseinandergehalten, ich liebte wie mein Vater am meisten den blechernen Schrei der Amsel an den ersten Vorfrühlingstagen, und später an Maiabenden den süßen, schmelzenden Amselschlag. Ein einziges Mal hatte sich eine Nachtigall in den Park verirrt und sang mitten in der Nacht; Mama weckte uns, und wir lauschten atemlos diesem zauberhaft fremden Liebeslied.

Mit den Jahren waren die Kastanien, die die Mauer des Höfchens säumten, so hoch gewachsen, daß sie, einmal belaubt, jeden Blick in den Garten wehrten; aber meine Sehnsucht, in dieses verschlossene Paradies zu sehen, war so groß, daß ich bald Mittel und Wege fand, sie zu stillen. Ich stieg vom Flur aus auf den Speicher – bei uns «Boden» genannt –, dort rückte ich eine alte Kiste so, daß sie gerade vor das Bodenfenster zu stehen kam; ein Sprung auf die Kiste, Kopf und Arme zum Fenster hinausgelegt – da lag sie vor mir, die herrliche, weite Welt! Unter mir der Park, fernher die blitzende Moldau, die Türme der Altstadt, der Laurenziberg mit der Hungermauer, am Horizont blauende Hügel und darüber der unendlich weite, hohe Himmel. An diesem Bodenfenster habe ich die seligsten Stunden meines jungen Lebens verträumt.

Charlotte Herder (1872–1959)

Stadt des Adels

In Prag galt nur noch der Adel. Die Bürgerstadt drunten wurde untertänig. Hatte man sie auch nicht unter der Fuchtel wie draußen die Bauern, die mit Robot und Abgabe unerhört gequält wurden, so hatte man sie doch in wirtschaftlicher Abhängigkeit, blendete durch Auftreten, zwang zur Devotion. Bürgerstand, das galt nichts mehr.

Wer irgend sich aus ihm erheben wollte, strebte den Adel an. Und Habsburg war freigebig in der Erteilung der Matrikel: jedes Verdienst um den Staat, Verdienst überhaupt wurde mit Adel belohnt. Sogar der beste Prüfling der Universität sollte geadelt werden. Wollte man diese Adelsgesellschaft verwässern? So wurde, was kraftvoll war im Bürgertum, herübergeholt in die Reihen des genießenden Adels, wurde der Arbeit entzogen.

Das riß die Kluft auf zwischen hoch und niedrig, zwischen arm und reich. Während drüben auf der Kleinseite, später auch mitten in der Altstadt und Neustadt, die Paläste entstanden, gruben sich Menschen, zu Tieren verarmt, in Schutthügel ein, um vegetieren zu können. Neben der Judenstadt war eine Schuttablagerungsstelle zu einem Berg angewachsen. Da hatte sich armes Gesindel Höhlen als Unterschlupf gegraben. Durch die Feuer, die sie sich darin angezündet hatten, war der ganze Haufen in Brand geraten und mußte durch Abtragung gelöscht werden. Das war im Jahre 1732. Wir dürfen aber von hier aus zurückleuchten auf dieses ganze Jahrhundert: man brauchte da oben den Blick auf die Armut, auf elendeste Kreatur, um die Folie zu haben für sein erhabenes Leben.

Wir wollen hier nicht mit demokratischen Schlagwörtern gegen aristokratisches Leben wettern. Es hat sein Jahrhundert geformt und Prag vor allem. Wir können aber nicht umhin, nach seinem Geheimnis zu fragen, aus dem es die tiefere Berechtigung für seinen Anspruch hätte herleiten können. Wir finden es kaum. Da ragten all diese Paläste, die ein Leben bargen, prunkvoll und üppig wie jenes des Wallenstein zu Beginn des Jahrhunderts. Wo aber finden wir noch Wallensteins Dämonie? In den Gründern der neuen Hausdynastien mag noch das Abenteuer der Schlachten gewirkt haben: sie bogen es um zum Abenteuer des Erwerbs, in wirtschaftliche Haushaltung, in Mehrung des Besitzes. In den Erben lodert die wilde Gier, zu leben, sich zu verschwenden, geheimnislos auf. In einigen mag auch der Trotz gegen den Usurpator aus Wien gewirkt haben: vor dem Czernin-Palais über dem Hradschin spürt man es wie dunklen Aufruhr verschütteter Herrschgier. Der Sohn des Erbauers kennt nur mehr Prachtgelüste als Selbstwehr, vergeudet seinen unermeßlichen Reichtum bis zu unerhörter Schuldenlast. Was viele Jahrzehnte Krieg und Schicksalslaune an Betätigungsdrang geweckt, das schießt nun ins Leere, rankt sich um hochgeschraubte Geltungsfragen, bringt ins friedliche, tatenarme Leben dieser Menschen ein künstliches Gefälle durch Zuspitzung der Gegensätze.

Oskar Schürer (1892–1949)

Waldstein-Palais · Kein gewöhnlicher Herrensitz

Wäre sein Wille auf ein einziges Ziel gerichtet gewesen, er hätte sich zu Prag verhalten, wie er wollte, daß Friedland sich zu Böhmen verhielte; also sich von der Hauptstadt getrennt. Aber sein Schwerpunkt war nirgends, nicht einmal in seiner Lieblingsschöpfung. Der nachmals Herzogtümer sammelte, wie ein Spekulant Grundstücke, sah keinen Widerspruch darin, neben dem, daß er sich souverän fühlte, auch als Untertan des Königs, der größte allerdings, im Schatten des Hradschin zu residieren. Das «Friedländer Haus», später Waldstein-Palais genannt, ist noch heute ein Schmuck der Mala Strana.

Mit dem Aufkaufen von Häusern, insgesamt fünfundzwanzig, die dem Gebäu Platz machen sollten, begann Wallenstein bald nach dem Weißen Berg; zum Ärger Wilhelm Slawatas, der den Verlust so vieler tüchtiger Haus-Steuerzahler beklagte. Auch wollte Slawata wissen, sein Vetter habe ohne Scham Soldaten zu Bauarbeiten kommandieren lassen. Wenn es wahr ist, so hätten die Burschen schlechter können beschäftigt sein. Die Architekten waren Italiener; ein gewisser Spezza zuerst, dann einer namens

Pieroni, der sich auch um Gitschin verdient machte. 1626 war der Haupt- und Wohntrakt fertig; insofern, was Wallenstein unternahm, jemals fertig wurde. Er ließ immer verschönern, immer erweitern; an dem Friedländer Haus oder darum herum wurde noch 1634 gearbeitet.

Die Front ist böhmisches Italienisch. (...) Der Nichtkenner hat den Eindruck des Anmutigen, keineswegs des Übertriebenen; keineswegs den einer Herausforderung der Königsburg, wie das spätere Czernin-Palais sie darstellt. Die wahren Dimensionen des Wallenstein-Schlosses erfaßt man erst, wenn man Innenhöfe und Park inspiziert. Vom Platze her ist nur die Fassade zu sehen; gekrümmte Gassen zu beiden Seiten versperren den Blick auf den Rest.

Der Rest, das Ganze, war kein gewöhnlicher Herrensitz. Es war ein autarkes Stück Land, ein Klein-Reich inmitten des Gehudels der Großstadt, umfriedet von Nebengebäuden und einer festungsartigen Parkmauer. Wenn Wallensteins Equipage in den Hof zur Linken der Front gerollt war, hatte er alles, wessen er bedurfte; eine Kapelle für seine Andacht; eine Reitbahn am unteren Ende des Parkes; eine Badegrotte mit Kristallen, Muscheln und Tropfstein, das war schier das Wichtigste; Promenadewege zwischen Statuen und Springbrunnen. Sogar zum benachbarten Thomas-Kloster gab es einen gedeckten Gang. Man kann sich Wallenstein nicht frei zirkulierend in der Stadt denken, nicht umjubelt von seinen Mitbürgern; er hatte keine Mitbürger, und wahrscheinlich war er in Prag verhaßt. Er herrschte über die Menge, ohne mit ihr in Berührung zu kommen; herrschte, *damit* er nicht mit ihr in Berührung käme. Nicht einmal als Gastgeber können wir ihn uns genau vorstellen, nicht als einen, der ebenbürtige Gäste lächelnd empfing; und obwohl die Prunkräume des Palastes ja wohl zu etwas da gewesen sein müssen, steht selten im Detail überliefert, wie sie gebraucht wurden. Sicher zum Empfang von Botschaftern, von kaiserlichen Ministern, von werbenden oder flehenden Delegationen; allenfalls für

Feste im Familienkreis. Zuletzt war das ganze steinerne, goldlederne, grüne, kühle, plätschernde Anwesen «für mich»; zwei Worte, die in seinen Befehlsbriefen so oft vorkommen.

Golo Mann (geb. 1909)

Im Waldstein-Palais

Sankt Vitus, der Hradschin! Prags Herrlichkeit!
Eins aber ist noch herrlicher in Prag:
Der Wallenstein-Palast, o Sternenzeit!

Dort saß ich mal an einem Sommertag
Mit dem Genie und seinen Offizieren
In hoher offner Halle beim Gelag.

Im Garten vor uns, zwischen Pikenieren,
Tanzt ein Mongolentrupp in wildem Fluß,
Indessen wir erstaunlich pokulieren.

Da ballert plötzlich ein Kartaunenschuß;
Wie weggeblasen sind die Asiaten,
Und auf die Leere zeigt Oktavius.

Musik begleitet seufzende Kantaten,
Und seht: Da links, allein, tanzt nun der Tod.
He, Seni! wie ist der hierher geraten?

Trübselig, maulhängend stampft der Despot,
Schwenkt hin und her der Schwager sein Gerippe,
Mit einem Ausdruck wie ein Idiot.

Und eine Pfauenfeder statt der Hippe,
Schlank, lang und schwank wie eine Gerte, hält
Er überm Kopf mit lässigem Gewippe.

Detlev von Liliencron (1844–1909)

Waldstein-Palais · Hofhaltung

Ihr fürstl. Gnaden, der Herzog von Friedland, befinden sich samt der Gemahlin und Fräulein Tochter zu Prag und logieren in ihrem neuen Palatium, so gleichwohl bei weitem noch nicht gar ausgebaut. Sie halten fast wie zuvor einen ziemlich starken und ansehnlichen Hof, haben noch etliche vornehme Grafen und Herren, so deroselben aufwarten, wie auch fünfzig Trabanten, und werden täglich vier Tafeln gespeist; halten auch bei 160 Pferd und zahlen das Hofgesind alle Quartal richtig aus. Ihr fürstl. Gnaden lassen sich gemeinlich gar böhmisch speisen: die Officiere aber werden gar wohl und ansehnlich traktiert. Sonst aber sind dieselben über all Maßen genau und sparsam.

Friedrich Lebzelter (1631)

Fleischbänke

Die Fleischbänke auf der kleinen Seite sind deswegen merkwürdig, weil keine Schmeißfliege sich in selbigen jemals findet. Diese Eigenschaft schreiben etliche einem Zauberer, andere dem heil. Procopius zu. Die Kälte der itzigen Jahreszeit machet in diesem Stücke alle freye und offene Plätze einander gleich, und habe ich also auf die Wahrheit der Sache selbst nicht Acht haben können, welche ohnedem, sonderlich in einer großen Stadt, viele natürliche Ursachen haben kann und nicht gar rar ist.

Johann Georg Keyssler (1693–1743)

Gutes Deutsch

Auf der kleinen Seiten zu Prag wird so gut Teutsch geredet als irgendwo in ganz Teutschland; das macht, daß die Teutschredenden keine bäurischen Nachbarn auf den umliegenden Dörfern haben, die ihnen ihre Sprach verderben.

H. J. Christoffel von Grimmelshausen (1620–1676)

Seminargarten

Überhaupt die Gärten Prags! Innerhalb des festen Gefüges des architektonischen Stadtbildes sind sie, gleich dem Moldaustrom, das Element zeitlosen Wandels, von Menschenhand geschaffene Werke der Kunst, welche die Natur in ihren Schoß zurückgenommen hat. In besonderer Weise gilt dies für den Seminargarten an der nordöstlichen Flanke des Laurenziberges, bei dem heute nur noch die Obstbäume daran erinnern, daß dies tatsächlich einmal ein Garten war; er scheint am schönsten, wo er verwildert ist und sich den ordnenden Bemühungen der Gartenarchitekten widersetzt. Vom Kloster Strahov her stürzt in der Senke zwischen Laurenziberg und Hradschin ein Strom von Grün über die Kaskaden vieler kleiner Gärten in den grauen Leib der Stadt. Hier erkennt man vielfach noch an den Terrassen, daß diese Gärten ursprünglich Weinberge waren, die erst in späterer Zeit den Häusern oder Palästen zugeordnet wurden. Seit Ferdinand I. von Habsburg für seine Gemahlin Anna, die sich nach dem Süden zurücksehnte, beim Belvedere einen Garten nach italienischem Vorbild anlegen ließ, wetteiferten Bürger wie Adelige, die Wohngebäude durch Gemächer unter freiem Himmel zu ergänzen. Besonders großartig demonstrierte diesen neuen Lebensstil der Herzog von Friedland, der ein ganzes Wohnviertel abreißen ließ, um hinter seinem Stadtpalais einen

Garten mit Loggia, Volière, Springbrunnen, Teichen, Grotten und einem Labyrinth von Laubengängen ausbreiten zu können. Doch gibt es auch Häuser an der Hangseite der Thungasse, in denen man das vierte Stockwerk erklimmen muß, um dann über einen kurzen Laufgang den Garten zu betreten und, in ihm höhersteigend, den Ausblick über die Dächer der Kleinseite zu gewinnen. Im Gasthof «Zum goldenen Brünnl» ist einer dieser bürgerlichen Terrassengärten der Öffentlichkeit zugänglich gemacht.

Götz Fehr (1918–1982)

Herbsttag im Prager Seminargarten

Das ist das ewige Antlitz der Welt:
Ein Stern, der verlöschend ins Grundlose fällt,
Ein buntheller Tropfen, der bitter gerinnt,
Raketen im Finstern, ein goldener Wind.

Ich habe die Dinge des Lebens vertan,
Nun kommt mich das Heimweh des Alternden an.
Kraftlose Sonne liegt schräg auf dem Land,
Der Parkweg ist staubig, vom September verbrannt.

Rauchfahnen vernebeln den Glanz überm Fluß –
Es ist immer das Schönste, was absterben muß:
Das Licht des Himmels und die Fülle der Zeit
Und die bräutliche Flamme der Zweisamkeit.

Die alte Stadt drängt unfroh und blank
Die rostroten Giebel gegen den Hang.
Symbole von gestern ziehn sturmscheu und schmal
Als gleitender Vogelflug über das Tal.

Paul Leppin (1879–1945)

Blick vom Laurenziberg

Der schönste Überblick ist vom sogenannten Lorenzberg. Ich war mit Pußwald gegen Abend in dem dort oben gelegenen Gasthause, die Hasenburg genannt, und ich muß gestehen, daß ich mir etwas Reizenderes kaum denken kann als Prag von diesem Standpunkte. Die Bauwerke aus früherer Zeit haben hier durchaus etwas Phantastisches, das in einem sonderbaren Einklange mit dem Geiste der ältesten Geschichte Böhmens, der romanhaftesten, die ich kenne, steht. Diese vielen Türme mit vielfachen Spitzen, jeder anders und nur in der Seltsamkeit übereinstimmend; diese Kirchen, kaum eine schön, aber alle auffallend, mitunter wunderlich, z. B. die Domkirche mit ihren Schnörkeln und Säulchen, mit ihren Strebepfeilern, die nichts tragen, und ihren Bogen, die nichts stützen, ein treffendes Bild der Willkürlichkeit, jedes Glied gleichsam ohne Zweck, wie nur um seiner selbst willen hingestellt, und doch im Gesamteindruck so wunderbar. Kurz, diese Stadt trägt nicht das Gepräge des befriedigten Bedürfnisses, sondern der freien schaffenden Geisteskraft, sie besteht nicht aus Wohnungen, sondern aus Gebäuden. Wenn dieses letztere freilich nur von den Überbleibseln der ältern Zeit gilt, so reihen sich die neuern Häuser ihnen doch so an, daß sie den würdigen Eindruck durchaus nicht stören, und man kann Prag wirklich eine schöne Stadt nennen.

Franz Grillparzer (1791–1872)

Petřín-Park · Erinnerungen an Mácha

So humpelte ich durch den Schnee bis zum Denkmal des Dichters Mácha. Es war ganz verweht. Überrascht blieb mein Blick an Máchas Blumenstrauß hängen, den der Dichter, wie ihr sicherlich wißt, so begeistert betrachtet. Heute war es ein Strauß weißer Rosen; er schien zudem von einem weißen Schleier bedeckt.

Ein unwirklicher Strauß für eine nicht verwirklichte Hochzeit. Ja, genau solch ein Bukett wollte Mácha damals seiner Braut Lori zur Trauung in die St.-Stephans-Kirche mitbringen. Doch am Tag der geplanten Hochzeit trug man den toten Dichter auf dem Leitmeritzer Friedhof zu Grabe.

Das Bildnis des Dichters, wie Myslbek es für dieses Denkmal schuf, wurde schon häufig kritisiert und als unähnlich abgelehnt.

Max Brod erklärte aber einmal, die Moldau fließe in G-Dur, weil Smetana es so wollte. Warum sollten wir dann nicht auch das liebliche Antlitz des Dichters auf seinem Petřiner Monument akzeptieren – Myslbek wollte es so.

Der schöne junge Dichter am Eingang zu diesem wunderbaren Prager Park heißt auch jene willkommen, die sich ihm, das Herz voller Liebe, nähern. Der Laurenziberg, der Petřín, gehört Mácha und den Liebenden. Schon seit jeher!

Wenn der Lenz im April und im Mai die bunten Blüten auf die Beete weht und der Wind den Duft des Jasmins bis zum ehemaligen Ursulinen-Kloster auf der Nationalstraße trägt, tschechisch heißt sie Národní, warten die Liebespaare nur darauf, bis der Abend dämmert und den Himmel mit altertümlichen Gardinen aus Dunkelheit und Sternenglanz verdeckt. Dann suchen sie sich ein Bänklein, wo sie sich – eng umschlungen – niederlassen. Wer wollte ihnen die glücklichen Stunden des Miteinander-Alleinseins mißgönnen!

Alle Bänke sind freilich nicht gleich bequem. Manche stehen an dem recht abschüssigen Weg, und man sitzt dort nicht sehr kommod. Fast alle sind den neugierigen Blicken der Vorübergehenden preisgegeben. Dafür singt hier die Nachtigall, wenn die Liebenden sich küssen. Neruda hat es jedenfalls behauptet. Aber ich habe sie nie gehört.

Die Petřiner Bänke! Ich sollte sie dankbar streicheln. Wie oft hab' ich darauf gesessen, und mir schien, ich sei zwischen den Rosen verborgen und niemand sähe mein Glück. Hier flüsterte ich auch meine ersten Verse.

Heute ist alles ganz anders. Die Liebenden sind längst nicht mehr so scheu und furchtsam.

Die Liebe ist weniger spröde und auch weniger geduldig. Damit muß man sich abfinden. Es wäre mir nicht recht, wenn jemand dächte, ich wollte ein Loblied auf die alten Zeiten singen, aber ich muß sagen, zu «unserer Zeit» war die Liebe doch ein bißchen schöner als heute.

Behaupten will ich es aber nicht, und auch nicht dafür die Hand ins Feuer legen.

Heute ist es hier still und leer. Nicht ein Vogel singt. Und von den Liebenden keine Spur. Doch – plötzlich fiel mir ein Häuflein Schnee vor die Füße und gleich darauf erklang in den Zweigen ein ganz stilles schüchternes Piepsen. Auch einem Liebespaar bin ich begegnet. Die beiden gingen aneinandergeschmiegt dahin und schwiegen, in den Schleier ihres Atems gehüllt. Nach einer Weile verschwanden sie in der endlosen weißen Stille.

Jaroslav Seifert (1901–1986)

Mauer in Prag

Als die Inflation ins Land kam, die Fabriken
– Wenig gab es damals in der Stadt –
Ihre Tore vor den Leuten schlossen
Sprach ein Mann: Baut eine Mauer!

Sanft soll sie den Berg erklimmen und voll Schlichtheit
Keine Augenweide, einfach dasein
Nehmt nur Steine, Kraft, die Wasserwaage
Knurrt nicht über kleinen Lohn!

Völlig unnütz wuchs das weiße Bauwerk
Schützte nichts, war zu umgehn

Und der Lohn kaum zählbar (abzog
Man den Preis für Baugrund und Zement)
Warum sollten diese Männer schwitzen, wenn das Geld
Ohne Arbeit mehr gewesen wär?

Eine Mondnacht vor Jahrzehnten sah vollendet
Die sie von da die Hungermauer nannten –
Wenn das Wasser lautlos übers Wehr fällt
Geht ein langer schwarzer Schatten
Pfeifend auf dem First der Steine

Sarah Kirsch (geb. 1935)

MOLDAU

Das Lied von der Moldau

Am Grunde der Moldau wandern die Steine.
Es liegen drei Kaiser begraben in Prag.
Das Große bleibt groß nicht und klein nicht das Kleine.
Die Nacht hat zwölf Stunden, dann kommt schon der Tag.

Es wechseln die Zeiten. Die riesigen Pläne
Der Mächtigen kommen am Ende zum Halt.
Und gehn sie einher auch wie blutige Hähne
Es wechseln die Zeiten, da hilft kein Gewalt.

Am Grunde der Moldau wandern die Steine.
Es liegen drei Kaiser begraben in Prag.
Das Große bleibt groß nicht und klein nicht das Kleine.
Die Nacht hat zwölf Stunden, dann kommt schon der Tag.

Bertolt Brecht (1898–1956)

Von der Moldau bis zum Pulverturm

Die Sophieninsel nannten die älteren Bewohner bis in die sechziger Jahre immer noch Färberinsel, obwohl diese Insel bereits 1838 den Namen Žofín, Sophieninsel, erhalten hatte. Im Winter war der Saal auf dieser Insel, der größte in Prag, Brennpunkt des Faschingstreibens, aber im Sommer wurde die Insel schwach besucht, und zwar nur von Leuten, die ein ruhiges Plätzchen suchten. Mehr besucht wurde die Schützeninsel und am meisten die Hetzinsel oder Groß-Venedig. Jede dieser Inseln hatte ihr Publikum und ihre eigene Art von Vergnügungen, Militärkapellen waren auf allen Inseln eine Seltenheit. An gewöhnlichen Tagen herrschte auch auf der Schützeninsel (die früher Klein-Venedig hieß) idyllische Stille...

Dem Denkmal des Kaisers Franz gegenüber, aber näher an den Mühlen, befand sich an der Ufermauer der Moldau eine aus Balken und Brettern gezimmerte schwimmende Tenne, auf der in den warmen Monaten eine Schar von Arbeitern in Holzschuhen mit gewöhnlichen Dreschflegeln nassen bedruckten oder gefärbten Kattun droschen. Das Wasser floß flach über die Tenne, so daß die herausgedroschene Farbe sogleich verschwand und die unbedruckten Teile des Kattuns sauber blieben.

An der Stelle, wo jetzt das Nationaltheater steht, war ein leerer Raum, eine viereckige Vertiefung, deren ebener grasbewachsener Grund auf dem Niveau der heutigen Theatergasse lag, also einige Meter unter dem Moldaukai in der Ferdinandsgasse [der heutigen Národní]. Die Vertiefung war oben im rechten Winkel gegen Norden und gegen den Fluß mit einem massiven Holzgeländer umgeben. Am südlichen Ende der Vertiefung stand ein unansehnliches steinernes Gebäude, in dem sich das Hauptdepot von Salz befand, weshalb es Salzhaus genannt wurde. Dahinter standen drei schöne steinerne Häuser, mit der Fassade zum Fluß, die Gehsteige davor bereits auf Uferniveau. An Stelle des Salzhauses wurde im Jahre 1862 das Provisorische Theater errichtet, das später, im Jahre 1882, zugleich mit besagten drei Häusern zur Verlängerung des Gebäudes des Nationaltheaters und zur Verbreiterung des freien Raumes hinter ihm benutzt wurde.

Servác Heller (1845–1922)

Maiennacht

Dort drüben, unter der alten Mühle, was ist dieses
ungewisse Aufhellen?
Es ist der Leib des Johannes, den man warf in die Wellen.
Der wonnevolle Mond verklärt die Maiennacht!
Fünf Sterne flach überm Wasser halten am Orte Wacht.
Er treibt obenauf, von einem Ast gehalten, unter ihm
wallt es von dannen,
Weil er nicht aussagen wollte vor dem Tyrannen,
Was ihm anvertraut hat ein Weib in der Beicht.

Paul Claudel (1868–1955)

An der Moldau

Die Möwen, die auf dem gleißenden Eis der Moldau sitzen; die steinernen Heiligen, die finster auf der langen Brücke stehen, und die Bläue eines kommenden Frühlings darum; die tropfenden Bäume überall; die Straßen mit schmelzendem Schnee, der in der Sonne blendet; die vermooste Mauer droben beim Hradschin, wo man die Beine baumeln läßt, vor sich die Weite voll grünlicher Kuppeln einer fremden Stadt: das alles war schon einmal. Vor dreizehn Jahren, als ich auf dieser Mauer saß und keine Ahnung hatte, wohin es weiterging, war es auch März; es war die erste fremde Stadt in meinem Leben, und wenn ich zum Spaß daran denke, daß ich alles, was diese dreizehn Jahre brachten, noch einmal leben müßte: der Reihe nach, so wie es war, ohne Verändern und ohne Überspringen, das Häßliche, das Holde, das Belanglose, so wie es war, genau so, nur ohne die Hoffnung auf das Ungewisse, die immer einen Schritt voranging –

Wer möchte es? Wer könnte es?

Max Frisch (geb. 1911)

Lichterprozession

Die Ufer der Moldau waren von einer dichten Menge besetzt. Hinter einer mauergleichen Front von unbeweglich Wartenden, die an den Rand der Kais gedrängt waren, wurden die unruhigen Massen der Spaziergänger hin und her geschoben. Unternehmende Jungen hatten die Bäume erklettert und schrien über die Köpfe der Menge weg einander zu. Schon begann das erregte Geflüster, das begehrliche Werben um Liebe, das von der Dämmerung begünstigt wird. Man stieß sich an, versuchte im Gedränge eine Mädchenhand zu erfassen und sprach ganz dicht an willigen Ohren von seiner Sehnsucht und seiner Glut. Das Fest des Heiligen führte die Gelegenheit zu neuen Abenteuern herbei, brachte die Möglichkeiten neuer Beziehungen, und in der gehobenen Stimmung des Frühlingsabends brandeten die rhythmischen Schwingungen junger Lust und unbedachten Genusses.

Und über den dunkeln Massen des Veitsdomes am jenseitigen Ufer stand ein einzelner, schöner Stern im Nachthimmel.

Da schoß von der rauschenden Fläche der Moldau ein zweiter Stern empor, stand einen Augenblick lang rot neben dem ersten und zerfiel dann mit einem schwachen Knall in unzählige kleinere Sterne, die wie brennende Welten mit Feuerschwänzen wieder zum Wasser hinabfielen. Die Spannung der Menge löste sich in einem lauteren Atmen. In einer der Baumkronen schrie ein Kind vor Entzücken laut auf. Und noch lauter und lebhafter wurden die Stimmen der Menge, als nun drei Raketen auf einmal steil in die Nacht aufstrebten und sich oben, ganz hoch oben zu einem Feuerregen ausbreiteten.

Hans Schütz war vor den Turm der Karlsbrücke geschoben worden und wurde nun durch den Torbogen auf die Brücke selbst hinausgedrängt. Hier war die Menge schwarz gestaut, und es schien, als ob kein Schritt und keine Bewegung mehr möglich sei. Aber dennoch gab es in der Masse ein langsames Fluten, und nach einiger Zeit sah sich Hans ganz in der Nähe der Statue des Johannes von Nepomuk, die in einer Nische des Brückengeländers das Kruzifix inbrünstig an das Herz drückt. Man hatte sie zu Ehren ihres Festes mit allem Lichterglanz geschmückt. Hundert Kerzen, die, von frommen Händen gespendet, hundert Bitten bedeuteten, hundert sehnsüchtige Wünsche und Beschwörungen, gaben der steinernen Gestalt im Priestergewand eine reine Helle, und das im Nachtwind tropfende Wachs fiel auf duftende, leicht verwelkte Blumenleiber, die in Massen zu Füßen des Heiligen lagen. Um die Nische war ein Rahmen von Lampen angebracht, die, sternförmig gestaltet, das Licht durch verschieden gefärbte Gläser aussendeten. Und über dem geneigten Kopf des Heiligen schwebte ein kleinerer Kranz von leuchtenden Sternen.

Vor dem Heiligen war die Menge am dichtesten gedrängt, als sei in ihrem Zug ein Knoten geschlungen. Hier waren die in der ersten Reihe knieenden Beter in Gefahr, von den hinter ihnen Stehenden erdrückt und ertreten zu werden. Hans Schütz war in einen Winkel geschoben worden, wo er etwas Ruhe fand. In der Ecke, zwischen dem Wall der Beter, die sich an den Rand der Nische anschlossen, und der Brüstung der Brücke hatte er Zeit, das Feuerwerk zu betrachten, das sich immer glänzender entfaltete. Die dunkle Wasserfläche der Moldau trug jetzt eine Menge von beleuchteten Kähnen und Flößen, von denen unaufhörlich Strahlen, Büschel und Bündel von Flammen aufstiegen. Die bunte Unruhe der Lichtkünste zuckte, von dem schwarzen Stahl der Moldau widergespiegelt, ihre feurigen Botschaften von Kahn zu Kahn und von Floß zu Floß.

Über die Brüstung geneigt, sah Hans gerade unter sich aus dem tiefschwarzen Schatten der Brückenbogen ein Boot hervorkommen, das rings um den Bordrand mit farbigen Papierlaternen besteckt war. Ein junger Mann bearbeitete die Ziehharmonika, und auf der hinteren Bank saß ein Paar, das von einem einzigen, gemeinsamen Havelock umwickelt war.

Karl Hans Strobl (1877–1946)

Straße zur Moldau

Ich paßte vorige Woche wirklich in diese Gasse, in der ich wohne und die ich nenne «Anlaufstraße für Selbstmörder», denn diese Straße führt breit zum Fluß, da wird eine Brücke gebaut, und das Belvedere auf dem andern Ufer, das sind Hügel und Gärten, wird untertunelliert werden, damit man durch die Straße über die Brücke, unter dem Belvedere spazieren kann. Vorläufig aber steht nur das Gerüst der Brücke, die Straße führt nur zum Fluß. Aber das ist alles nur Spaß, denn es wird immer schöner bleiben, über die Brücke auf das Belvedere zu gehn, als durch den Fluß in den Himmel.

Franz Kafka (1883–1924)

Konzert auf der Sophieninsel

Nachdem ich tags darauf mit den musikalischen Autoritäten der Stadt Bekanntschaft gemacht hatte, begannen wir mit den Vorbereitungen zu meinem ersten Konzert. Ambros stellte mich dem Direktor des Konservatoriums, Johann Friedrich Kittl, vor, der mich seinerseits mit den Brüdern Scraub (Kapellmeistern an der Oper bzw. am Dom) und dem Konzertmeister Mildner zusammenbrachte. Dann kamen die Sänger, Journalisten und die wichtigsten Musikfreunde der Stadt an die Reihe; als nun all diese Besuche gemacht waren, sagte ich zu Ambros:

«Wie wäre es, wenn Sie mir jetzt die Stadt zeigten: ich

sehe da einen Berg, der mit prachtvollsten Bauten buchstäblich zugedeckt ist, und ich verspüre, gegen meine Gewohnheit, eine außerordentliche Neugierde, dies alles in der Nähe zu sehen.»

«Wir wollen hingehen», antwortete der gefällige Doktor.

Es ist vielleicht das einzige Mal, daß mich die Mühe einer solchen Besteigung nicht gereut hat (selbstverständlich mit Ausnahme des Vesuvs; den Ätna habe ich nicht gesehen). Spaß beiseite, der Aufstieg ist hart, aber welche Pracht bietet diese ununterbrochene Reihe von Gotteshäusern, Palästen, Zinnen, Kirchtürmen, Türmchen, Säulengängen, weiten Höfen und Bogen! Welche Aussicht vom Gipfel dieses marmorbestückten Berges! Nach der einen Seite zieht sich der Wald bis zu einer ziemlich weiten Ebene hinab; nach der anderen scheinen die Häuser sich gleich einem Strom mit dampfenden Wogen in die Moldau zu stürzen; diese zieht, begleitet vom Getöse der von ihr belebten Mühlen und Werkstätten aller Art, majestätisch durch die Stadt, passiert eine Schranke, die die böhmische Industrie ihr gesetzt hat, um ihrem Lauf an diesem Punkt eine bestimmte Richtung zu geben, läßt zwei kleine Inseln hinter sich und verliert sich in der Ferne zwischen Hügeln von rötlicher, warmer Färbung, die sie in Wellenlinien liebevoll bis zum Horizont zu geleiten scheinen.

«Dies ist die Jägerinsel», sagte mein Führer, «wahrscheinlich so benannt, weil man kein Wild darauf antrifft. Dahinter, stromaufwärts, sehen Sie die Sophieninsel; dort steht der Sophiensaal, in dem Sie Ihr erstes Konzert geben werden und der hauptsächlich den Aufführungen eines Gesangvereins, der Sophienakademie, dient.»

«Und wer ist diese Sophie, auf deren Insel, in deren Akademie und deren Saal ich die Ehre haben werde, mein Konzert zu geben? Ist sie eine Nymphe der Moldau, die Heldin irgend eines Romans, der sich auf dieser Insel abgespielt hat, oder einfach eine Wäscherin mit roten, aufgesprungenen Händen, die, gleich einer modernen Kalypso, ihren Gesang und das Schlagen ihrer Waschbleuel ertönen ließ?»

«Ihre letzte Vermutung ist, glaube ich, die wahrscheinlichste. Indessen sagt die Tradition nicht, daß sie aufgesprungene Hände hatte.»

«Ha, Doktor! Mir scheint, Sie haben bei Sophie den Ulysses gespielt! Gibt es eine Eucharis? Nun? Ich biete mich an, als Telemach auf die Insel der Kalypso zu gehen und nach Ihnen zu suchen.»

Der Doktor antwortete nicht, er errötete nur, und ich sah, daß man diese Saite nicht länger berühren durfte... Und so kam es, daß ich über jene Sophic, Patronin eines Gesangvereins, eines Konzertsaales und einer Insel, nichts Bestimmtes erfuhr.

In diesem lieblichem Winkel, der, mitten im rauschenden Wasser der Moldau gelegen, im Sommer mit grünem Laub umgürtet und mit Blumen bekränzt ist, verbergen sich leider, unweit vom Musentempel, zwei oder drei von jenen abscheulichen Tingeltangel-Kneipen, für die ich nie genug Flüche gefunden habe, wo schlechte Musikanten in dicker, schlechter Luft schlechte Musik machen, wo Mädchen und Burschen von schlechtem Lebenswandel Tänze von schlechtem Geschmack aufführen, während Müßiggänger schlechten Tabak rauchen, ein kaum besseres Bier dazu trinken, und schlechte Hausfrauen mit ihren Stricknadeln und ihren bösen Zungen eifrig arbeiten. Welch bedauernswerter Gedanke, eine solche Laube von Blättern und Blumen ihrer Poesie zu berauben, ihren Duft mit solch ekelerregenden Gerüchen, ihre sanften Melodien mit solchem Lärm zu untermischen!... Ist nicht die Jägerinsel da, mit ihren Schenken, ihren klappernden Mühlen und Gerbereien? Ist sie nicht in jeder Hinsicht für solche Volksbelustigungen besser geeignet? Unter uns gesagt, ich fürchte entschieden, daß Sophie aufgesprungene Hände gehabt hat...

Hector Berlioz (1803–1869)

Die Moldau

Dieses Werk schildert den Lauf der Moldau. Es belauscht ihre Quellflüsse, die warme und die kalte Moldau, verfolgt dann die Vereinigung der beiden und den Lauf des Stromes vorbei an weiten Wiesen und Wäldchen, durch Gegenden, in denen die Menschen gerade Feste feiern. Im silbernen Lichte des Mondes tanzen Nymphen, stolze Burgen, Schlösser und ehrwürdige Ruinen auf verwitterten Felsen ziehen vorüber. Die Moldau schäumt in den Strudeln von St. Johanni und strömt dann in weitem Lauf weiter nach Prag, wo die Burg Wyschehrad an ihrem Ufer auftaucht.

Bedřich Smetana (1824–1884)

KARLSBRÜCKE

Die Brücke

Wo die Moldau zu der großen Schleife ausholt, mit der sie den Prager Burgberg, den Hradschin, umfließt, führt eine alte steinerne Brücke über den Fluß, die der große Kaiser und König Karl erbaut hat. Sie führt aus dem Viertel der Handwerker, Kaufleute und Bürger um das Rathaus und die Teynkirche, und aus den engen und finsteren Gassen der minderen Leute und der Juden über den trennenden Strom hinüber zu den Palästen und vornehmen Häusern, die sich unter der Burg gelagert haben und in steilen Gassen und übereinandergetürmten Dächern den heiligen Hügel hinaufstreben. Die Siedlung der Kaufleute und Bürger heißt die Altstadt, und sie mußte wohl auch da sein, bevor die Herren drüben sich die Burg erbauten; die Stadt über dem Fluß nennt man die Kleinseite und denkt dabei nur an die Zahl und nicht an die Größe ihrer Häuser.

Bevor die Brücke das Altstädter Ufer verläßt, macht die Stadt respektvoll Platz, stellt Kirchen und ein Jesuitenkolleg auf und rückt schmale Bürgerhäuser zurück, damit sich der Mensch noch ein wenig ordnen und sammeln kann, bevor er hinübergeht. Und wenn man durch die schwere Wölbung des Torturms schreitet, über der die massigen Figuren des Kaisers und des Heiligen thronen, und drüben über Türmen und hohen Dächern auf dem breiten Hügel die Burg in der Sonne liegt mit ihren tausend Fenstern der Macht und Geschäftigkeit, und noch hoch über ihrem vielgegliederten Riesendach die stille klare Masse des Doms aufsteigt, dann ist der Weg über die Brücke wahrhaftig ein Wandern über einen gefährlich reißenden Strom und ein Wandeln von einem Ufer zu einem fremden Ufer, daß man tief Atem holt und sich faßt und zurechtrückt. Den Weg, den man gehen soll, kann man nicht überblicken, denn die Brücke führt nicht schnurgerade über den Fluß, sondern in leiser Windung, die den Weg nicht in seinem ganzen Lauf freigibt. Man sieht nur das Ziel drüben auf dem Hügel und geht vorsichtig und gespannt, bis die finstere Wölbung des Kleinseitner Torturms auftaucht, durch die man hindurch muß. Heute stehen links und rechts entlang der Brücke lange Reihen von Heiligen und Märtyrern, die den Weg des Pilgers geleiten und schützen.

Franz Hauptmann (1895–1970)

Sprichwort von der Prager Brücke

Endlich geht von alters her noch ein Sprüchwort von der Prager Brücke: Man kann nicht über die Prager Brücke gehen, ohne daß einem begegne ein Mönch, eine feile Dirne und ein weißes Pferd.

Ludwig Bechstein (1801–1860)

Glatteis

Als wir unter dem Bogen am Ende des Quais hervortraten, rannte ich mit erhobenen Armen in die Gasse; doch als ich gerade zu einer kleinen Türe der Kirche kam, fiel ich, denn dort war eine Stufe, die ich nicht gesehen hatte. Es krachte. Die nächste Laterne war entfernt, ich lag im Dunkel. Aus einer Weinstube gegenüber kam ein dickes Weib mit einem rauchigen Lämpchen heraus, um nachzusehn, was auf der Gasse geschehen war. Das Klavierspiel hörte auf, und ein

Mann öffnete die jetzt halboffene Tür völlig. Er spie großartig auf eine Stufe und während er das Frauenzimmer zwischen den Brüsten kitzelte, sagte er, das was geschehen sei, sei jedenfalls ohne Bedeutung. Sie drehten sich darauf um und die Türe wurde wieder zugemacht.

Als ich aufzustehn versuchte, fiel ich wieder. «Es ist Glatteis,» sagte ich und verspürte einen Schmerz im Knie. Aber doch freute es mich, daß die Leute aus der Weinstube mich nicht sehen konnten und es schien mir daher das Bequemste, hier bis zur Dämmerung liegen zu bleiben.

Mein Bekannter war wohl allein bis zur Brücke gegangen, ohne meinen Abschied bemerkt zu haben, denn er kam erst nach einer Weile zu mir. Ich sah nicht, daß er erstaunt war, als er sich mitleidig zu mir bückte und mich mit weicher Hand streichelte. Er fuhr an meinen Wangenknochen auf und nieder und legte dann zwei dicke Finger an meine niedrige Stirn: «Sie haben sich weh getan, nicht? Es ist Glatteis und man muß vorsichtig sein – der Kopf schmerzt Sie? Nein? ach das Knie, so.» Er sprach in einem singenden Ton, als ob er eine Geschichte erzähle und eine sehr angenehme Geschichte überdies von einem sehr entfernten Schmerz in einem Knie. Er bewegte auch seine Arme, aber er dachte nicht daran, mich aufzuheben. Ich stützte den Kopf auf meine rechte Hand – der Ellbogen lag auf einem Pflasterstein – und sagte schnell, damit ich es nicht vergäße: «Ich weiß nicht eigentlich, warum ich nach rechts lief. Doch ich sah unter den Lauben dieser Kirche – ich weiß nicht, wie sie heißt, oh, bitte, verzeihen Sie – eine Katze laufen. Eine kleine Katze und sie hatte ein helles Fell. Daher bemerkte ich sie. – Oh nein, das war es nicht, entschuldigen Sie, aber es ist genügende Mühe, sich den Tag über zu beherrschen. Man schläft eben, um sich zu dieser Mühe zu kräftigen, schläft man aber nicht, dann geschehn nicht selten zwecklose Dinge mit uns, aber es wäre unhöflich von unsern Begleitern, sich darüber laut zu wundern.»

Mein Bekannter hatte die Hände in den Taschen und sah über die leere Brücke hin, dann zur Kreuzherrenkirche und dann auf zum Himmel, der klar war. Da er mir nicht zugehört hatte, sagte er dann ängstlich: «Ja, warum reden Sie denn nicht, mein Lieber; ist Ihnen schlecht – ja warum stehn Sie denn eigentlich nicht auf – es ist doch kalt hier, Sie werden sich verkühlen und dann wollten wir doch auf den Laurenziberg.»

«Natürlich,» sagte ich, «verzeihen Sie» und ich stand allein auf, aber mit starkem Schmerz. Ich schwankte und mußte das Standbild Karl des Vierten fest ansehn, um meines Standpunktes sicher zu sein. Aber das Mondlicht war ungeschickt und brachte auch Karl den Vierten in Bewegung. Ich staunte darüber und meine Füße wurden viel kräftiger aus Angst, Karl der Vierte möchte umstürzen, wenn ich nicht in beruhigender Haltung wäre. Später schien mir meine Anstrengung nutzlos, denn Karl der Vierte fiel doch herunter, gerade als es mir einfiel, daß ich geliebt würde von einem Mädchen in einem schönen weißen Kleid.

Franz Kafka (1883–1924)

Die Brückenheiligen

Viele Jahre bin ich täglich wenigstens zweimal über die Karlsbrücke gegangen. Sie ist die Mitte einer Rundbühne, deren unvergleichliche Kulissen in Vorder-, Mittel- und Hintergrund aus den herrlichsten Bauwerken der königlichen Residenzstadt Prag bestehen. Amphitheatralisch staffelt sich am linken Ufer die Kleinseite hinauf zum Laurenziberg und zur Burg. Das rechte Ufer ist gleichsam von der Moldau geglättet; eine sanft geschwungene Linie, trotz der dichten Bebauung in der Altstadt und der Neustadt.

So weit und frei die Brücke, so hoch der Himmel, so breit der Fluß – dennoch gehen wir durch einen Raum, der eine sehr nahe Begrenzung hat: die breite Mauerbrüstung auf beiden Seiten und die Sockel mit den überlebensgroßen Heiligenfiguren. Diese beugen sich über den, der zwischen ihnen hindurchgeht, machtvoll beschwörend. Ob man zu ihnen aufblickt oder nicht, ob man rasch in Gedanken über die Brücke geht oder ganz bewußt und betrachtend – niemals bleibt man unberührt von dieser außerordentlichen Umgebung. «Wenn man über die Karlsbrücke gegangen ist, kann man nicht mehr ganz traurig sein!» So schien es mir früher und so empfinde ich es heute noch immer. Ich habe auch nie gehört, es hätte sich einer von dieser Brücke ins Wasser gestürzt.

Frühmorgens, wenn die Nebel über dem Fluß liegen und jede Figurengruppe sich eben erst aus dem Blaugrau oder Milchweiß zusammenzuballen scheint und plötzlich da ist, um ebenso schnell wieder zu versinken; abends im Sommer, wenn die Schwalben hell schreiend hin- und herschießen; nachts, wenn alle Sterne schimmern und sich über jenen fünf des hl. Johannes von Nepomuk zu einem großen Reigen zusammenfinden, in dessen Mitte der Heilige schweigend steht – wann ist diese Brücke am schönsten? Für mich ist sie am schönsten an einem naßkalten Novembertag, wenn eine ganz feine Reifschicht über allem liegt und auf einmal jede Inschrift, jede Bewegung, jeder Schatten an jeder Figur in einem klaren Schwarz-Weiß zu sehen ist, ganz ohne Härte, als sei die erste, inzwischen von den vielen Sommern und Wintern zerstörte Oberfläche des frischbehauenen Steines wieder hergestellt. Diese Augenblicke, bevor die Sonne durch den Nebel bricht und alles verwandelt, sind die schönsten. Gestalt und Wort der Brückenheiligen fügten sich zusammen zu einem Programm von überwältigender Glaubenssicherheit. Die Brücke trägt die Heiligen und sie trägt uns, die wir staunend und fragend hinübergehen.

Johanna von Herzogenberg (geb. 1921)

Heilige

Große Heilige und kleine
feiert jegliche Gemeine;
hölzern und von Steine feine,
große Heilige und kleine.

Heilige Annen und Kathrinen,
die im Traum erschienen ihnen,
baun sie sich und dienen ihnen,
heilgen Annen und Kathrinen.

Wenzel laß ich auch noch gelten,
weil sie selten ihn bestellten;
denn zu viele gelten selten –
nun, Sankt Wenzel laß ich gelten.

Aber diese Nepomucken!
Von des Torgangs Lucken gucken
und auf allen Brucken spucken
lauter, lauter Nepomucken!

Rainer Maria Rilke (1875–1926)

Die fünf Sterne des heiligen Nepomuk

Consuelo trat an die Brustlehne der Brücke, um den Punkt zu betrachten, an welchem man sich befand. Auf diesem Punkt erschienen die beiden unterschiedenen Städte, aus denen Prag besteht, die Neustadt, die Kaiser Karl IV. 1348 erbaute, und die Altstadt, deren Gründung in ein hohes Altertum zurückreichte, beide amphitheatralisch aufgeführt, wie zwei schwarze Felsgebirge, aus denen sich hier und dort auf hervorragenden Punkten die aufstrebenden Spitzen alter Gebäude und die schwarzen Zinnen der

Festungsmauern erhoben. Die Moldau schoß schnell und düster unter den Bögen der in strengem Stil erbauten Brücke dahin, des Schauplatzes so vieler tragischer Begebenheiten in der böhmischen Geschichte, und der Kopf der verehrten Bildsäule schimmerte weiß im falben Mondlicht. Consuelo betrachtete die Gestalt des heiligen Doktors, der schwermütig in die Wellen niederzuschauen schien. Schön ist die Legende vom heiligen Nepomuk, und sein Name muß jedem heilig sein, der unabhängigen Sinn und Rechtschaffenheit liebt. Beichtvater der Königin Johanna, weigerte er sich, das Beichtgeheimnis zu verraten, und der Trunkenbold Wenzeslaus, der die Gedanken seiner Frau wissen wollte, ließ den standhaften Geistlichen, der sich durch nichts gewinnen ließ, gebunden in die Moldau stürzen. Die Tradition fügt hinzu, daß in dem Augenblick, als er untersank, fünf Sterne über dem kaum geschlossenen Strudel erschienen, als ob des Märtyrers himmlische Krone noch auf dem Wasserspiegel nachgeblinkt hätte. Zum Andenken an dieses Wunder sind fünf metallene Sterne in die Balustrade eingesetzt, gerade an der Stelle, wo Nepomuk der Sage nach hinabgestürzt wurde.

George Sand (1804–1876)

Nepomuk-Feier

Auf dem Platz vor der Kirche, vor dem Schloß bis in die Sperrgasse und noch weiter hinab war überall reges Volksleben; Tische waren aufgeschlagen, auf denen man speiste, Buden eröffnet, wo allerlei, besonders Eßwaren, zu kaufen waren. Unter diesen spielen in Prag gedörrte und weichgesottene Pflaumen und Stücke von gebackenem Fisch nebst Wuchteln, eine Art Germ-(Hefe)-Kuchen, eine Hauptrolle und werden auf allen Straßen das ganze Jahr hindurch verkauft.

Am Abend dieses Tages, sowie an dem Vorabend der Feier war auf der Moldaubrücke ein großes Gedränge von Menschen um die Johanneskapelle, denn auf dieser Brücke hatte der gefeierte Heilige eine, wie es scheint, bei den Böhmen beliebte Todesart, die des Hinabstürzens, erlitten, und eine große sittliche Würde verklärte seinen Tod; denn er litt aus Ehrfurcht für seine Pflicht (das Geheimnis der Beichte, das er nicht zu verletzen sich entschließen wollte). Auch in der ganzen Stadt, wo eine Statue oder ein Bild des Heiligen sich befand, war er bekränzt und erleuchtet, und die Menge sang fromme Gesänge davor. Das war aber das einzige Mal, daß ich Musik auf den Gassen von Prag hörte, und auch diese Melodien hatten etwas Melancholisches.

Caroline Pichler (1769–1843)

Meisterstück

Nepomuc machet anitzt in Böhmen fast alle andere Heilige vergessen, und ist gewiß, daß man ihm das meiste zugeschrieben haben würde, wenn es dem Höchsten gefallen hätte, Ihre Majestät die Kaiserinn mit einem männlichen Erben zu segnen. Wenigstens wurde im Jahre 1724 bey der damaligen Schwangerschaft der Kaiserinn ein Kupferstich öffentlich verkauft, auf welchem dieser Heilige einen neugebohrnen Prinzen aus den Wolken hervorreiche, und die Worte zu lesen sind:

Seht doch der heilige Nepomuc
Macht hier ein treflich Meisterstuck.

Johann Georg Keyssler (1693–1743)

Blasphemisches Wagnis

Auf der Karlsbrücke ergab ich mich in mein Schicksal. Wie sehr habe ich damals die Stadt verachtet!

Diese unzähligen Prager Klugscheißer, die über einem Halbliter Bier ständig neue Gesellschaftsordnungen entwerfen, es jedoch nie verstehen, aus der gegebenen etwas Anständiges zu machen! Sobald ein Spitzel im Gasthaus aufkreuzt, verstummen sie und erdulden zähneknirschend seine Demütigungen. Zwischendurch blicken sie verstohlen zu dem Tisch, wo der für dieses Beisel zuständige Spürhund seinen Hintern drückt und einsam sein Bier schlürft. Ab und zu läßt der Zinker seine müden melancholischen Augen im Raum umhergleiten. Sein gequältes Gesicht weist immer eine sonderbare Art von Wehmut auf, und wenn man in sein Inneres hineinhorchen könnte, würde man, davon bin ich fest überzeugt, ein Jammern vernehmen. Ja, die Prager Spitzel hatten stets eine unheimliche Last und eine ungeheure Verantwortung zu tragen, die ihnen nicht die Obrigkeit und nicht einmal Gott abnehmen konnte. Mit der Niedertracht und den Sünden der Mitbürger blieb der Spitzel hier stets allein. Er ist dazu verdammt, sein Gewissen nie erleichtern zu können, er schleppt fremde Lasten ständig mit sich. So betrachtet, überlegte ich, sind die Prager Schlucker wahrhaftig unglückliche Menschen. Ein Spitzel funktioniert hier als Staatsanwalt, Richter und Strafvollzieher in einer Person, er ist die allererste Instanz, die zu beurteilen hat, was an die Obrigkeit weitergeleitet werden kann und was für immer ein Geheimnis zwischen ihm, dem Denunzianten, und dem allwissenden Gott zu bleiben hat. Gottes Fehlurteile, ja seine ungerechten Strafen werden von den Betroffenen mit Demut hingenommen, der Spitzel dagegen wird verdammt, obwohl er, nach menschlichem Maß gemessen, für all das Unheil weniger Verantwortung als der Allwissende trägt.

Meine Gedanken verdüsterten sich: Darüber hinaus

übernimmt hier der Zuträger die Rolle eines Vermittlers. Er mildert ab und zu den harten Zugriff der Staatsmacht, die aus der Scheuklappenperspektive ihrer Gesetzgebung jeden von Minderwertigkeitskomplexen besessenen Dummkopf, Angeber oder Weltverbesserer als ihren Erzfeind verurteilen und einsperren möchte. In der grauen Zone zwischen den Bosheiten des Menschen und der schiefen Gerechtigkeit des Staates wird der arme Schlucker aufgerieben. Zu verabscheuen sind jedoch diejenigen Spitzel, die ihren Beruf mit Begeisterung und unter dem Vorwand, dem Recht zu dienen, ausüben. Niemand ist dann vor ihnen sicher, nicht der geschwätzige Bürger, nicht der rechthaberische Staat. Ein ehrlicher Spitzel – bei diesen Worten fuhr ich erschrocken zusammen, faßte jedoch Mut und fuhr in meinen Überlegungen weiter – ist ein Mensch, der resigniert hat, der geduldig und gelassen seinem miesen Schicksal ergeben ist, der den Haß seiner Mitbürger erträgt und beim Jüngsten Gericht vor seinen allerhöchsten Hern aufrechten Hauptes treten kann: Ich habe, Allmächtiger und Allwissender, das blasphemische Wagnis auf mich genommen, meine Mitmenschen mit deinen allsehenden Augen zu betrachten. Ich habe ihnen auch die Sünden abgenommen, von denen du, Herr, zu wenig verstehst oder die in keines deiner Sündenregister aufgenommen sind.

Die Herrscher berufen sich stets darauf, von deiner Gnade begünstigt, den Thron oder den Gipfel der Macht bestiegen zu haben – fuhr ich in meinem Selbstgespräch mit dem Allmächtigen fort –, andere wieder sprechen von der Gunst der Geschichte. Aber, Herr, wenn dein Wille geschehen muß, wozu hast du Denunzianten geschaffen, und wenn du sie schon geschaffen hast, dann vernichte sie, Allmächtiger, mit einem Schlag! Oh, Allmächtiger und Allwissender – stöhnte ich, als die Kutsche an der Statue des heiligen Nepomuks vorbeifuhr –, warum hast du es versäumt, zwischen Jan Nepomuk und seinen König einen erfahrenen Zuträger zu stellen? Von dieser Sorte gab es und gibt es in Prag immer welche. Ein lebenserfahrener Denunziant hätte bestimmt des König Wenzels Neugier befriedigt, ihm ab und zu einige Beichtgeheimnisse von Jan Nepomuk zugeflüstert. Da aber zwischen dem König und dem Beichtvater seiner Gemahlin kein anständiger Schnüffler vermitteln konnte, kam es zur Katastrophe, und die beiden, der König und Jan Nepomuk, machten sich gegenseitig kaputt. Der gute Christ Wenzel IV. ließ den ergebenen Diener des Herrn, Jan Nepomuk, foltern und ihn schließlich von dieser Stelle in die Moldau stürzen. Diese Geschichte, die so schwer auf Prag lastet, ist ein Schandfleck, den deine Kirche, Herr, dadurch zu vertuschen suchte, daß sie den, meiner Meinung nach, überflüssigen Märtyrer heilig sprach und den König, diesen Schwächling, Versager und Sünder, nicht zu verdammen wagte. Eine ziemlich peinliche Angelegenheit, die ein erfahrener Prager Spitzel viel klüger als die allerheiligste weltliche Instanz hätte bereinigen können!

Ota Filip (geb. 1930)

Trost

Der gute Nepomuk auf der Brücke mit seiner ehrwürdigen Gesellschaft gewährt den frommen Seelen noch viel Trost. Es scheint überhaupt in Prag, sowohl unter Katholiken als unter Protestanten, noch eine große Anzahl Zeloten zu geben; nur nicht unter den höhern Ständen, die in dieser Rücksicht die Toleranz selbst sind.

Johann Gottfried Seume (1763–1810)

Das Kruzifix

Auf der Karlsbrücke in Prag steht ein großes Kruzifix. Es ist ein überaus merkwürdiges Kruzifix, denn es hat eine hebräische Inschrift. Nicht, daß diese Inschrift von den Juden angebracht worden wäre, die plötzlich den Gekreuzigten für sich reklamierten, nein, diese Worte, die hoch oben in der Luft zu lesen waren, hat jene vergnügte Mentalität früherer Jahrhunderte angebracht, die das Verbrennen von Juden mit derart neckischen Ornamenten verzierte, um den Brandopfern das Sterben vergnüglicher zu machen. Die spätere Zeit, die das Verbrennen durchaus sachlich und ohne alle Ornamente und Entschuldigen vorzunehmen pflegt, hat diese Inschrift vergessen.

Vor diesem Kruzifix stand eines Nachts Herr Mautner und blickte es nachdenklich an. Da es lange vor Hitler war, konnte er als Jude sich derartige nächtliche Wanderungen noch ohne Lebensgefahr erlauben. «Mein Lieber», sagte er zu dem Gekreuzigten, «wer weiß, ob du noch lange dort oben hängen wirst. Wenn mich nicht alles täuscht, werden sie dich über kurz oder lang herunternehmen und uns an deine Stelle hängen. Jede Zeit hat ihren Sündenbock, der für die Sünden der Zeit zu büßen hat, und es scheint mir, als käme nun bald wieder die Reihe an uns.» Dies war, wie gesagt, lange ehe die Nazis in die Republik einbrachen.

Mose Ben-Gavriel (1891–1965)

Arme Gefangene

Vorher standen wir ein Weilchen vor der umfangreichsten Gruppe dieser Barockplastiken, den drei Greisen in ihrem Gefängnis, bewacht von einem dicken Türken mit buschigem Schnurbart, riesigem Turban, in Pumphosen, das Krummschwert an der Seite – diese Statue mit dem aus

Lässigkeit und Laster gemischten Gesichtsausdruck war der Schrecken meiner Kinderjahre gewesen, hatte mich in viele Träume verfolgt. Und die armen Gefangenen, in Handfesseln, die an eine Art von Tisch oder Amboß im Dunkel der Hölle angeschmiedet waren, ihre kläglichen mageren Gesichter, die dünnen Bärte, die betend zum Himmel aufgerissenen Augen und emporgehobenen Hände! Simta glaubte es seiner fortschrittlichen Gesinnung schuldig zu sein, über dieses Gebirge aus Entsetzen Witze zu machen. «Sind das vielleicht die drei Jünglinge im Feuerofen», sagte er, «nachdem sie zu Jahren gekommen sind?» – «Ich denke, es stellt jesuitische Glaubenshelden vor, eingekerkerte Missionäre.» – «Wirkt eher abstoßend.» – «Man kann das Martyrium nicht salonfähig machen. Früher habe ich mich vor dieser Stelle der Brücke gefürchtet, wollte als Kind hier nicht vorbeigehen. Habe laut geweint. Heute möchte ich sagen: Es ist ein aufrichtiges Bild der Welt. So ist sie und nicht anders.»

Max Brod (1884–1968)

Nachts über die Karlsbrücke schwankend

Nachts über die Karlsbrücke schwankend,
knietest du vor jeder Statue nieder,
auf dem Weg zum Kleinseitner Ring.
Doch vor dem Brückenturm gingst du auf die andere Seite
und knietest vor jeder Statue auf dem Weg zurück zu den
  Kreuzherren,
bis du dich in jener Kneipe wiederfandest,
die du vor ungefähr einer Stunde verlassen hattest.
Auch in einer anderen Zeit hättest du nicht anders
  können ...

Vladimír Holan (1905–1980)

ALTSTADT

Gang durch die Altstadt

«Da ist der Altstädter Ring. In dieser Kirche ist das Grab des Astronomen Tycho de Brahe, Jan Hus hat hier gepredigt, und in den Mauern finden Sie noch Spuren der Einschläge von den Kugeln des Dreißigjährigen und des Siebenjährigen Krieges.»

Wir (...) besuchten die Kirche, dann hörten wir uns den Stundenschlag an der alten Uhr an. Der Tod zog am Seil und läutete, den Kopf schüttelnd. Andere Statuetten bewegten sich, während der Hahn mit den Flügeln schlug und durch ein offenes Fenster die zwölf Apostel zogen, indem sie auf die Gasse unten einen fühllosen Blick warfen. Nachdem wir noch das trostlose Schbinska-Gefängnis besucht hatten, durchquerten wir das Judenviertel mit seinen Trödelläden, in denen alte Kleider, Eisenwaren und andere namenlose Dinge feilgehalten wurden. Metzger zerlegten Kälber. Trauernde Juden gingen vorüber, erkennbar an ihren zerrissenen Kleidern. Die Kinder apostrophierten sich mit tscheschischen oder jiddischen Wörtern. Wir besuchten mit bedecktem Haupte die alte Synagoge, in welche die Frauen während des Gottesdienstes nicht eintreten, sondern nur durch eine Luke zusehen dürfen. Diese Synagoge sieht aus wie ein Grab, in dem die alte Pergamentrolle einer wunderbaren Thora ruht. Schließlich las Laquedem an der Uhr des jüdischen Rathauses die dritte Stunde ab. Diese Uhr hat hebräische Ziffern, und ihre Zeiger gehen rückwärts. Wir passierten die Moldau über die Karlsbrücke. (...) von dieser mit Heiligenstatuen geschmückten Brücke genießt man das wunderbare Schauspiel der Moldau und der ganzen Stadt Prag mit all ihren Kirchen und Klöstern.

Guillaume Apollinaire (1880–1918)

Altstadt · Überfall des Passauer Kriegsvolks (1611)

Das Wunder war der Mut, die Tapferkeit
Der wackern Bürger unsrer Altstadt Prag.
Der Feinde Plan war listig angelegt.
Hier oben von Verrätern eingelassen,
Drang ihre Schar nur langsam, zögernd vor,
Als ob den Widerstand der Gegner scheuend;
Doch desto schneller fliegt durch Seitengassen
Ihr Reitertrupp der Moldaubrücke zu,
Die Altstadt, wohl im Schlaf noch, überfallend.
Schon füllt die Brücke sich mit Roß und Mann,
Schon dringen, die zuvorderst, in die Stadt;
Da fällt mit eins das Gitter vor das Tor,
Und von dem Turm, aus Büchsen und Kartaunen
Ergießt sich Feuer auf die wilde Schar.
Die Rosse bäumen, und die Reiter stürzen,
Der Vortrupp weicht, der Nachzug drängt nach vorn.
Ein unentwirrter Knäuel füllt die Brücke,
Entladend in die Moldau sein Gedräng';
Bis endlich Schrecken, mächt'ger als die Raubgier,
Nach rückwärts treibt den lauten Menschenstrom,
Sich überstürzend und den Nachbar schäd'gend;
Ins eigne Fußvolk bricht die Reiterei,
Daß unsern Bürgern, die im Ausfall folgen,
Die Mühe nur des Schlachtens übrig bleibt.
Die Wege, die er kam, verfolgt der Rückzug,
Und Bürgertreue schließt die Einbruchspforte.

Franz Grillparzer (1791–1872)

Am Altstädter Ring

Die alten Türme auf ihren beiden Brückenköpfen, die Doppelreihe von Statuen berühmtester Barockkünstler, die Moldau mit ihrem Wehr und über allem das monumentale Panorama der Prager Burg verwandeln die Karlsbrücke rund um die Uhr in eine Traumstätte, wo der Besucher in der Regel lange verweilt.

Zum Andenken an ihren Erbauer, der bis heute Böhmens Vater genannt wird, heißt die Gasse, in die sie mündet, Karlsgasse (Karlova). Links die festungsähnliche Universitätsbibliothek, rechts eine weitere Ansammlung von Prachthäusern, windet sich die enge, krumme, mehrmals scharf abbiegende Gasse bis zum Altstädter Ring (Staroměstské náměstí), dem Ort, wo die tschechische Geschichte ihre tiefsten Spuren hinterlassen hat. Hier stand das erste Prager Rathaus, hier haben die Hussitenkriege begonnen, hier wurde 1621 der tschechische Adel geköpft und das Land für drei Jahrhunderte den Habsburgern untergeordnet, hier haben die Prager 1918 die Gründung der ersten Republik gefeiert, an den letzten Tagen des Zweiten Weltkrieges im blutigen Aufstand gegen die deutschen Besetzer gekämpft, den kommunistischen Februarumsturz von 1948 eingeleitet, dem politischen Prager Frühling 1968 zugejubelt, mit dem toten Jan Palach im Januar 1969 auch die kurze Hoffnung zu Grabe getragen und bald danach den neuen Führern Reue und Treue geschworen ... wie es so in der Geschichte vorkommt.

Der bronzene Reformator Jan Hus hat hier schon vieles mithören müssen. Sein Nein zur Lüge, mit dem er auf dem Konstanzer Scheiterhaufen starb, enthält die historische Botschaft: Veritas vincit! Die Wahrheit siegt!

Pavel Kohout (geb. 1928)

Altstädter Ring

Es gibt wenig Plätze auf Erden, die sich an Schönheit mit dem Altstädter Ring in Prag messen können, herrliche Paläste umrahmen ihn, seltsame Häuser, denen man die Freude der Erbauer an ihrer Phantasie anmerkt, schauen auf sein Pflaster nieder, das alte Rathaus beherrscht eine Seite mit seiner ernst-heiteren Loggia und den zierlichen Türmchen, das die wunderbare astronomische Uhr beherbergt, und die grandiose Teinkirche mit ihren beiden ragenden Türmen, die ernst gen Himmel weisen, schaut über die giebeligen, mit Laubengängen versehenen Häuser der anderen Seite stolz auf den Platz herab, auf dem sich viel große und inhaltreiche Historia abgespielt und dessen Boden edles und unedles Menschenblut getrunken hat. Sie schaut gleichmütig auf den Ring hernieder und wundert sich über die winzigen Menschlein, die über den Platz wimmeln, sie kann immer noch ihre Hast und irdische Geschäftigkeit nicht begreifen und streckt wie zwei warnende Finger ihre Türme bedeutungsvoll gegen den Himmel.

Aber die Menschen achten der Türme kaum; denn da sie immer gleichmäßig in steinerner Ruhe in ihrer Stellung verharren, machen sie längst keinen Eindruck mehr auf der Menschen Gemüt, da diesen nur das wunderbar erscheint, was von der Gleichmäßigkeit abweicht, was anders ist als ihre trägen Vorstellungen.

Hugo Salus (1866–1929)

Struktur eines Platzes

Aus der Struktur des Platzes kann man nicht nur dessen eigene Geschichte herauslesen, sondern auch die Geschichte des ganzen Landes. Sie betont eigentlich noch die ganz mittelalterliche Arabeske. Es gehört zu den Reizen des Altstädter Ringes, daß sich hier eine Vielheit verschiedener Stilelemente zu einem von der Geschichte geeinten Ganzen verbindet...

Wollte man jedoch den Anteil der einzelnen Epochen andeuten, dann könnte man sagen, daß die heroische Note das Werk der Gotik ist, daß die Renaissance den versöhnenden Akkord angeschlagen hat und daß die Endphase dieser Komposition dem Barock zugefallen ist.

Vojtěch Volavka (geb. 1899)

Altstädter Rathaus · Aposteluhr

Alles drängte sich zum Rathausturm, wo dies Weltwunder, das neue Horologium, zu sehen war, von dem man sich so viel erzählte. Man sprach davon in allen Stadtteilen Prags, am Königshof, in den Herrenhäusern und in den Bürgerstuben, in den Schenken und auf der Straße, überall, sagte man, daß die neue Altstädter Turmuhr nicht wie andere Uhren, sondern ganz eigenartig und hervorragend sei, ja gewiß alle andern Turmuhren der Welt übertreffe.

Bürger, Handwerker, alte Frauen und junge Mädchen, Studenten in kurzen Mänteln drängten sich vor dem Rathausturm, traten auf die Zehenspitzen, reckten die Hälse. Sie starrten mit großen Augen auf das Zifferblatt mit den vierundzwanzig Stunden des Tages, das voll goldener Kreise und Linien, Ziffern und seltsamer Zeichen war, auf die runde Tafel darunter, auf der die Bilder der zwölf Tierkreiszeichen gemalt waren, auf die Statuetten rechts und links im gemeißelten Blattwerk und am meisten auf den Gevatter Tod und den merkwürdigen Türken, ferner auf den geizigen Bürger mit dem Geldbeutel. Rings um das Rathaus brauste Stimmengewirr wie ein tosender Strom.

Doch als von oben, von der neuen Turmuhr, die Stimme der Glocke ertönte, verstummten alle sogleich, und es wurde ganz still. Nur hier und dort erscholl ein Aufschrei, hie und da erhoben sich Hände und wiesen auf den Tod, wie er Sturm läutet, wie er an der Glocke zieht. Da taten sich zu aller Erstaunen plötzlich zwei Fenster über der Uhr auf, und die zwölf Apostel kamen heraus. Einer nach dem andern schritt vorbei, alle zwölfe von West nach Ost, ein jeglicher wandte dem Volk sein Antlitz zu, und Christus selbst, die Menge segnend, kam als letzter.

Viele entblößten ihr Haupt, viele bekreuzigten sich, andere wiesen auf den Tod, wie er die Kiefer öffnet, und auf den Judas, den Geizkragen, wie er sich hin und her dreht. Und der Alte neben dem Tod schüttelte den Kopf, als wollte er sagen, er möchte noch nicht, daß der Knochenmann läute. Doch als oben über den kleinen Fenstern der Hahn krähte, ging neuerlich Bewegung, ging eine Welle der Heiterkeit durch die Menge. Die Leute lachten und schrien. Überall in der Menge sprach man von dem Meister, der diese Uhr geschaffen hatte, daß er, voll Scharfsinn und voll Geist, mit einer besonderen Gabe Gottes ausgezeichnet, alle Meister seiner Zukunft überrage, und der Name des Meisters Hanuš, der das Werk so geistvoll und eigenartig erdacht und gemacht hatte, war in aller Munde.

Alois Jirásek (1851–1920)

Altstädter Ring · Palais Kinský

Von den aristokratischen Palästen, die sich einst in der Prager Altstadt befanden, blieb neben dem Palais Clam-Gallas und Auersperg nur das Palais Kinský seiner ursprünglichen Bestimmung wenigstens teilweise erhalten. Wohl hat es längst aufgehört, ein Palast zu sein und nicht ohne Wehmut sahen wir, wie es immer mehr anderen Zwecken diente, als für welche es erbaut worden ist. Immerhin steht es noch in seiner alten Schönheit da, und wenn ein günstiges Geschick es wollte, wäre es mit verhältnismäßig kleinem

Aufwande möglich, es wieder zu einem vornehmen Herrensitze zu gestalten. Denn die anmutige und doch so vornehme Schönheit des Baues blieb unberührt und all die Wandlungen, die im Innern vor sich gingen, konnten der prachtvollen Fassade, einer der schönsten, die Prag aufzuweisen hat, nichts anhaben. Auf den ersten Blick erkennt der Beobachter, daß es kein geringer Meister war, der diesen imposanten Bau mit den zwei vorgeschobenen, in Giebel auslaufenden Risaliten, der hohen Attika, dem langen Balkon im ersten Stockwerke und dem mächtigen Mansardendache geschaffen hat. Auch der Schmuck der Fassade, so reich er auch ist, wirkt sehr vornehm. Die Reliefs der Giebel, die mythologische Szenen darstellen, die Statuen der Attika und die dekorativen Vasen und sitzenden Gestalten auf den Risaliten, den herrlichen Stukkoschmuck der Gesimsefüllungen nicht zu vergessen, das alles fügt sich harmonisch zu einem Ganzen von seltener Eleganz und Vornehmheit zusammen.

Jaroslav Kamper (1871–1911)

Ledergäßchen

Ganz nahe dem Mittelpunkt Prags, dicht hinter dem volkreichsten Platze, dem Altstädter Ring. (...) Ist man durch einen engen und winklig verschobenen Torweg der Eisengasse gegangen, der höchstens in einen Hofraum zu führen scheint, so befindet man sich in dem sogenannten Ledergäßchen; der Name stammt aus der Zeit, wo unter Karl IV. die einzelnen Gewerkschaften in einzelne Gassen verteilt waren. Tiefgeschwärzte, ungesund und baufällig aussehende Häuser von einer wahrhaft grotesken Difformität treten bald so nahe zusammen, als wollten sie jedem Sonnenstrahl, der hereinfallen möchte, den Zutritt verwehren, bald weichen sie auseinander und bilden kleine Sackgassen von abstoßender Häßlichkeit... Fast jede Tür führt in einen

Kramladen, doch ist auch ein Kaffeehaus da, welches den ganzen Tag leer und nur besucht ist, wenn die ganze Stadt schläft: ein Ort, wo die Marktweiber bei Talgkerzenlicht frühstücken; daneben eine Kneipe, über deren Eingang ein Bierzeichen hängt und wo auf die Vorhauswände ein Tünchergpinsel, das Auge zu erfreuen, einen Tannenwald gemalt hat, der wie eine Allee von Kehrbesen aussieht. Jedes Haus ist Jahrhunderte alt: das zeigen die ellendicken Mauern, die schmalen Aufgänge, die Wölbungen; nähme man den Mörtelanwurf hinweg, würde man gewiß allenthalben die Spur alter Spitzbogenfenster entdecken ... Seinen seltsamsten Charakter zeigt aber das Gäßlein bei Nacht; da sind die schweren eisernen Gewölbtüren verschlossen, uralte Vorhängeschlösser hängen von den Eisenstangen herab, die vergitterten, mit Eisenstacheln geschützten Fenster in den Erdgeschossen starren den Besucher unheimlich wie Öffnungen von Höhlen an. Das Mondlicht blickt über die hier hohen, dort niederen Dächer, tiefschwarze Schatten fallen da über eine Mauerwand, dort gerade übers Pflaster, eine solitäre Öllampe brennt im Hintergrund, ein Stück Kapharnaum beleuchtend. Wohl mag da die Phantasie, und vielleicht nicht mit Unrecht, in jedes Haus eine unheimliche Geschichte verlegen.

Alfred Meissner (1822–1885)

Melantrichgasse · Haus Zu den zwei goldenen Bären

Der düstere Flur, der, vom Hof kommend, die Gesänge des blinden Methodius an den nie betretenden Verliesen vorbeileitet, führt durch einen skulptierten Torbogen ins Hell der Straße.

Wahrlich, eine helle Pracht ist dieses Portal. Zwei steinerne Bären, die seit Jahrhunderten das Gold ihres Fells bewahrt haben, hüten das Tor, ihrerseits behütet von zwei mit Ruten bewehrten Jünglingen. Unten, fast in Straßenhöhe, sprießen aus den Mündern zweier menschlicher Profile dichte Ranken, Früchte und Blätterwerk, zuerst aufwärts und dann in leichter Rundung sich einander zuwendend. Das Gezweig umhüllt Säulen und Ornamente und läßt nur den goldenen Bären in der Höhe den gebührenden Platz.

Noch heute steht dieses Haus, es steht sogar unter Denkmalschutz, aber die Firmentafel neben dem schönen Portal ist für immer dahin – es sei denn, daß sie in einem der eisenverschlossenen Verliese stäke. Diese Firmentafel lautete «S. Kisch & Bruder, Tuch-Handlung». Eine tschechische Übersetzung stand nicht dabei. Der «S. Kisch» war mein Onkel, der «& Bruder» mein Vater.

Oberhalb des Geschäfts liegt unsere Wohnung; dort bin ich 1885 geboren, und diese Tatsache glaubten die «Reiseführer für Prag und Umgebung» den kunsthistorischen Angaben über das Haus anfügen zu müssen. In der nazifizierten Ausgabe von 1934 fiel diese Mitteilung weg, und so wäre in einem künftigen Baedeker das Bärenhaus in der Melantrichova statt mit einem Sternchen mit zweien zu erleuchten, dieweil es einmal ein Geburtshaus war und dann aufhörte, eines zu sein.

Vorläufig sind wir in der Vergangenheit, in der die Melantrichova den Namen Schwefelgasse führte und jene Tafel «S. Kisch & Bruder» einen Ladeneingang und ein Schaufenster überquerte.

Im Hof, am Schleifstein des blinden Methodius, war ich damals ein begieriger Zuhörer. Auf dem großen Vorbau vor unserer Wohnung, wo mein ältester Bruder mit seinen Freunden tobte, war ich ein geduldeter Mitspieler. Im Keller, wo Hannchen, genannt Hanka Falschheit, uns ihre Kenntnisse beizubringen versuchte, war ich ein erstaunter Schüler. Im Laden aber war ich ein Kaiser – mehr als ein Kaiser: ein Feldmarschall. Ich befehligte ein Heer.

Egon Erwin Kisch (1885–1948)

Gamsgasse · Trauertag im Freudenhaus

Herr Morè hatte in tiefen Gedanken sein Kaffeehaus verlassen. Patriotische Wallungen bewegten sein Gemüt, und vor seinem geistigen Auge wogte Krieg. Morès Krieg war ein sehr zurückgebliebener Krieg. Er zeigte nicht «die moderne Leere des Schlachtfeldes», keine betonierten Schützengräben, Fliegergeschwader und Gasangriffe, er war ein stürmisches Gemälde voll Lustigkeit und Kavallerie. Herrliche Denkmalspferde bäumten sich zum Himmel. Granaten platzten rot, grün, gelb und blau, gleich kostbaren Feuerwerkskörpern. Verwundete griffen sich ans Herz wie Sänger bei hohen Tönen.

Die Weltkatastrophe so farbenbunt vorträumend, überquerte der Präsident den Obstmarkt und schritt an der Front der Universität entlang die Eisengasse hinab, als er rechterhand auf dem Kleinen Platz einen zweispännigen Fourgon dritter Klasse und drei Trauerlandauer warten sah. Er überlegte sogleich, wer hier gestorben sein könnte – dies zu wissen gehörte ja zu seinem Beruf – und ging mit Eifer die bekannteren Firmen und Familien durch, die in der Gegend ihren Wohnsitz hatten. Er verwunderte sich selber, daß *ihm* ein Todesfall entgangen sein konnte. Zugleich aber – da er wußte, wo er sich befand – wandelte ihn eine Lust an. (...)

Als jüngerer Mensch war er hier öfter insgeheim um die Nachmittagszeit eingekehrt und hatte immer ein befriedigendes Vergnügen gefunden. Seine Handlungsweise erschien ihm nicht nur diskreter, sondern auch sittlicher und vor allem hygienischer als die der Allgemeinheit.

Der Präsident blieb stehn. Erschüttert fühlte er in diesem Augenblick den Anbruch eines neuen Zeitalters. Doppelten Wesens war es. Ernst auf der einen Seite wie eine leichenbitterische Suite bärtiger Herren mit Zylinder und Kaiserrock, schneidig auf der andern Seite und frisch-fröhlich landsknechthaft. Morès Phantasie stellte in der Tat Landsknechte hin und beschwor Vorstellungen aus der einschlägigen Literatur wie: Troßweibel, Würfelspiel und Lagerdirnen.

Morè sah den Leichenwagen an, dachte der schweren Zeit einerseits und der Sittenlockerung andererseits, die in der Luft lag, und beschloß, da er für die nächsten Stunden nichts vorhatte, seinen Wünschen heute nicht im Wege zu stehn. An dem wartenden Fourgon vorbei, dessen Rappen schwarz-nickende Federn auf dem Kopfe trugen, trat er, selber nickenden Schrittes, in die schmale Gasse.

Er fand die sonst so streng verschlossene und dichtverhängte Tür weit geöffnet...

Indessen war im Hause alles zur Abschiedsfeier bereit. Der Sarg stand auf dem Katafalk, von ein paar losen Blumen und einem dürftigen Kranz bedeckt, denn zu reicherem Schmuck reichte die von Edith so edelmütig auf die Seite gebrachte Summe nicht mehr hin.

Wegen des Sarges hatte es übrigens zwischen der Entrepise des pompes funèbres und Fräulein Edith eine Unstimmigkeit gegeben. Er war nichts als eine einfache rohe Holzkiste, wie sie die jüdische Satzung den Toten vorschreibt. Gott selber spricht ja durch die Schrift: «Staub bist du und Staub sollst du werden!» Jeder Schmuck, jede Verschönerung dieses gottgewollten Prozesses ist daher unfromm und blasphemisch. Die Wirtschafterin jedoch war durchaus anderer Ansicht. Ein Sarg muß schön und großartig sein, mit Silber beschlagen, mit Emblemen geziert, und auch ein weißer Spitzenvorstoß darf nicht fehlen. Schweres Geld hatte sie bezahlen müssen, damit solch eine Holzkiste geliefert werde. (...) Es hielt sehr schwer, die Erregte davon zu überzeugen, daß die Erde des israelitischen Friedhofs nur einen vorschriftsmäßigen Sarg in sich aufnehmen dürfe.

Die Damen in ihrer ärmlich improvisierten und zugleich aufgedonnerten Trauer hatten sich versammelt. Einige kleine Leute aus der Nachbarschaft waren auch gekommen, sogleich aber auf betrübten Zehenspitzen in den Blauen Salon geschlichen, wo man sich gratis mit Likör und Topfenkuchen bedienen konnte. Dort machte Herr Nejedli die Honneurs und mußte die Nachbarn, die Angestellten der Entreprise des pompes funèbres, sowie sich selbst nicht viel zum Essen und Trinken nötigen.

Franz Werfel (1890–1945)

Teynkirche · Das Grab des Astronomen

Hoch auf dem Berg, mit der Aussicht über Stadt, Fluß und bewaldete Inseln, liegt der alte Hradschin, dessen Kirche in einem prächtigen Silbersarg die Leiche von St. Nepomuk verwahrt. Welche Pracht drinnen, welche Naturpracht draußen, und doch ist dies nicht der Ort in Prag, den der Däne zuerst besucht. Unten am Markt steht eine kleine, ärmliche Kirche, ein Bogengang und ein enger Hofraum führen dorthin. Der Priester liest vor dem Altar die Messe, die Gemeinde murmelt kniend ein «Bitte für uns», es klingt wie ein hohler, hinsterbender Seufzer aus dem Abgrund, es quillt hervor wie eine Schmerzenswoge, wie ein Schrei des Jammers. Der Däne wandert durch den Gang zur Rechten; ein großer, rotbrauner Stein, aus welchem ein Ritter in voller Rüstung ausgehauen ist, ist in eine Säule eingemauert. Wessen Gebeine vermodern hier? Die eines Landsmanns, eines Dänen, eines der Großen des Geistes, dessen Name Glanz über Dänemark verbreitet – jenes Land, das ihn verjagte. Seine heimische Burg ist in Schutt und Asche gesunken, der Pflug zieht seine Furchen, wo er in der traulichen Stube Schriften durchforschte und den Besuch von Königen empfing; die Möwen fliegen durch die Luft, wo er auf dem Turm in den Sternen las! Die Insel seines Lebens und seiner Glückseligkeit ist in fremden Händen, Dänemark besitzt sie nicht, Dänemark besitzt nicht seinen Staub, aber das Volk nennt seinen Namen in böser Zeit, als ginge ein

Bannstrahl von ihm aus. «Das sind Tycho Brahes Tage!» sagen sie.

Der Däne weint im fremden Land an Tychos Grab, zürnt einem undankbaren Zeitalter: «Dänemark! Du trägst Herzen in deinem Wappen, trag sie auch in deiner Brust!» – Still, Sohn eines jüngeren Geschlechts! Vielleicht hättest du selbst, wärest du zu jener Zeit geboren, ihn verkannt wie die andern, seine Größe hätte den Bodensatz deiner Eitelkeit empört, und du hättest diesen in den Becher seines Lebens geworfen! Ein Geschlecht ähnelt dem andern, darin offenbart sich die Verwandtschaft.

Ein Sonnenstrahl fällt auf den Grabstein, vielleicht auch eine Träne. – Die Gemeinde murmelt ihr hinsterbendes, schmerzliches «Bitte für uns!»

Hans Christian Andersen (1805–1875)

Teynkirche · Beisetzung des Simon Abeles (1694)

Seine fürstliche erzbischöfliche Gnaden bestimmten, daß Simon in der Teynkirche in der Kapelle des h. Täufers Johannes, zunächst beim Taufstein in ausgehöhltem Mauergrab von poliertem Marmelstein begraben würde, in einem sauberen, eichenen, mit rotem Samt überzogenen und mit einem Schloß verwahrten Sarge mit drei Schlüsseln. Ferner, daß der Sarg von unschuldigen und adligen, mit Purpur gekleideten Jünglingen zur Begräbnisstätte getragen werde. Die hochadlige Frau Sylvia Katharina, geborne Gräfin Kinsky, Sr. Exzellenz des Herrn Reichsgrafen Schlick Gemahlin, ließ doppelte kostbare Kleider zu diesem Tage verfertigen, ein Unterkleid von weißem Atlas und ein rotes Oberkleid, beide mit Gold unterwirkt, mit goldenen Knöpfen besetzt und mit goldener Posamentierarbeit geziert, schaffte auch Strümpfe von gleichem Zeuge, um die Füße zu bedecken, und einen überaus schönen Kranz von goldenen und silbernen Lilien und Rosen, um das Haupt des jungfräulichen Blutzeugen zu krönen.

Kaum war sein hochwerter Leib geschmückt und in den köstlichen Sarg versetzt, so fand sich der hohe Adel beiderlei Geschlechts ein und drang mit gottseligem Ungestüm in die Kapelle, wo alle erstaunten und den wundersamen Gott priesen, als sie das heilige Pfand (den Körper des Simon) fünf Wochen nach seiner Entleibung unversehrt sahen, kein Ausdämpfen eines Geruchs verspürten und wahrnahmen, daß aus seinen tödlichen Wunden fortwährend rosafarbenes frisches Blut abtröpfelte. Weswegen auch hochangesehene Personen mit ihren Handtüchlein diesen kostbaren Saft auffaßten. Andere aber, welche mit keinem saubern Tüchlein versehen waren oder wegen des großen Gedränges nicht zukommen konnten, machten sich über die alte Totentruhe und rissen die blutigen Hobelspäne darin weg. Darauf wurde der ehrenwerte Leib auf dem großen Rathaussaal diesen und den nächsten Tag ausgestellt. Es war aber auch allda überaus schwer, zu ihm zu dringen. Endlich, am 31ten März, wurde die Beisetzung ins Werk gerichtet. Bewaffnete Macht umgab in drei Reihen das Rathaus, durch die ganze Stadt begannen in siebenzig Kirchen die Glocken zu schallen und läuteten zwei ganze Stunden fort. Unterdes verschmachtete die Synagoge und ganze Judenschaft fast vor Todesangst, weil sie hoch besorgte, vom christlichen Pöbel aus Rache angefallen zu werden. Es schien aber einem Wunder nicht ungleich, daß keine Gewalttätigkeit vorgenommen wurde, da doch in den verwichenen Jahren die Christen mehr als einmal wegen geringerer Ursachen den Tandelmarkt und die Judenstadt angefallen und ausgeplündert, auch die Juden selbst angegriffen, etliche schwer beschädigt und, wie bekannt ist, gar ermordet hatten.

Gustav Freytag (1816–1895)

Tandlmarkt

Magisches Prag: Ein Lagerhaus alter, ausgedienter Dinge, kurioser Gerätschaften, zusammengehäufter Bruchstücke. Ein riesiger Trödelmarkt für allen möglichen Plunder und Krimskrams. Seit dem siebzehnten Jahrhundert war das Gewimmel des *tandlmark* (oder *tármark*) bezeichnenderweise direkt im Herzen der böhmischen Hauptstadt untergebracht, mitten in der Altstadt neben dem Getto. In einem Gewirr von Buden schrien die Krämer und Trödler um die Wette, um den Vorübergehenden alte Schuhe, Gold- und Silbermünzen, Uhren, Hüte, Dolche, Papageien, Vogelkäfige, Hausgeräte, alte Bibeln, Inkunabeln, Bücher, Pelzwaren und Überröcke aufzuschwatzen. Hier schlug im siebzehnten Jahrhundert der Maler Norbert Grund seine Bilder zu einem Dukaten das Stück los. Marketenderinnen verkauften Pfannkuchen, Schweinefleisch, Erbsen mit Schmalz und andere einfache Gerichte aus ihren fahrbaren Kesseln. Neugierige strömten in dichter Menge durch die Gäßchen zwischen den schäbigen Holzbuden. Und in dem Getümmel gingen auch die Bettler, Dirnen und Taschendiebe ihrem Gewerbe nach.

Der Zauber des *tandlmark* ist noch in der Atmosphäre des heutigen Prag erhalten, wenn es auch nur noch an wenigen Stellen reale Überreste des alten Marktes gibt. Dort ist, nach Hrabal, noch alles beim Alten: «Den Bänderverkäuferinnen fließen bunte Borten aus der Nase, wenn sie mit der Elle messen, den Kräutlerinnen sprießen täglich neue Sonnenschirme aus dem Scheitel». Die Verkäuferinnen haben «in Känguruhtaschen Tulpen aller Farben», «Wellensittiche flattern in ihren Käfigen – wie dichterische Gleichnisse», und «Greisinnen, die von Tierkreiszeichen zerfurchte Gesichter und statt Augen zwei Stückchen Leopardenfell haben, ... befördern närrische Überflüssigkeiten ans Licht. Eine verkauft grüne, aus Federn gemachte Rosen, Admiralsdegen und Harmonikaknöpfe, eine andere

Militärturnhosen, Segeltucheimer und einen ausgestopften Affen. Noch heute riecht es hier «nach Säuglingen, durchnäßten Strohsäcken, Essig und Hanf.»

Angelo Maria Ripellino (1923–1978)

Schulweg

Unsere Köchin, eine kleine trockene, magere, spitznasige, wangenhohl, gelblich, aber fest, energisch und überlegen, führte mich jeden Morgen in die Schule. Wir wohnten in dem Haus, welches den kleinen Ring vom großen Ring trennt. Da ging es also zuerst über den Ring, dann in die Teingasse, dann durch eine Art Torwölbung in die Fleischmarktgasse zum Fleischmarkt hinunter. Und nun wiederholte sich jeden Morgen das Gleiche wohl ein Jahr lang. Beim Aus-dem-Haus-treten sagte die Köchin, sie werde dem Lehrer erzählen, wie unartig ich zuhause gewesen bin. Nun war ich ja wahrscheinlich nicht sehr unartig, aber doch trotzig, nichtsnutzig, traurig, böse und es hätte sich daraus wahrscheinlich immer etwas Hübsches für den Lehrer zusammenstellen lassen. Das wußte ich und nahm also die Drohung der Köchin nicht leicht. Doch glaubte ich zunächst, daß der Weg in die Schule ungeheuer lang sei, daß da noch vieles geschehen könne (aus solchem scheinbaren Kinderleichtsinn entwickelt sich allmählich, da ja eben die Wege nicht ungeheuer lang sind, jene Ängstlichkeit und totenaugenhafte Ernsthaftigkeit) auch war ich, wenigstens noch auf dem Altstädter Ring, sehr im Zweifel, ob die Köchin, die zwar Respektsperson, aber doch nur eine häusliche war, mit der Welt-Respekts-Person des Lehrers überhaupt zu sprechen wagen würde. Vielleicht sagte ich auch etwas derartiges, dann antwortete die Köchin gewöhnlich kurz mit ihren schmalen unbarmherzigen Lippen, ich müsse es ja nicht glauben, aber sagen werde sie es. Etwa in der Gegend des Einganges zur Fleischmarktgasse – es hat noch eine kleine historische Bedeutung für mich (in welcher Gegend hast Du als Kind gelebt?) – bekam die Furcht vor der Drohung das Übergewicht. Nun war ja die Schule schon an und für sich ein Schrecken und jetzt wollte es mir die Köchin noch so erschweren. Ich fing an zu bitten, sie schüttelte den Kopf, je mehr ich bat, desto wertvoller erschien mir das, um was ich bat, desto größer die Gefahr, ich blieb stehn und bat um Verzeihung, sie zog mich fort, ich drohte ihr mit der Vergeltung durch die Eltern, sie lachte, *hier* war sie allmächtig, ich hielt mich an den Geschäftsportalen, an den Ecksteinen fest, ich wollte nicht weiter, ehe sie mir nicht verziehen hatte, ich riß sie am Rock zurück (leicht hatte sie es auch nicht), aber sie schleppte mich weiter unter der Versicherung, auch dieses noch dem Lehrer zu erzählen, es wurde spät, es schlug acht von der Jakobskirche, man hörte die Schulglocken, andere Kinder fingen zu laufen an, vor dem Zuspätkommen hatte ich immer die größte Angst, jetzt mußten auch wir laufen und immerfort die Überlegung: «sie wird es sagen, sie wird es nicht sagen» – nun: sie sagte es nicht, niemals, aber immer hatte sie die Möglichkeit und sogar eine scheinbar steigende Möglichkeit (gestern habe ich es nicht gesagt, aber heute werde ich es ganz bestimmt sagen), und die ließ sie niemals los.

Franz Kafka (1883–1924)

Palais Clam-Gallas · Haustheater

Es war uns Gelegenheit geboten, das Haustheater des Grafen Clam-Gallas zu besuchen, der ob seiner patriotischen Gefühle und seiner steten Bemühungen dem despotischen Druck entgegenzuwirken, höchsten Lobes würdig ist. Wir sahen die «Maria Stuart» von Schiller; die Darstellung der Königin Elisabeth durch Gräfin Schlick war ganz hervorragend. Selbst Mrs. Siddons hätte dieser Dilettantin ihren Beifall nicht versagen können, für die unvergleichliche Kunst, mit welcher sie diese egoistische, stolze aber große Frau spielte. Dieser Abend war aber nur ein schwaches Vorspiel für den «Tasso» von Goethe, der eine Woche später zur Aufführung gelangte. Es ist nahezu unmöglich, die Grenzlinie zwischen Menschen schärfer zu ziehen, die Qualen einer Liebe, welche durch höfische Rücksichten und fürstliche Überhebung gekränkt wird, besser darzustellen, als dies dem Fürsten Thurn und Taxis und dem Grafen Thun gelang. Diese Herren bewegten sich sozusagen in ihrem eigenen Kreise, und ihre Leistung war voll Naturwahrheit.

Es mag befremden, Edelleute und Aristokratinnen die Bretter im Kothurn beschreiten zu sehen, sie sind aber dazu gezwungen. Obwohl das Prager Theater auf Kosten des Adels gebaut wurde, und auch von ihm gefördert wird, läßt die Regierung die Werke Schillers und Goethes in Prag nicht einmal in der sonst in Österreich üblichen, arg verstümmelten Form aufführen. Der Kaiser fürchtet offenbar, daß die Böhmen dadurch zu klug werden könnten. In Prag sind sogar Stücke, welche die Wiener Hofbühne geben darf, verboten, da die Böhmen weniger Vertrauen genießen als die Österreicher.

Zu den klassischen Vorstellungen auf dem Haustheater des Grafen Clam-Gallas werden übrigens nur Standesgenossen des Hausherrn oder eingeführte fremde Gäste zugelassen.

Charles Sealsfield (1793–1864)

Collegium Carolinum · Lied der Prager Studenten

Nach Süden nun sich lenken
Die Vöglein allzumal,
Viel Wandrer lustig schwenken
Die Hüt' im Morgenstrahl.

Das sind die Herrn Studenten,
Zum Tor hinaus es geht,
Auf ihren Instrumenten
Sie blasen zum Valet:
Ade in die Läng' und Breite,
O Prag, wir ziehn in die Weite:
Et habeat bonam pacem,
Qui sedet post fornacem!

Nachts wir durchs Städtlein schweifen
Die Fenster schimmern weit,
Am Fenster drehn und schleifen
Viel schön geputzte Leut'.
Wir blasen vor den Türen
Und haben Durst genung,
Das kommt vom Musizieren,
Herr Wirt, ein'n frischen Trunk!
Und siehe, über ein kleines
Mit einer Kanne Weines
Venit ex sua domo –
Beatus ille homo!

Nun weht schon durch die Wälder
Der kalte Boreas,
Wir streichen durch die Felder,
Von Schnee und Regen naß,
Der Mantel fliegt im Winde,
Zerrissen sind die Schuh,
Da blasen wir geschwinde
Und singen noch dazu:
Beatus ille homo,
Qui sedet in sua domo,
Et sedet post fornacem
Et habet bonam pacem!

Joseph von Eichendorff (1788–1857)

Collegium Carolinum · Eulenspiegel und die Professoren

Eulenspiegel zog nach Böhmen gen Prag, als er von Marburg kam. Zu der Zeit wohnten dort noch gute Christen, und das war vor der Zeit, als Wiclif aus England die Ketzerei nach Böhmen brachte, die durch Johannes Hus weiter verbreitet wurde. Und Eulenspiegel gab sich da aus als großen Gelehrten, der schwere Fragen beantworten könne, auf die andere Gelehrte keine Erklärung abgeben und keine Erwiderung geben könnten. Das ließ er auf Zettel schreiben und schlug sie an die Kirchtüren und Collegien an. Das begann, den Rektor zu verdrießen. Die Collegaten, Doktoren und Magister mitsamt der ganzen Universität waren übel dran. Sie kamen zusammen, um zu beratschlagen, wie sie Eulenspiegel Fragen aufgäben, die er nicht beantworten könne. Wenn er dann schlecht dastehe, könnten sie mit guter Begründung an ihn herankommen und ihn beschämen.

Das wurde unter ihnen so beschlossen und für richtig gehalten. Und sie kamen überein und legten fest, daß der Rektor die Fragen stellen sollte. Sie ließen Eulenspiegel durch ihren Pedell ausrichten, des anderen Tages zu erscheinen und die Fragen, die man ihm schriftlich gäbe, vor der ganzen Universität zu beantworten, damit er also geprüft und sein Wissen anerkannt würde. Sonst sollte ihm seine Stellung nicht zugestanden werden. Eulenspiegel antwortete dem Pedell: «Sage deinen Herren, ich will das so tun und hoffe, als ein tüchtiger Mann zu bestehn, wie ich es bisher schon lange getan habe.»

Am anderen Tag versammelten sich alle Doktoren und Gelehrten. Währenddessen kam auch Eulenspiegel und brachte mit sich seinen Wirt, einige andere Bürger und etliche gute Gesellen, um einem Überfall widerstehen zu können, den vielleicht die Studenten gegen ihn planten. Als er in ihre Versammlung kam, hießen sie ihn auf einen Lehrstuhl steigen und auf die Fragen antworten, die ihm vorgelegt würden.

Die erste Frage, die der Rektor an ihn stellte, war, daß er sagen und als wahr erweisen sollte, wieviel Ohm Wasser im Meere seien. Wenn er die Frage nicht lösen und darauf keinen Bescheid geben könnte, wollten sie ihn als einen ungelehrten Widersacher der Wissenschaft verdammen und bestrafen. Auf diese Frage antwortete Eulenspiegel schlau: «Würdiger Herr Rektor, heißet die Wasser stillstehen, die an allen Enden in das Meer laufen. Dann will ich es Euch messen, beweisen und davon die Wahrheit sagen; und das ist leicht zu tun.» Dem Rektor war es unmöglich, die Wasser aufzuhalten. Also nahm er von der Frage Abstand und erließ ihm das Messen.

Der Rektor stand beschämt da und stellte seine zweite Frage: «Sage mir, wieviel Tage sind vergangen von Adams Zeiten bis auf diesen Tag?» Eulenspiegel antwortete kurz: «Nur sieben Tage; und wenn die herum sind, so heben sieben andere Tage an. Das währt bis zum Ende der Welt.»

Dann stellte ihm der Rektor die dritte Frage: «Sage mir sogleich: wo ist der Mittelpunkt der Welt?» Eulenspiegel antwortete: «Der ist hier. Diese Stelle ist genau in der Mitte der Welt. Und daß das wahr ist: laßt es mit einer Schnur nachmessen, und wenn auch nur ein Strohhalm daran fehlt, so will ich Unrecht haben.» Der Rektor erließ Eulenspiegel lieber die Frage, ehe er es nachmessen ließ.

Dann stellte er ganz im Zorn die vierte Frage an Eulenspiegel und sprach: «Sag an, wie weit ist es von der Erde bis zum Himmel?» Eulenspiegel antwortete: «Es ist nahe von hier. Wenn man im Himmel redet oder ruft, das kann man hienieden wohl hören. Steigt Ihr hinauf, so will ich hier unten leise rufen: das werdet Ihr im Himmel hören. Und wenn Ihr das nicht hört, so will ich wiederum Unrecht haben.»

Der Rektor mußte mit der Antwort zufrieden sein und stellte die fünfte Frage: wie groß der Himmel sei? Eulenspiegel antwortete ihm sogleich und sprach: «Er ist tausend Klafter breit und tausend Ellenbogen hoch, da irre ich mich nicht. Wollt Ihr das nicht glauben, so nehmt Sonne, Mond und alle Sterne vom Himmel und meßt es gut nach. Ihr werdet finden, daß ich recht habe, obwohl Ihr Euch nicht gern darauf einlassen werdet.»

Was sollten sie sagen? Eulenspiegel gab ihnen über alles Bescheid, sie mußten ihm alle recht geben. Und nachdem er so die Gelehrten mit Schalkheit überwunden hatte, wartete er nicht lange. Denn er befürchtete, sie würden ihm etwas zu trinken geben, wodurch er umkäme. Deshalb zog er den langen Rock aus, wanderte davon und kam nach Erfurt.

Hermann Bote (etwa 1436–1526)

Hin nach Pragien...

Hin nach Pragien, hin nach Pragien,
sollst du Musengaul mich tragien,
wo die Gulden flöten gehn,
wo mit Deutschlands blonden Söhnen
sich des Slavenstammes Schönen
nur in einem Punkt verstehn!

Studentenlied, 19. Jahrhundert (Krischke)

Collegium Carolinum · Studentenleben im 18. Jahrhundert

In der hohen Schule der alten ehrwürdigen Stadt Prag war ein Schüler, der Augustinus hieß. Er lernte die Arzneikunde. Er hatte das zwanzigste Jahr überschritten, war aber noch nicht weit über dasselbe hinaus. Er trug einen schwarzen Sammetrock, wie sie gebräuchlich waren, und ein schönes schwarzes Sammetstutzhäubchen. Oft trug er an der Seite einen scharfen Schläger in der Scheide, und wenn er keinen Schläger trug, so hatte er einen Stock in der

Hand, der wie eine Knute war. Er ging gerne schnell und scharf. Unter der schwarzen Sammethaube gingen hinten halblange braune Haare nieder, und vorne sahen braune Augen unter derselben heraus. Er wohnte in der Tischlergasse. In der hohen Schule der alten ehrwürdigen Stadt Prag war auch ein anderer Schüler, der Eustachius hieß. Er lernte die Rechtswissenschaft. Er war auch schon ein wenig über das zwanzigste Jahr hinaus. Er trug einen braunen Rock, der schlecht war, und eine braune Haube, die ebenfalls schlecht war. An seiner Seite trug er nie einen Schläger und in der Hand nie einen Stock, sondern manches Mal nur beschriebene Papiere, die er in die Schule mit nahm. Er ging gerne stille und langsam. Unter der braunen Haube hatte er halblange fast blonde Haare und ganz schwarze Augen. Er wohnte ebenfalls in der Tischlergasse. Weil beide Schüler oft des nämlichen Weges gingen, so grüßten sie einander, und lüfteten die Hauben. In der Tischlergasse war eine Schenke, die der graue Hase hieß. Augustinus saß oft mit vielen seiner Kameraden dort, und aß und trank. Eustachius war auch zuweilen an einem kleinen Tischlein. Da redete einmal Augustinus mit ihm, und fragte ihn, ob er auch aus der Entfernung herbei gekommen sei, und in der Stadt niemanden habe, dem er angehöre. Eustachius antwortete, er sei zwar nicht weit hergekommen, habe aber gleichwohl in der Stadt niemanden, zu dem er gehöre. Augustinus stieg dann einmal mit ihm fünf Treppen hinauf, weil er gesagt hatte, daß seine Mietfrau sehr schöne Hemden mache, und weil Augustinus sich Hemden bestellen wollte. Eustachius führte ihn in das Stübchen seiner Mietfrau, und sagte zu ihr: «Jungfrau Cäcilia, dieser junge Herr will sich Hemden bestellen.»

«Ich werden sie ihm machen, daß er zufrieden sein soll», antwortete Cäcilia.

Augustinus bestellte sich Hemden.

Dann führte ihn Eustachius über den Gang in sein Stübchen. Dasselbe war neben dem Cäcilias, und hatte zu ihm eine Verbindungstür, die jetzt ein Kleiderschrein war. Eustachius wollte für Augustinus einen hölzernen Stuhl abwischen, aber Augustinus setzte sich auf einen Koffer, der da stand. Eustachius sagte: «Cäcilia ist nun schon über fünfzig Jahre alt, sie lebt reichlich von einer kleinen Rente eines kleinen Vermögens, und macht für die Leute schöne Sachen. Gegen mich ist sie sorglich, und gibt mir, wenn ich krank bin, sehr heilsame Suppen. Ich wohne hier recht gut. Da sind viele Giebel, Dächer, Schornsteine und Dachfenster. Ich habe sie schon alle gezeichnet.»

Augustinus führte Eustachius auch einmal in seine Stube, und zeigte sie ihm.

Eines Tages, als Augustinus in die Schule ging, sah er in der großen Halle des Karolins, wie sie die Schule von ihrem Gründer hießen, unter den vielen Schülern, die sich da trieben, ein Wesen, welches einen grünen Rock und ein gelbes Wams an hatte, und an den Beinen eine graue bauschige Hose trug, wie sie zu Ende des Dreißigjährigen Krieges waren. Dann kamen rötliche Strümpfe, und diese staken in großen Schuhen. Augustinus, der gerne auf einen schönen Anzug hielt, besonders auf einen feinen dunkeln, wie sie damals die jungen Herren trugen, ehe die bunten aufkamen, ging mit andern Leuten dem Wesen nach, und hörte sagen: «Wir haben nunmehr das aufgeklärte achtzehnte Jahrhundert angeschnitten, und schon ein Stück davon verzehrt, und dieser betet zu den verplunderten Götzen.»

Augustinus sah, wie sich immer mehrere an das Wesen drängten, und ging selber zu dem Wesen hinzu, und schlug beide Hände zusammen, es war Eustachius. Sofort nahm er ihn unter dem Arme, und sagte: «Jetzt gehe mit mir.»

Er führte ihn drei Male in den Hallen auf und nieder, dann schwenkte er seitwärts, ging mit ihm durch die Tür des Gebäudes hinaus, und führte ihn in seine Wohnung.

Des andern Tages ging Augustinus in demselben Anzuge nur noch vermehrt durch einen starken Schläger an seiner Seite in den Hallen hin und her. Er ging nach oben und nach unten und nach links und nach rechts, und sah alle an. Und da er nirgends einen Anlaß zu einem Spane mit irgend jemanden fand, so ging er von dem Karolin wieder fort.

Adalbert Stifter (1805–1868)

Kirchenstreit

Sonntag an der Vigilie des heil. Jacob, das ist den 24. Juli 1334, riefen die Pfarrer und andere Vorsteher der Prager Kirchen nach gemeinsamer Übereinkunft alle ihre Pfarrleute in zwei Altstädter Kirchen zusammen, nämlich zur heil. Jungfrau Maria an der Lacke und zum heil. Nicolaus auf dem Hühnermarkte. In dieser großen Versammlung verkündeten sie den Inhalt der päpstlichen Bulle, mit der Anzeige, daß sich die Mitglieder der Bettelorden derselben Folge zu leisten weigerten; daher fingen die dazu bestimmten Priester an, mit großer Stimme und beim Auslöschen der Kerzen und Geläute der Glocken gegen diese Ordensleute im Namen des apostolischen Stuhles den Bannspruch zu lesen, mit der strengen Mahnung an alle Gläubigen, sich bei derselben Strafe des Bannes jeder Gemeinschaft mit ihnen zu enthalten. Inzwischen sammelten sich die Bettelmönche, da sie wußten, was gegen sie angezettelt wurde, mit ihren Anhängern und einer Menge Volkes mit verborgenen Waffen zu denselben zwei Kirchen, drangen hinein, und begannen mit eben so lauter Stimme den Priestern zu widersprechen und sie zu schmähen, sie seien keine Priester, sondern Verführer des Volkes und Verderber der Seelen, dem Banne verfallen als Ehebrecher, Würfelspieler, Trunkenbolde und mit andern Lastern Befleckte, die da in der Finsternis wandeln, während «wir allen mit dem Lichte vorangehen.» Alsbald liefen einige derselben keck durch die Mitte des versammelten Volkes, um den Priestern, die den Bannspruch lasen, die Schriften aus der Hand zu reißen. Da entstand ein schrecklicher Sturm in dem Volke, indem die einen die Weltgeistlichen, die andern die Ordensleute nicht nur mit Worten, sondern sogleich auch mit den Fäusten verteidigten, Steine ergriffen, um nach ihnen zu werfen, Stechmesser und Schwerter herauszogen oder mit Stricken auf sie wie auf Diebe losliefen; Männer und Weiber beteiligten sich an diesem Handgemenge; Junge kämpften mit Alten, Böhmen mit Deutschen; man sah hier die Weltpriester, dort die Mönche hin und her gezerrt, verblutet, andere, indem sie ihre Tonsuren bedeckten, aus der Kirche fliehend, um sich vor Mißhandlungen zu retten, bis der Raufhandel auf solche Art mit Beschämung der einen wie der andern und mit großer Verwirrung im Volke endigte.

Wenzel Tomek (1818–1905)

Ständetheater / Tyltheater · Theaterfreuden

Wenn ich einen nach dem Wege zum Theater hin fragte, lächelte er gar kindlich, daß ich das nicht wissen sollte, wies mich aber sehr gutwillig und umständlich zurecht.

Als die Straßen etwas verworren durcheinander zu laufen anfingen, ging ein gutmütiger Bürger mit mir freiwillig durch viele Straßen, um mich ins Theater zu bringen, ohne sich weiter mit mir zu unterhalten, als auf meine Fragen mit bequemer Kürze zu antworten. Im Theater kam ich in einem gesperrten Sitze zwischen lauter Frauen zu sitzen, deren drei aufstehen mußten, um mich durchzulassen. Doch taten sie's mit sehr freundlicher Bereitwilligkeit und nannten mir alle Schauspieler sehr gutmütig, sobald sie sahen, daß ich fremd war; es schienen wohlhabende Bürgerfrauen zu sein. An den komischen Späßen nahmen sie und das ganze Haus sehr lauten, fröhlichen Anteil, riefen auch zu einem freudigen Duett *ancora*. Das Theater ist aber nicht viel größer als das zu Kassel, doch hat es einen vierten Rang

Logen mehr. Sonderbar sieht es aber aus, daß die abonnierten, herrschaftlichen Logen nach dem Geschmack der Abonnenten verziert sind, bald mit grünen, blauen, bald mit gestreiften, buntfarbigen, seidenen Draperien, bald glatt, bald gepufft, wie's jedem gefällt. Einer hat sogar sein in vergoldeter Stukkaturarbeit groß ausgeführtes Wappen über seiner Loge. Die Dekorationen und Vorhänge des Theaters waren desto weniger glänzend, meist alt und gewaschen; wahrscheinlich wohl nur für dieses alte Stück so. Das Orchester ging gut zusammen; freilich war es nur eine kleine Musik, aber es spielte doch mit Ruhe und Diskretion, was andere Orchester gerade bei solche Stücken am wenigsten zu tun pflegen.

Johann Friedrich Reichardt (1752–1814)

Ständetheater · Don Giovanni

Montags den 29ten wurde von der italienischen Operngesellschaft die mit Sehnsucht erwartete Oper des Meisters Mozart «Don Giovanni oder das steinerne Gastmahl» gegeben. Kenner und Tonkünstler sagen, daß zu Prag ihres Gleichen noch nicht aufgeführt worden. Hr. Mozart dirigierte selbst, und als er ins Orchester trat, wurde ihm ein dreimaliger Jubel gegeben, welches auch bei seinem Austritte aus demselben geschah. Die Oper ist übrigens äußerst schwer zu exequiren, und jeder bewundert dem ungeachtet die gute Vorstellung derselben nach so kurzer Studierzeit. Alles, Theater und Orchester bot seine Kräfte auf, Mozarten zum Danke mit guter Exequirung zu belohnen. Es werden auch sehr viele Kosten durch mehrere Chöre und Dekorazion erfordert, welches alles Herr Guardasoni glänzend hergestellt hat. Die außerordentliche Menge Zuschauer bürgen für den allgemeinen Beifall.

Prager Oberpostamtszeitung, 3. 11. 1787 (Krischke)

Böhmische Bühne

Seit Jahren bestand die böhmische Bühne nur als ein besonderer Teil des Prager ständischen Theaters. In diesem nämlich wurde und wird täglich deutsch gespielt, und ein tüchtiges Personal, aus dessen Mitte nicht selten schon die gefeiertsten Künstler hervorgingen, verschaffte demselben Geltung und Ansehen unter den übrigen Bühnen Deutschlands.

Seitdem sich nun aber das Bedürfnis eines böhmischen Theaters in Prag immer mehr herausgestellt, seitdem nicht nur die böhmische Literatur zum neuen Leben erwacht, sondern auch das böhmische Volk in sozialer Hinsicht sich emporgehoben hatte, war der ständische Ausschuß für das Theater durch einige Freunde des Tschechentums nach vielen Bemühungen endlich dazu bewogen worden, die Erlaubnis zu erteilen, daß neben dem deutschen Schauspiel an Sonn- und Feiertagen vor der deutschen Vorstellung auch böhmische Stücke zur Aufführung gebracht werden dürfen.

Anfangs gab man nur Schauspiele und Lustspiele, später kamen auch ernste dramatische Werke zur Aufführung; die Oper und das Ballett bestehen erst seit einem nicht vollen Jahrzehnt.

Zur Aufführung dieser Stücke wurden anfänglich meist Dilettanten verwendet; erst nach und nach bildeten sich einzelne vom Theater besoldete Künstler aus, welche im Böhmischen aufzutreten im Stande waren.

In diesem Zustande besteht die böhmische Bühne bis zur Stunde; neben den Mitgliedern des ständischen Theaters gibt es noch eine Reihe von andern Männern und Frauen, welche – nicht eigentlich Schauspieler – doch regelmäßig im Böhmischen auftreten.

Anonym, 1845 (Prag und die Prager)

Zuneigung

Es rührte mich, in dem berühmten alten Prager Theater am Obstmarkt zu dirigieren, wo Mozart selbst 1787 die Uraufführung seines «Don Giovanni» geleitet hatte. Ich pilgerte zur «Bertramka», dem reizenden Häuschen der Josepha Duschek, wo das unsterbliche Werk entstanden war. Und im Wandern durch die interessanten alten Staßen, vorbei an den Barockfassaden, durch den Pulverturm, hinauf auf den Hradschin, über die Moldaubrücken, begann ich eine innige Zuneigung zu der seltsam großartigen, romantisch-düsteren charaktervollen Stadt zu fühlen, eine Zuneigung, die sich an meinen zahlreichen Besuchen Prags, meinen häufigen Konzerten dort immer gesteigert und bis heut erhalten hat. Und immer wird es mich mit Prag verbinden, daß dort Mozart seine größten Erfolge beschieden waren, und daß ihm die Begeisterung des Prager Publikums sein trauriges Leben verschönte.

Bruno Walter (1876–1962)

JUDENSTADT

Judenstadt

1827 gab es in Prag 7914 Juden, und zwar 3582 männlichen und 4332 weiblichen Geschlechtes. Ihre Ehen sind fruchtbarer als die der Christen. Während im zehnjährigen Durchschnitte das Verhältnis der Kinder-Erzeugung bei ihnen etwas höher als 4½ erscheint, zeigt es sich bei den Christen nur 3½... In der Judenstadt entwickeln sich meistens weder so allgemein, noch so bösartig die unter den Christen herrschenden Seuchen.

Julius Max Schottky (1794–ca. 1848)

Eine der größten Merkwürdigkeiten

Wer kennt Prag nicht? Die Stadt, welche ich von allen die imposante nenne, die Stadt, die mehr Paläste aufzuweisen hat als alle übrigen österreichischen Städte zusammen; daher von allen ihren Schönheiten nichts, und nur von einer ihrer Eigentümlichkeiten will ich sprechen, und zwar von der Judenstadt.

Eine der größten Merkwürdigkeiten Prags ist die Judenstadt. Als ich in diesen engen, winkeligen, abgesonderten Staddteil kam, der mit Buden aller Art besetzt ist, glaubte ich mich wirklich in einen anderen Weltteil versetzt. In engen Gassen stehen äußerst hohe, aber schmutzige, mitunter sogar unterstützte Häuser, und in diesen Gassen wogt es und tummelt sich herum und schachert und schmust mit und ohne Bart, daß den Durchgehenden die Ohren gellen. Man wird angehalten, an Armen und Kleidern gezogen und gefragt, ob man eppes zu schachern habe. Ein unangenehmer Geruch dringt einem überall in die Nase und auf den meisten Tafeln über den Buden liest man Namen, welche mit *eles* endigen.

Wenn man bedenkt, daß diese Stadt in der Stadt 279 Häusernummern zählt, wovon jedes Haus mehrere Besitzer hat, und oft in einer Stube ein Paar Familien wohnen, so kann man sich einen Begriff von der Lebendigkeit dieses Ghetto machen. Es befinden sich auch neun Synagogen und ein Kirchhof darin. Der letzte ist sehr alt, von sehr großem Umfange und enthält über 10000 Grabsteine, deren ältester sich vom Jahre 777 datiert und eines Juden namens Schölleles Grabstätte bezeichnet. Dreimal in meinem Leben hat sich meine Brust durch einen tiefen Atemzug Luft gemacht nach einer mich drückenden und beängstigenden Lokalität. Das erste Mal, als ich aus den Katakomben in Paris wieder zum Tageslichte emporstieg; das zweite Mal, als ich aus Venedig kam und in Mestre ans Land stieg, und zum dritten Male, als ich die Judenstadt verlassen hatte.

Franz Ignaz Castelli (1781–1862)

In der Mitte von Prag

In der Mitte von Prag, wo sich jetzt hohe und lustige Zinshäuser zu breiten Straßen aneinanderschließen, stand noch vor zehn Jahren das Judenviertel. Ein schiefes, düsteres Gewinkel, aus dem kein Wetter den Geruch nach Moder und feuchtem Gemäuer wegzublasen vermochte und wo im Sommer den geöffneten Türen ein giftiger Atem entströmte. Der Schmutz und die Armut stanken hier um die

Wette, und aus den Augen der Kinder, die hier aufwuchsen, blinzelte eine stumpfe, grausame Verderbtheit. Der Weg ging da manchmal in niedrigen, gewölbten Viadukten durch den Bauch eines Hauses hindurch oder er krümmte sich plötzlich zur Seite und fand vor einer blinden Mauer jählings ein Ende. Die Händler, die ihre Trödlerware vor den Geschäften auf dem unebenen Steinpflaster aufstapelten, riefen mit listigen Gesichtern die Vorübergehenden an. In den Haustoren lehnten die Frauenzimmer mit geschminkten Lippen, lachten gemein, zischelten den Männern in die Ohren und hoben die Röcke, um ihre gelben und zeisiggrünen Strümpfe zu zeigen. Greise Kupplerinnen mit weißen Haarsträhnen und lockeren Kiefern grüßten aus den Fenstern, klopften, winkten, gurgelten vor Eifer und Befriedigung, wenn einer ins Netz ging und näher kam.

Hier war die Unzucht zu Hause und lockte am Abend mit roten Laternen zum Besuch. Es gab da Gassen, wo ein jedes Haus eine Schandherberge war, Spelunken, wo das Laster mit dem Hunger in einem Bette schlief, wo schwindsüchtige Weiber mit verwelkten Reizen eine kümmerliche Industrie betrieben, geheime Verliese, wo das Verbrechen flüsternd und augenzwinkernd schulpflichtige Mädchen schändete und ihre hilflos verwunderte Unschuld für schauerlichen Lohn verschacherte. Es gab vornehme und luxuriös möblierte Kneipen, wo der Fuß auf Teppiche trat und wo die satten, üppigen Dirnen in seidenen Schleppkleidern stolzierten.

Unweit der Synagoge neben den verwahrlosten Hütten des Zigeunergäßchens befand sich in einem zweistöckigen Gebäude der Salon Aaron. In der dürftigen Umgebung machte das Haus beinahe einen wohlgepflegten Eindruck, trotzdem der Mörtelbewurf der Mauer zum Teile losgebröckelt war und der Staub und der Regen auf die Scheiben der vermummten Fenster bunte Streifen schmierte. Bei Tag war es hier still; nur selten schlich ein Gast über die ausgetretenen Stufen in den dunklen Hausflur und kam mit aufgeschlagenem Rockkragen hastig und verlegen nach einer Stunde wieder ans Licht. Aber in der Nacht stieg hier aus verborgenen Brunnen ein lautes, helles, zitterndes Leben auf. Die Fenster glühten, und das Gelächter flatterte drinnen wie ein gefangener Vogel im Käfig.

Paul Leppin (1879–1945)

Der Golem

Prag, das alte sagenreiche,
Barg schon viele Menschenweisheit,
Barg schon viele Menschentorheit,
Auch den hohen Rabbi Löw.

Rabbi Löw war sehr zu Hause
In den Künsten, Wissenschaften,
Und besonders in der schwarzen,
In der schweren Kabbala.

So erschuf er einen Golem,
Einen holzgeschnitzten Menschen,
Tat belebend in den Mund ihm
Einen Zauberspruch: den Schem.

Unverdrossen, als sein Diener,
Muß der Golem fegen, kochen,
Kinder wiegen, Fenster putzen,
Stiefel wichsen und so fort.

Nur am Sabbath darf er rasten;
Nahm ihm dann der hohe Rabbi
Aus dem Mund den Zauberzettel,
Stand er stockstill augenblicks.

Einmal hat er es vergessen,
Einmal, was ist da geschehen:
Rasend wurde, dwatsch der Golem,
Ein Berserker ward der Kerl.

Bäume reißt er aus der Erde,
Häuser wuppt er in die Wolken,
Schleudert Menschen in die Lüfte,
Stülpt den Hradschin auf den Kopf.

Schon im Anzug war der Sabbath,
Alle Arbeit muß nun ruhen;
Alles flüchtet, schreit und zetert
Nach dem hohen Rabbi Löw.

Der erscheint; packt eben, eben
Noch den Tollhans am Schlafittchen,
Ist mit ihm bald oben, unten,
Bald auf Bergen, bald im Tal,

Wie ein Bändiger, der beim Pferde,
Das sich bäumt und wirft und schüttelt,
Einen Kappzaum legen möchte
Und nun mit ihm tanzen muß.

Hopsa, hopsa, was für Sprünge!
Aber endlich glückts, er würgt ihn,
Zerrt den Schem ihm aus den Zähnen –
Und zerschmettert liegt der Kerl.

Nicht noch einmal hat der Rabbi
Einen Golem sich geschnitzelt,
Jede Lust war ihm vergangen:
Allzu klug ist leicht zu dumm.

Detlev von Liliencron (1844–1909)

Sie haben mich für den Golem gehalten

Immer noch war die Gasse unten öd und menschenleer.

Ich durchstöberte die Zimmerecke, die jetzt im stumpfen Morgenlichte lag: Scherben, dort eine rostige Pfanne, morsche Fetzen, ein Flaschenhals. Tote Dinge und *doch* so merkwürdig *bekannt*.

Und auch die Mauern – wie die Risse und Sprünge darin deutlich wurden! – wo hatte ich sie nur gesehen?

Ich nahm das Kartenpäckchen zur Hand – es dämmerte mir auf: hatte ich die nicht einst selbst bemalt? Als Kind? Vor langer, langer Zeit?

Es war ein uraltes Tarockspiel. Mit hebräischen Zeichen. – Nummer 12 muß der «Gehenkte» sein, überkam's mich wie halbe Erinnerung. – Mit dem Kopf abwärts? Die Arme auf dem Rücken? – Ich blätterte nach: Da! Da war er.

Dann wieder, halb Traum, halb Gewißheit tauchte ein Bild vor mir auf: *Ein geschwärztes Schulhaus,* bucklig, schief, ein mürrisches Hexengebäude, die linke Schulter hochgezogen, die andere mit einem Nebenhaus verwachsen. ––– Wir sind mehrere halbwüchsige Jungen – ein verlassener Keller ist irgendwo –– Dann sah ich an meinem Körper herab und wurde wieder irre: Der altmodische Anzug war mir völlig fremd. –––

Der Lärm eines holpernden Karrens schreckte mich auf, doch wie ich hinabblickte: keine Menschenseele. Nur ein Fleischerhund stand versonnen an einem Eckstein.

Da! Endlich Stimmen! menschliche Stimmen!

Zwei alte Weiber kamen langsam die Straße dahergetrottet, und ich zwängte den Kopf halb durch das Gitter und rief sie an. Mit offenem Mund glotzten sie in die Höhe und berieten sich. Aber als sie mich sahen, stießen sie ein gellendes Geschrei aus und liefen davon.

Sie haben mich für den Golem gehalten, begriff ich.

Und ich erwartete, daß ein Zusammenlauf von Menschen entstehen würde, denen ich mich verständlich machen könnte; aber wohl eine Stunde verging, und nur hie und da spähte unten vorsichtig ein blasses Gesicht herauf zu mir, um sofort in Todesschreck wieder zurückzufahren.

Sollte ich warten, bis vielleicht nach Stunden oder gar erst morgen Polizisten kamen – die Staatsfalotten, wie Zwakh sie zu nennen pflegte?

Nein, lieber wollte ich einen Versuch machen, die unterirdischen Gänge ein Stück weit auf ihre Richtung hin zu untersuchen.

Vielleicht fiel jetzt bei Tag durch Ritzen im Gestein eine Spur von Licht hinab?

Ich kletterte die Leiter hinunter, setzte den Weg, den ich gestern gekommen war, fort – über ganze Halden zerbrochener Ziegelsteine und durch versunkene Keller – erklomm eine Treppenruine und stand plötzlich –– im Hausflur des *schwarzen Schulhauses*, das ich vorhin wie im Traum gesehen.

Sofort stürzte eine Flutwelle von Erinnerungen auf mich ein: Bänke, bespritzt mit Tinte von oben bis unten, Rechenhefte, plärrender Gesang, ein Junge, der Maikäfer in der Klasse losläßt, Lesebücher mit zerquetschten Butterbroten darin und Geruch nach Orangenschalen. Jetzt wußte ich mit Gewißheit: Ich war einst als Knabe hier gewesen. – Aber ich ließ mir keine Zeit nachzudenken und eilte heim.

Der erste Mensch, der mir in der Salnitergasse begegnete, war ein verwachsener alter Jude mit weißen Schläfenlocken. Kaum hatte er mich erblickt, bedeckte er sein Gesicht mit den Händen und heulte laut hebräische Gebete herunter.

Auf den Lärm hin mußten wahrscheinlich viele Leute aus ihren Höhlen gestürzt sein, denn es brach ein unbeschreibliches Gezeter hinter mir los. Ich drehte mich um und sah ein wimmelndes Heer totenblasser, entsetzenverzerrter Gesichter sich mir nachwälzen.

Erstaunt blickte ich an mir herunter und verstand: – ich trug noch immer die seltsam mittelalterlichen Kleider von nachts her über meinem Anzug, und die Leute glaubten, den «Golem» vor sich zu haben.

Rasch lief ich um die Ecke hinter ein Haustor und riß mir die modrigen Fetzen vom Leibe.

Gleich darauf raste die Menge mit geschwungenen Stökken und geifernden Mäulern schreiend an mir vorüber.

Gustav Meyrink (1868–1932)

Inschrift in der Meiselsynagoge

Er erbaute die Hochsynagoge
und das Reinigungsbad für die Frau'n
und das Bad, das allen zur Waschung dient,
und das Steinpflaster, damit die Leut' darauf treten,
und das Spital für die Armen und Todgeweihten;
und viele Rollen stiftete er
und auch viel Geld der heil'gen, auserwählten Stadt
und dem ruhmreichen Posen;
und auch jeder Braut, die von Armut bedrückt
ihr Haar einwickelte,
ja allen Bedürftigen lieh er insgeheim Geld ohne Zinsen;
und sein Haus stand wie das Mazhauz offen
allen Armen, da er ihnen Hilfe gewährte.
Und auch Frummet verachtete sie nicht,
das war sein Weib, edel und gütig von Geburt;
sie hat sich aller angenommen;
die Schwachen speiste und fütterte sie
mit Nahrung aus Fleisch und Fisch;
den Hungernden reichte sie Brot
wie ein Freund oder wie der Sohn der geliebten Mutter;
oder, sah sie einen Nackten, deckte sie ihn zu,
herrliche Gewänder fertigte sie an;
freundlich hieß sie einen jeden willkommen,
blickte jeden an mit Wohlgefallen;

sie sammelte, was nur zu sammeln war,
und schenkte es liebevoll diesem und jenen.
Nie werde zerstört diese Synagoge!

1593 (Volakova)

Haus in der Karpfengasse

Die Kaprova (...) war eine jener stillen Gassen Prags, in denen das Leben in ruhigen, durch keine Sensationen gestörten Geleisen abrann, wiewohl sie durch die sogenannte Sanierung sozusagen aus der Romantik des Mittelalters in die Gegenwart einer durchaus modernen Hauptstadt gerückt worden war. Das Haus Nr. 115 (Konskriptionsnummer 3452) unterschied sich in keiner Weise von andern Häusern dieser Straße. In Nr. 115 lagen wie in allen Häusern der Karpfengasse zur gleichen Zeit die gleichen Düfte von Blumenkohl, Mehlspeisen, Gänsefett und muffigen Hinterhöfen, und auch hier wie in all diesen Häusern gingen die Menschen zur gleichen Zeit die Treppen hinauf und zur gleichen Zeit die Treppen hinab, vom Geschäft, ins Geschäft, vom Kaffeehaus, ins Kaffeehaus, und einmal, dies aber zu verschiedenen Zeiten, wurden sie über diese Treppen getragen; dann ging, zum ersten und letzten Mal, der Geistliche oder der Rabbiner hinter, statt vor ihnen. Dann gingen sie nie wieder die Treppen hinauf.

Da die Karpfengasse ein Teil des alten Judenviertels gewesen war – in ihrer Nähe lag die ehrwürdige Altneuschul –, waren ihre Bewohner noch immer, zu der Zeit, über die diese Zeilen Bericht erstatten, im Jahr 1939 also, zum Teil Juden, natürlich nicht Juden schlechthin, sondern ihre einzigartige Abart: Prager Juden. Juden mithin, die seit Jahrhunderten in dieser Stadt oder zumindest im Königreich Böhmen ansässig waren.

Mose Ben-Gavriel (1891–1965)

Trödler in der Hahnpaßgasse

Wie eine menschliche Spinne kam er mir vor, die die feinste Berührung ihres Netzes spürt, so teilnahmslos sie sich auch stellt. Und wovon er nur leben mag? Was denkt er, und was ist sein Vorhaben?

Ich wußte es nicht.

An den Mauerrändern seines Gewölbes hängen unverändert Tag für Tag, jahraus, jahrein dieselben toten wertlosen Dinge.

Mit geschlossenen Augen hätte ich sie hinzeichnen können: hier die verbogene Blechtrompete ohne Klappen, das vergilbte Bild auf Papier gemalt, mit den so sonderbar zusammengestellten Soldaten. Dann eine Girlande verrosteter Sporen an einem schimmligen Lederriemen und anderes halb vermodertes Gerümpel.

Und vorne auf dem Boden, dicht nebeneinandergeschichtet, so daß niemand die Schwelle des Gewölbes überschreiten kann, eine Reihe runder eiserner Herdplatten. –

All diese Dinge nahmen an Zahl nie zu, nie ab, und blieb wirklich hier und da einmal ein Vorübergehender stehen und fragte nach dem Preis des einen oder andern, geriet der Trödler in heftige Erregung.

In grauenerregender Weise zog er dann seine Lippe mit der Hasenscharte empor und sprudelte gereizt irgend etwas Unverständliches in einem gurgelnden, stolpernden Baß hervor, daß dem Käufer die Lust weiter zu fragen verging und er abgeschreckt seinen Weg fortsetzte.

Der Blick des Aaron Wasserturm war blitzschnell von meinen Augen abgeglitten und ruhte jetzt mit gespanntem Interesse an den kahlen Mauern, die vom Nebenhause an mein Fenster stoßen.

Was konnte er dort nur sehen?

Das Haus steht doch mit dem Rücken gegen die Hahnpaßgasse und seine Fenster blicken in den Hof! Nur eines ist in die Straße gekehrt.

Zufällig schienen die Räume, die nebenan in derselben Stockhöhe wie die meinigen liegen – ich glaube, sie gehörten zu einem winkligen Atelier –, in diesem Moment betreten worden zu sein, denn durch die Mauern hörte ich plötzlich eine männliche und eine weibliche Stimme miteinander reden.

Unmöglich konnte das aber der Trödler von unten aus wahrgenommen haben!

Gustav Meyrink (1868–1932)

Kundschaftgeher

David Leb Magdeburger war ein Kundschaftgeher. Wißt Ihr was das ist? Nicht! – Gut, so wollen wir Euch's erklären. Zu der Zeit, in der unsere Geschichte spielt, waren die Juden in Oesterreich, Böhmen, vorzugsweise aber in Prag fast ausschließlich auf den Handel angewiesen. Eine eigene Art von Geschäftsleuten bildeten die «Kundschaftgeher». Es waren dies ambulante Handelsleute, die keine Warenlager hielten, nur das kauften, was sie für ihre Kundschaften brauchten, und diesen alles, was sie benötigten, ins Haus brachten. Die Zahlung für die gelieferten Waren empfingen sie teils in Tauschwerten, teils in kleinen monatlichen oder wöchentlichen Raten. Ein richtiger Kundschaftgeher mußte alles Erdenkliche herbeischaffen, ja er war, wenn er mit seinem Geschäftsfreunde auf gutem Fuße stand, dessen Freund, Berater, zuweilen sogar sein Gewissensrat. Wenn der Hausvater einen Winterrock, die Mutter Ohrringe, der Sohn eine silberne Uhr brauchte, war es der «Hausjud» – so wurde der Kundschaftgeher von seinen christlichen Geschäftsfreunden bezeichnet – der alles das auftreiben mußte und als starke à-conto-Zahlung einige alte Schlafröcke, ein heiseres Spinett, ein unbrauchbar gewordenes Jagdgewehr, einen pensionierten kupfernen Waschkessel, wohl auch etwelche Mäusefallen oder andere mehr oder weniger nützliche Gegenstände zu mäßigen Preisen annahm und den Rest in wöchentlichen Ratenzahlungen erhielt.

Da, wo der Kundschaftgeher nicht nur Hausjud, sondern auch Hausfreund war, wurde seine Hilfe auch bei ganz andern Veranlassungen in Anspruch genommen. Wenn sich z. B. der Babi, der hübschen Tochter des Altstädter Stadtviertlers Karbatsch, ein junger Witwer aus der obern Neustadt mit deutlich ausgesprochenen Heiratsabsichten näherte, und die Eltern des Mädchens ohne Aufsehen zu erregen Erkundigungen über den Freier einziehen wollten, wurde zu diesem freundschaftlichen Spionendienste gerne der Hausjud, rectius Kundschaftgeher verwendet. Dieser kam in verschiedene Häuser, hatte Gelegenheit dies und das zu hören und war, was ihn namentlich ganz besonders hierzu qualifizierte, ein ganz ungefährlicher, parteiloser, neutraler Mensch, er konnte nie selbst in die Lage kommen, den Heiratskandidaten, über den er referieren sollte, für seine Tochter, seine Schwester, seine Nichte zu acquirieren. Wer damals die Idee einer Mischehe ausgesprochen hätte, wäre unbedenklich als ein vollkommen verrückter Mensch betrachtet worden.

Der Kundschaftgeher war von Montag früh bis Freitag Abend auf den Beinen, fleißig, tätig, regsam. Vor Anbruch des Freitag Abends schloß er seine Geschäftstätigkeit. Samstags war er – in seinem eigenen Hause – ein König.

Salomon Kohn (1825–1904)

Träger

Der Fremde wird unter der wimmelnden Menge der Judengasse eine Klasse Menschen gleich herausfinden, die sich durch ihr Äußeres von den anderen Menschen unterscheiden; während fast alle Juden bürgerliche Kleider tragen, sind diese in grobe Leinwand oder Segeltuch bekleidet, und ein Bündel Stricke hängen über der Achsel herunter. Sie stehen oder lagern auf der Gasse müßig und plaudern im gemeinsten Jargon. Dies sind jüdische «Eckensteher», Lastträger, vom Volke kurzweg «Träger» genannt. Sie werden zu der niedrigsten und ungebildetsten Klasse des Volkes gezählt und kein Mensch tritt gern in Verwandtschaft mit dieser Branche. Der Jude besitzt mehr als jede andere Nation Ahnenstolz und ein Prager Jude ist ein echter Aristokrat. Es ist wahr, der Träger ist roh, die Geistesfortschritte der Zeit sind an ihm spurlos vorübergegangen. Dafür aber ist er grundehrlich. Ihr könnt ihm Schätze an Gold und Juwelen übergeben, ihn damit da oder dort hinschicken, er bringt's euch an Ort und Stelle, kein Splitter wird davon fehlen. Ihr braucht nicht mitzugehen, sagt nur, in welches Haus er das vertraute Gut tragen soll, er bringt's und wartet oft viele Stunden auf euch, es zu übergeben und seinen Lohn zu empfangen. ...

Nicht wahr, ein saures Brot? Und doch gibt's Geizhälse, die einem solchen armen Lastträger von den kleinen Forderungen noch abzwacken. Am Sabbat und am Festtag werdet ihr ihn nicht mehr erkennen. Das Gesicht fein barbiert, hübsch gekleidet, einen «Thallisbeutel» von Seidenstoff in der Hand, schreitet er gravitätisch durch die Gasse nach der «Schul», wo er einen Sitz gepachtet hat und auch eine bedeutende Rolle dort spielt. Nachmittag trinkt er beim «Roten Adler» seine Tasse Schwarzen, spaziert dann mit seinem Weibe auf dem Glacis oder im canalischen Garten, hinter «Lämmel» und «Jerusalem», macht in neuerer Zeit vielleicht auch Politik, denkt an die «schöne Emanzipation» und ruft: «Auch ich bin ein Bürger!», und recht hat der Mann. Wer trägt mehr Lasten im Staate als er?

Georg Leopold Weisel (1804–1873)

Sanierung der Judenstadt

Mein letzter Besuch in der Judenstadt ist mir deutlicher als meine früheren in Erinnerung geblieben. Es war wenige Tage vor den großen Sommerferien, und ich ging mit meinen Schulheften, die ich an einem Riemen trug, durch das einstige Ghetto, dessen Demolierung gerade in diesen Tagen begonnen hatte.

Und zu meiner Überraschung stieß ich in der Joachims- und in der Goldenen Gasse auf breite Lücken, die die Spitzhacke gerissen hatte, und durch die Lücken sah ich in Gassen und Gäßchen, die mir bis dahin unbekannt gewesen waren. Und ich mußte mir über Berge von Schutt und Trümmern, von zerbrochenen Ziegelsteinen, Dachschindeln, verbogenen Blechröhren, morschen Brettern und Balken, zerfallenem Hausrat und sonstigem Kehricht meinen Weg bahnen. Verspätet, müde und über und über mit Kalk und Staub bedeckt kam ich in die «Bude» des cand. med. Meisl. …

Eine Weile ging Meisl schweigend im Zimmer auf und nieder. Dann erhob sich seine Stimme zu einer Totenklage um die Häuser des Ghettos, die der Zerstörung anheimgefallen waren, denn sein Herz hing an allem, was alt und zum Verschwinden bestimmt war.

«Sie haben das Haus ‹zur kalten Herberg› niedergerissen», sagte er, «und das Haus ‹zum Kuckucksei›. Sie haben das alte Backhaus niedergerissen, in das meine Mutter Woche für Woche ihren Sabbatkuchen getragen hat. Einmal hat sie mich mit sich genommen, und ich habe die mit Kupfer beschlagenen Tische gesehen, auf denen das Brot geknetet wurde, und die langgestielten Schaufeln, mit denen man es aus dem Ofen holte. Sie haben das Haus ‹zur Blechkrone› demoliert und das Haus des hohen Rabbi Loew in der ‹breiten Gasse›. Es hat zuletzt einem Kistenmacher als Magazin gedient, und als man die Kisten forträumte, fand man Vertiefungen in allen Wänden. Sie dienten keinem mystischen Zweck. In ihnen hat der hohe Rabbi seine kabbalistischen Bücher aufbewahrt.»

Er blieb stehen und fuhr fort, die Häuser aufzuzählen, die es nicht mehr gab.

«Das Haus ‹zum Mäuseloch›. Das Haus ‹zum linken Handschuh›. Das Haus ‹zum Tode›. Das Haus ‹zur Pfeffernuß›. Und das kleine Haus mit dem sonderbaren Namen, hier in der Gasse, das Häuschen ‹Keine Zeit›. In dem hat bis vor kurzem ein Hayduckenschneider seine Werkstatt gehabt, der letzte, der sich noch so nannte. Er fertigte Livreen für Herrschaftsdiener an.»

Er trat ans Fenster und blickte über die Giebel, die Höfe, die Bauplätze und die Hausruinen hinweg.

«Das dort», sagte er, «war das Siechenhaus und das drüben das Armenhaus. Was du dort siehst, ist Meisls Gut.»

Er wies auf zwei Gebäude, von denen nur noch die bloßen Mauern standen, und die Spitzhacken taten weiter an ihnen ihr Werk. Und wir sahen, wie Meisls Gut in Schutt und Trümmer fiel und wie es sich noch einmal vom Boden erhob und in die Höhe stieg, eine dichte Wolke von rötlichgrauem Staub. Noch immer war es Meisls Gut, und es stand, und wir sahen es, bis es ein Windstoß forttrieb und verschwinden ließ.

Leo Perutz (1882–1957)

Pogrom

Die Bewohner des Altschul-Bezirkes fanden sich mit Familie und Gesinde im Gotteshause ein, und an heiliger Stätte fielen sie unter Schwert und Flamme. Gottbegeistert weihten sie sich freudig dem Opfertode. – Doch größer noch als die am Leibe verübten Gräuel war hier die gewaltsame Entführung unschuldiger zarter Kindlein. – Herr, willst du es lange noch geschehen lassen, daß vor deinem Vaterauge deine Söhne und Töchter ihrem Volke entrissen werden?

Die Wüteriche stürmten das alte wie das neue Bethaus, und wehmuthsvoll beklagen wir die hier verübte Verwüstung, Schändung, Vernichtung der heiligen mosaischen Gesetzrollen. Ein wildes Räubergekrächze verkündete die schnaubende Gier nach den hier vorgefundenen Kostbarkeiten und heiligen Geräten. «Raubet Silber! raubet Gold! Sie sind mit Leib und Gut uns verfallen!» kreischten die Raubmörder, Habseligkeiten aller Art mit ihren Räuberhänden verschlingend, und in ihrer Entartung nicht ahnend, daß es eine Sünde gäbe!

Jetzt fing die unmenschliche Plünderung der Hingemordeten an. Alles, was im Blutbade fiel, wurde entkleidet; entblößt lagen im Straßenkote die blutenden Leichen von Säuglingen, Männern, Greisen, Jünglingen und Jungfrauen wild durcheinander. Die Zahl der Opfer anzugeben ist unmöglich; aber du, Herr der Seelen, hast in deinem Buche sie verzeichnet, du Gott allein kennst ihre Zahl! Nun Allvater, so setze nunmehr Grenzen. Sprich es aus: Sie sei geschlossen, die Unzahl meiner Opfer. Lange genug gequält, gewürgt, lange genug zum furchtbaren Hohn der Welt!

Abigdor Kabi (14. Jh.)

Pinkassynagoge · Die Namen auf der Wand

Schwer, seinem Vater ein Steinchen oder eine Blume zu bringen. Wohin? Vielleicht fiel eines der Aschenteilchen in unsere Gasse, oder in irgendeinen Garten, vielleicht gerade in den Blumentopf auf unserem Fensterbrett. Aber sag das jemandem mit Sicherheit, er möge an diesen und keinen anderen Ort gehen, dort würde er die Überreste seines Vaters finden!

Es sind unser 77297 in diesem Land, die nicht wissen, wohin sie zum Grab ihrer Väter gehen sollen. Wir lächeln, wir empfinden Freude, aber irgendwo in uns sind diese verlorenen Gräber. Nein, in Wirklichkeit sind es viel weniger. Nur Tote gibt es so viele. Ich gehöre zu diesen beiden. Ich vermochte nicht hinzugehen, zu dieser Friedhofsmauer in Liben über dem runden Wasserturm, wo der Großvater liegt, denn ich fände dort nicht den Vater. Und dennoch weiß nun auch ich, daß es hier etwas gibt, was wie ein Grab ist, oder wie etwas, wohin man gehen und sich denken kann, es wäre der Vater gewesen.

Es ist die Wand.

Vielleicht ist es Zufall, daß sie sich dicht neben dem Alten jüdischen Friedhof befindet, ein kleines Stück von jener seltsamen Gasse entfernt, die Josefstädter Gasse heißt, aber sie liegt mitten in dieser Stadt, aus der viele von diesen Menschen fortgegangen sind und in die sie nicht mehr zurückkehrten. Es ist die Wand.

Arnošt Lustig (geb. 1926)

JUDENFRIEDHOF UND ALTNEUSYNAGOGE

Alter Judenfriedhof

Ich habe keine Worte für die Empfindungen, die denjenigen befallen, der zum ersten Mal diese Stätte betritt. Lange wird er hier nicht weilen; denn nirgends auf der Erde – selbst nicht im tiefsten Kerker – kann es so unheimlich sein; und doch weht die Luft hier frei, blickt der Himmel hernieder durch diese Zweige und Blätter, auf die Gräser und Moose. – Stumm sitzt dort, auf einem halbversunkenen Grabstein, eine graue, verwitterte Hebräergestalt mit wirrem Bart und erloschenen Augen, selbst wie aus Stein geformt. – Dazu geselle man noch die vielen jüdischen Gespenstergeschichten, die ihre religiöse Phantasie auf diesen Schauplatz verlegt hat, das ehrwürdige Alter der Stätte, das immer noch nicht ermittelt ist – und man wird zugeben, daß der Zeichner des Bildes in seiner Skizze gewiß nichts hinzugedichtet hat, indem er einen Teil dieser Öde zur Anschauung zu bringen versuchte.

Karl Herlossohn (1804–1849)

Haus des Lebens

Ich sah die unzähligen, aneinandergeschichteten Steintafeln und die uralten Holunder, welche ihre knorrigen Äste drum schlingen und drüber breiten. Ich wandelte in den engen Gängen und sah die Krüge von Levi, die Hände Aarons und die Trauben Israels. Zum Zeichen meiner Achtung legte ich, wie die andern, ein Steinchen auf das Grab des hohen Rabbi Jehuda Löw bar Bezalel. Dann saß ich nieder auf einem schwarzen Steine aus dem vierzehnten Jahrhundert, und der Schauer des Ortes kam in vollstem Maße über mich.

Seit tausend Jahren hatten sie hier die Toten des Volkes Gottes zusammengedrängt, wie sie die Lebenden eingeschlossen hatten in die engen Mauern des Ghetto. Die Sonne schien wohl und es war Frühling, und von Zeit zu Zeit bewegte ein frischer Windhauch die Holunderzweige und Blüten, daß sie leise über den Gräbern rauschten und die Luft mit süßem Duft füllten; aber das Atmen wurde mir doch immer schwerer, und sie nennen diesen Ort Beth-Chaim, das Haus des Lebens?!

Aus dem schwarzen, feuchten, modrigen Boden, der so viele arggeplagte, mißhandelte, verachtete, angstgeschlagene Generationen lebendiger Wesen verschlungen hatte, in welchem Leben auf Leben versunken war wie in einem grundlosen, gefräßigen Sumpf, – aus diesem Boden stieg ein Hauch der Verwesung auf, erstickender als von einer unbeerdigten Walstatt; gespenstisch genug, um allen Sonnenglanz und allen Frühlingshauch und allen Blütenduft zunichte zu machen.

Ich habe schon erzählt, daß ich in dieser Zeit meines Lebens ein toller, wilder Geselle war; aber das Gefühl, welches mich an dieser Stelle erfaßte, enthielt die Bürgschaft dafür, daß ich noch ernst genug werden konnte.

Wilhelm Raabe (1831–1910)

Sonne und Düsternis

Er betrat den schmalen, gewundenen Pfad des jüdischen Friedhofs zwischen den vielen schwarzen Grabsteinen, die wie Felsen einer fremden Landschaft den Weg säumten. Sie spiegelten die beengten Lebensbedingungen eines mittelalterlichen Ghettos, doch Jean Paul empfand stärker als das die Würde der Stätte und verglich sie im Geist mit dem Bild des Judenfriedhofs von Amsterdam, das Ruisdael gemalt und das Goethe so bewundert hatte. Es war in Goethes Gesprächen mit Eckermann abgebildet, die Jean Paul in blaßgrünem Leinenband vor kurzem erworben hatte. Bei Goethe hatte er die Versöhnung der gegensätzlichen Pole gefunden: Licht und Finsternis, männlich und weiblich, Leben und Tod, Sonne und Mond. Keine dieser elementaren Werte ergaben ohne ihren Widerpart einen Sinn, sie mußten zusammen bejaht werden. Jean Paul erkannte all dies noch nicht in voller Klarheit, aber wenn er etwas darüber las, wurden seine Ängste und Sorgen gemildert, und er begrüßte es als Balsam auf seine Wunden und fühlte sich erleichtert.

Als Jean Paul an den Reihen dieser Grabsteine mit ihren hebräischen Inschriften und Symbolen bestimmter Stämme vorbeiging – den Trauben von Israel, den segnenden Händen vom Stamme Aarons, dem schlichten Krug des Stammes Levi oder auch den Bildern, die Familiennamen darstellten, wie Löwe, Fisch, Hahn, Herz – war er nicht bedrückt durch den Gedanken, daß uns nicht ewiges Leben bestimmt sei, sondern Tod, daß Leben ein Irrsal ist, in dem wir uns hoffnungslos verwirren. Er drang immer tiefer in den Dschungel der unregelmäßig und dicht stehenden Gedenksteine ein und pfiff ganz plötzlich mit leichtherzigem Lächeln eine Melodie. Dabei dachte er an des jungen Goethe «Fragment über die Natur». «Natur. Wir sind von ihr umgeben und umschlungen – unvermögend, aus ihr herauszutreten... Ungebeten und ungewarnt nimmt sie uns in den Kreislauf ihres Tanzes auf und treibt sich mit uns fort, bis wir ermüdet sind und ihrem Arm entfallen... Sie hat mich hereingestellt, sie wird mich auch herausführen. Ich vertraue mich ihr. Sie mag mit mir schalten. Sie wird ihr Werk nicht hassen...» (...)

Und Jean Paul pfiff, weil es ein so herrlicher Tag war. Die dunklen Holunderbüsche sandten ihren bittersüßen Duft in die warme Luft, die Sonne filterte durch das dichte Laub und zeichnete goldene, huschende Kringel auf den Kies. Die Schatten waren blau, und die hohen Gräser schwankten im Wind, als beugten sie sich vor den berühmten Namen, die schwer zu entziffern waren: Aaron Spira, der Mystiker und Kabbalist, Hendel Bas-Schevi von Treuenburg, der erste jüdische Adelige des Königreichs, David Gans, der Chronist und Mathematiker, Salomo del Medigo de Candia, der Physiker und Galilei-Schüler, Ephraim Lenczycz, der Sittenprediger, und über allen Rabbi Löw, der geheimnisvolle Jehuda ben Bezalel Löw, dessen Gedächtnis in zahllosen Legenden weiterlebt und dessen mächtige abgezehrte Gestalt in dem dramatischen Denkmal auf der einen Seite der Stufen, die in der Altstadt zum neuen Rathaus führen, wiedererstanden ist. Pfeif dir ein Lied – Rabbi Löw hatte das Geheimnis des Lebens entdeckt und in eine Formel gebannt. Er bildete eine Gestalt aus Ton, den Golem, und er senkte ihm die geheime Formel in einer Kapsel tief in die Brust und hieß ihn aufstehen, wie Gott einst Adam, und seinen Befehlen gehorchen. Obgleich diese Geschichte vom Golem in keiner Legende um den weisen Rabbiner zu finden ist, so hat gerade sie sich vor allen anderen am hartnäckigsten erhalten. Und heute glauben die Biologen, an der Schwelle des Heiligsten vom Heiligen zu stehen, haben – wie sie sagen – die Geheimschrift des Lebens entziffert und das Rätsel der Vererbung gelöst. Wieder ist es eine Formel aus ein paar Buchstaben und Zahlen, das Abbild einer spiralischen, treppenartigen Struktur und das Symbol der ewigen Neugier des Menschen nach Wissen, Symbol des Strebens, im Wissen das Verzauberte zu entzaubern. Pfeif dir ein Lied.

Es sollten keine Kerzen auf Gräbern stehen wie weiße Blüten im Wind, kein Zwielicht eines sterbenden Wintertages im Norden zu Allerseelen! Um ehrlich zu sein, es hatte ihn bewegt, als er einmal auf dem Friedhof von Vyšehrad erlebt hatte, wie der Duft von tausend Blumen in die Luft stieg. Einmal war er auch sehr erregt gewesen, als er auf einem großen polierten Marmorstein nur ein einziges Wort in goldenen Buchstaben las – Mutter! – ein Wort, das allen Frieden der Welt barg und das Ende aller Angst. Es klang wie das sanfte Tönen einer Harfe über dem einsamen winzigen Dorffriedhof, den Jean Paul seinerzeit besucht hatte. – Aber heute empfand er anders. Er wollte nicht an die dunkle Stimme denken, denn die sonnige Seite seiner Seele, auch sie mit uralten Erinnerungen im Blut, stieg wie ein Fels aus der Brandung der verfliegenden Jahre auf. Es war die Seele des stolzen Griechenlands, Gewesenes und Kommendes in einem, Asche im Wind und kein Mittelalter und keine Gebeine unter zerbröckelnden Steinen. Die eherne Stimme des Sittengesetzes ertrank in Freude und Jugend.

Konnte er damals wissen oder auch nur ahnen, daß aus dem tiefhängenden Himmel der Menschheitsgeschichte so viel Düsternis herabfallen würde, daß alles Licht erlöschen, Liebe und Vertrauen und Lebenszuversicht schwinden würden und daß der Haß wie tödlicher Frost das Blut in den Adern stocken lassen würde? Denn an diesem Ort, wo Jean Paul jetzt stand, gingen zwanzig Jahre später seine ergrauten Eltern langsam Arm und Arm auf und ab, den gelben Stern der Erniedrigung an ihren Kleidern, mit leeren Augen auf die Grabmäler dieses Friedhofs starrend, der den Namen Beth-Chaim trug, «Haus des Lebens». Ein Gebet auf den Lippen und in ihren Herzen nur eine schwache Hoffnung, in ihren Gliedern und Sinnen die Erschöpfung der Verfolgten, sterbensmüde und einsam, obgleich unter Tausenden ihres Glaubens, machten sie hier ihren täglichen

Spaziergang. Es war der einzige Ort, den ihre Verfolger ihnen in kalter Grausamkeit zur Benutzung freigegeben hatten, darauf hinweisend, daß dies der Platz wäre, wo sie hingehörten, zum Tod, nicht zum Leben.

Josef Paul Hodin (geb. 1905)

Judenfriedhof und Hetzparolen

Nicht die melancholische Ruhe unter den alten Ulmen und Tannen der christlichen Friedhöfe – nicht der milde Schatten, der über dem Zypressenwald türkischer Friedhöfe liegt und sic zum Versammlungsort der Müßiger zu machen pflegt, – nicht die baum- und buschlose Öde der neuern katholischen Kirchhöfe des Westens mit der alles gleichmachenden und deshalb so herzverletzend auch gleichförmigen Rasendecke ist der Charakter dieser Ruhestätte, – ein anderer Geist, der Geist des Volkes, dessen Gebeine hier nach der langen rastlosen Wanderung eine Stätte gefunden, seine ganze furchtbare Geschichte voll Leiden, Kämpfen, Widerstand und Unüberwindlichkeit ist in ihm ausgeprägt. Es ist, als würden sich jeden Augenblick diese zehnfach über einander gehäuften, verworrenen, mit Gestrüpp bedeckten Gräber auftun, diese von einem Jahrtausend zerbröckelten Steine zerspringen, um den ruhelosen Wanderer, den Quersack auf dem Rücken, den Stab in der Hand, wieder hinaus zu senden unter die lebenden Geschlechter, sie zu betrügen und zu knechten und das neue Kanaan zu suchen: – die Herrschaft!

Der Judenfriedhof in Prag ist der älteste, den man kennt; seit hundert Jahren schon hatte das Gesetz des Staates ihn geschlossen, – für die Gegenwart, für die Fremden ist er eine der historischen Merkwürdigkeiten Prags – für die gläubigen Juden ein Heiligtum.

Ein Pförtner mit geschwätziger Zunge und roten Augen,

der an der Außenseite der Mauer wohnt, öffnet dem neugierigen Fremden die sonst stets verschlossene Pforte und führt ihn in diese Wüstenei des Todes, die den Eindruck der äußeren Umgebung noch erhöht. Nur ein schmaler Gang ist übrig zwischen den dichtgedrängten Reihen der Gräber und bemoosten Grabsteine, Dornengebüsch und Ginster liegt über allen – selbst das Gras, das dazwischen aufgesproßt, scheint verwelkt aus der Erde gekommen.

John Retcliffe (1815–1878)

Lithographie

Die Pforte war gebogen und wir kamen durch
Nachdem wir einem Mann mit weißen Haaren
Der noch nicht alt war, Geld bezahlten und er gab
Ein vogelstimmig Fräulein uns zur Seite

Die Alte flog voraus, nahm Weg durch Steine
Die uns wie Zähne eines Tiers erschienen
Wir wähnten einzugehn ins Maul des Wales
Der Jonas zu verschlingen einst geschickt war

Es waren Steine zum Gedächtnis alter Juden
Gewaltlos starben sie in dieser Stadt
Und sanken schichtweis in die Erde, weil der Platz
Gering war und von Häusern eingeschlossen

Nur große Bäume kamen auf an dieser Stelle
Sie standen blattlos in den dünnen Himmel
Doch schienen sie nicht schlecht im Saft zu sein

Der eine wuchs dem Rabbi aus dem Kopf
Bis seine Wurzeln ihn verlassen mußten
Weil nichts mehr war, die Zweige zu ernähren

Das Vogelfräulein klappte mit dem Schnabel
Sie stopfte uns noch Jahre in die Ohren
Bevor sie aufflog im Geäst verschwand

Wir laufen Zickzack durch die schwarzen Male
Damit wir draußen gegenwärtig sind
Dies ist kein Ort, wir waren auf Papier
Vorher, auf Stein, gezeichnet und geätzt.

Sarah Kirsch (geb. 1935)

Die hinuntergefallene Thorarolle

Am Versöhnungstage des Jahres 5347 (1587) ereignete es sich, daß in der Altneusynagoge, wo Rabbi Löw betete, ein Gemeindevorsteher die Thorarolle fallen ließ, als er sie nach der Nachmittagsvorlesung emporhob, um sie in die heilige Lade zu bringen.

Das Ereignis verursachte großen Schrecken bei allen Gemeindemitgliedern, denn ein solches Geschehnis gilt seit je als böses Vorzeichen.

Auch Rabbi Löw geriet in Aufregung und ordnete zunächst an, daß alle jene Gemeindemitglieder, die in der Altneusynagoge beten, am 13. Tischri fasten sollten.

An diesem Tage machte er eine Traumfrage, welche Sünde die Ursache des peinlichen Vorfalls sei. Er erhielt jedoch keine deutliche, sondern eine Zahlenantwort [eine hebräische Zahl].

Rabbi Löw wußte keinen Bescheid. Er schrieb daher die Buchstaben auf ein Papier und übergab es dem Golem mit dem Auftrage, aus ihnen die Antwort zu finden.

Als der Golem die Worte besah, entnahm er gleich dem Bücherschrank ein Machsor, schlug es auf und wies auf jenes Kapitel, das man am Nachmittag des Versöhnungstages aus der Thora vorliest. Die Buchstaben, die Rabbi

Löw gezeigt wurden, waren eine Abkürzung des Verses: «Der Frau deines Nächsten gib nicht deinen Beischlaf, durch sie unrein zu werden.» [Vers 20 im Kapitel 18 des 3. Buches Moses. Dieses Kapitel wird am Nachmittag des Versöhnungstages aus der Thora vorgelesen.]

Rabbi Löw wußte nun, daß der Mann, der die Thorarolle fallen gelassen, ehebrecherische Beziehungen unterhielt; darum war die Thorarolle aus seinen Händen geglitten. Er lud den Mann zu sich und erzählte ihm vertraulich von der Traumantwort und daß infolge seiner Sünde die Thorarolle hinuntergefallen war. Da gestand dieser weinend seine Sünde und bat den Rabbi, ihm eine Buße aufzutragen.

Rabbi Löw ging aber noch weiter, indem er auch die Scheidung der ehebrecherischen Frau von ihrem Manne gemäß den Gesetzen Mosis und der Rabbinnen durchführte.

Chajim Bloch (1881–?)

Der alte Tempel in Prag

Tausend Jahre zählt der Tempel schon in Prag;
Staubfällig und ergraut ist längst sein Ruhetag
Und die alten Väter schlossen seine Gitter.

Ihre Söhne ziehen nun in die Schlacht.
Der zerborstene Synagogenstern erwacht,
Und er segnet seine jungen Judenritter.

Wie ein Glücksstern über Böhmens Judenstadt,
Ganz aus Gold, wie nur der Himmel Sterne hat.
Hinter seinem Glanze beten wieder Mütter.

Else Lasker-Schüler (1869–1945)

Altneusynagoge · Auf der Suche nach dem Golem

Die Sage, das Dachgestühl der Altneusynagoge sei die Gruft des Golems, hat sich durch die Jahrhunderte erhalten. Als die im Jahre 1718 von Maier Perls, Aktuar in Prag, erschienene Schrift «Megilath Jochasin», die die Traditionen über die Wundertäterei des Hohen Rabbi Löw verzeichnet, in der Mitte des vorigen Jahrhunderts eine neue Ausgabe erlebte, behauptete der Herausgeber, daß die Figur des Golems noch auf der Bodenkammer der Altneusynagoge liege. Der Lemberger Rabbiner Joseph Saul Nathanson wollte den Raum betreten, doch wurde ihm dies mit der Begründung verwehrt, das Verbot des Rabbi Löw bestehe noch immer streng zu Recht. Vor kurzem habe der Prager Oberrabbiner Ezechiel Landau nach langem Fasten in Gebetmantel und Gebetriemen das Dach bestiegen, während seine Schüler Psalmen singen mußten; nach geraumer Zeit sei Landau mit verstörtem Gesicht zurückgekehrt und habe verkündet: «Niemand wage es mehr, die letzte Ruhe des Golems zu stören.»

Meine ersten Versuche, mir von den Tempelfunktionären den Schlüssel zum Dachgeschoß zu verschaffen, stießen auf Ablehnung. Im Innern des Tempels führe keine Treppe hinauf, bloß durch Emporklettern der Außenmauer sei die Bodenkammer zu erreichen, was bei den Straßenpassanten Aufsehen hervorrufen würde. Überdies seien Unfälle vorgekommen, an die sich unliebsame Diskussionen knüpften. (Die Ruthsche «Kronika Král. Prahy» teilt Verbote mit, die lange vor des Rabbi Löw Zeit erlassen waren.) «Man erzählt sich, nach der Vernichtung von Jerusalem hätten Engel einen Teil des Tempels Salomonis nach Prag getragen und den Juden befohlen, niemals dieses Gebäude auszubessern und nichts an ihm zu ändern. Wer sich dessen unterfange, müsse alsogleich sterben. Und so kam es, daß einmal, als die Ältesten der Judengemeinde das Gebäude renovieren ließen, nicht nur der Baumeister mit seinen Gehilfen vom Dache stürzte, sondern auch die Auftraggeber starben, bevor noch die Arbeit recht begonnen war.»

Seitdem in den siebziger Jahren ein Rauchfangkehrer namens Vondrejc auf die Straße herabstürzte und tot liegenblieb, ist niemand oben gewesen. Vor dem Ringtheaterbrand hatten noch nicht einmal die Eisenklammern hinaufgeführt, sie wurden erst im Jahre 1880 auf Anordnung der Feuerpolizei angebracht.

Schließlich erwirkte ich mir vom Tempelvorstand die Erlaubnis, auf das Dach klettern zu dürfen. Morgens um acht Uhr kam ich hin. Herr Zwicker, seit achtunddreißig Jahren des Hauses redlicher Hüter, riet mir dringend ab und stellte auf meine Frage, ob er schon einmal oben war, die Gegenfrage, ob er denn meschugge sei. Mit achselzuckendem «Von mir aus» händigte er mir den Schlüssel ein.

Ich überkrieche das Gitter, das den kleinen, kahlen Vorgarten an der Niklasstraße umschließt, zog eine Leiter hinüber und legte sie unterhalb der Eisenklammern an, deren tiefste erst zwei Meter über der Erdhöhe eingerammt ist, damit kein Unberufener emporsteige. Die Blicke erstaunter Passanten im Rücken, kletterte ich achtzehn Eisensprossen hinauf, die oben eine starke Biegung nach links beschreiben, schwang mich in die Spitzbogennische und sperrte die stöhnende Eisentür auf. Ich stand inmitten einer spitzen Pyramide, deren Boden sich in massiven Wellen wölbt.

Die Basis der Synagoge liegt so tief unter dem Straßenniveau, daß du auch hier oben auf keiner besonderen relativen Höhe bist; du siehst dich der Uhr des jüdischen Rathauses gerade gegenüber, deren Zeiger sich von links nach rechts bewegen. Durch mehrere Dachfenster dringt Licht herein. Es fehlt also nicht nur das Bewußtsein der Höhe, es fehlt auch das mystische Düster, das dich zum Beispiel im Giebelgeschoß des Sankt-Veits-Doms beklemmend umfängt.

Und doch bist du oberhalb der Altneusynagoge nicht minder unter dem Eindruck der Jahrhunderte als oberhalb der Kathedrale. Während die steinernen Wölbungen von St. Veit auch an ihrer den Betern unsichtbaren Außenseite sorgsam vertüncht und zu glatten, einheitlich grauen, geometrisch regelmäßigen Wellen gefügt sind, greifen die Bogen hier zackig und grob ineinander, dir ist, als stündest du in einer Gebirgslandschaft, flache Berge vor und neben dir und Täler. Oben im christlichen Dom kannst du unter dem Gebälk das Kirchenschiff auf breiten, festen Stegen überqueren, kannst rings um das Schiff auf breiten, festen Stegen gehen. Hier aber ist nur ein morsches Brett vom Eingang nach vorn gelegt, du prüfst mit dem Fuß dessen Festigkeit und entschließt dich dann, den Rundgang lieber auf dem Rücken der Wölbungen zu machen oder auf den Sparren zu belancieren und dich an den Trämen und Pfetten festzuhalten, ob auch deine Hände noch so tief in Staubschichten fassen, ob auch dein Gesicht noch so oft in Spinnweben stößt.

Über die Breitseite spannt sich eine Eisenstrebe; eine Leiter, mit Eisenklammern befestigt, führt zum Schornstein. Ein altes Kaminrohr liegt auf dem Boden und das Gerippe eines Vogels, der hier einsam starb. Sonst siehst du nur Geröll und zerbrochene Ziegel. Schwämme wuchern in grotesken Formen, kopfabwärts hängt eine Fledermaus zwischen den Balken.

In den Senkungen der aneinanderstoßenden Wölbungen oberhalb der Widerlager ist der Schotter durch Kalkstaub und Feuchtigkeit zu einem Konglomerat geworden. Wenn darunter der Lehmskulptur des Rabbi Löw das Grab bereitet ist, niemals wird sie gefunden werden. Wollte man sie exhumieren, so stürzte der Tempel ein.

Wahrlich ein Raum, den Golem zu erschaffen und den Golem zu bestatten, wahrlich ein Raum für Mystagogen. Hier wäre ein Platz für das Laboratorium des Domherrn Claudius Frollo oder für das seines jüdischen Widerparts, des Rabbi Löw; hier wäre die rechte Schlafstube für das dumpfe Ungetüm, ob es nun Quasimodo oder Golem heißt, hier die geeignete Kulisse für eine Zusammenkunft des Königs von Frankreich mit dem Goldmacher in der Soutane, für den Kaiser von Deutschland mit dem Thaumaturgen im jüdischen Gebetmantel. Was ist denn Victor Hugos «Nôtre Dame de Paris» anderes als die Golemsage, erhoben aus der Gedrücktheit des Prager Ghettos in die Himmelshöhen der Pariser Domtürme, aus der Geistesrichtung des Baal Schem in die des Pelagius von Eclamum. König Ludwig XI. holte sich Rats von dem zaubereibeflissenen Domherrn, so wie sich Rudolf II. mit dem wunderkundigen Rabbi besprach. Esmeralda weckt in dem unförmigen Quasimodo die Liebe wie – eine Prager Judensage vermeldet es – des Rabbi blankes Töchterlein in Quasimodos Prager Ebenbild. Pogrompöbel stürmt das Prager Judenviertel, und die Pariser Frauenkirche wird von den Bewohnern des verrufenen «Wunderhofs» gestürmt, deren Häuptling sich «Mathis Hunyadi Spicali, Herzog von Ägypten und Böhmen» nennnt.

Die Fledermaus beginnt zu schaukeln. Wenn Fledermäuse erwachen, sollen sie sich im Menschenhaar verfangen. Vom Golem ist nichts zu sehen.

Ich trete in die Nische hinaus, die rostige Tür hinter mir halb schließend, und schwinge mich auf die eisernen Sprossen, dann ziehe ich die Tür vollends zu, sperre ab und klettere hinunter. Die Zahl der Neugierigen hat sich erhöht.

Im Vorraum der Synagoge wasche ich mir im alten kupfernen Waschbecken die Hände. «No? Haben Sie den Golem gefunden?» forscht Herr Zwicker in einem Ton, in dem sich Neugierde mit jener Ironie mengt, die er «Nekome» nennen würde.

Egon Erwin Kisch (1885–1948)

NEUSTADT

Wintertag am Graben

Amery vermißte etwas, als er von der Charvatgasse in sein Geschäft am Graben zurückging. Seit Wochen, jeden Dienstag und Freitag, war er auf dieser Strecke den gleichen Leuten begegnet. Neben dem Delikatessengeschäft «Jäger & Zoufaly» stand gewöhnlich ein junger Polizist mit roten Ohren und prallen Backen und bewachte das Denkmal des Philologen Jungmann. Die beiden Knopfreihen seines langen Uniformmantels entsprachen den oberhalb der x-Achse ausgreifenden Ästen einer Hyperbel, bei deren Anblick sich Amery jedesmal eines Lehrsatzes erinnerte, den er vor der Matura auswendig gelernt hatte: Alle Punkte der Hyperbel haben die Eigenschaft, daß die Differenz ihrer Entfernung von den Brennpunkten gleich ist. Unter den Kolonnaden in der Straße des 28. Oktober war ihm regelmäßig ein Mann entgegengekommen, der dem Schweizer Professor Piccard aus dem Gesicht geschnitten schien: die gleiche hohe Stirn, die energische Nase, die lächelnden Augen hinter der hohen Brille, der gleiche Lippenbart und die vollen, bis über die Ohren hängenden Haare. Nur trug der Prager Piccard einen zellophanbespannten Bauchladen vor sich her, in dem Perlzwiebeln, Gurken, Heringshappen und Sardinen lagen, und war nicht unterwegs in die Stratosphäre, sondern zu «Pinkas», dem Bierlokal neben «Maria Schnee».

Ausnahmslos jeden Dienstag und Freitag hatte er durch das Schaufenster einer Metzgerei auch eine rotblonde Verkäuferin gesehen, die stets dann, wenn er an ihr vorbeiging, mit blutigen Händen in einen Berg schokoladenfarbener Schweinsleber griff. An diesem Freitag abend fehlten die alten Bekannten. Vielleicht hatte der Schnee den Polizisten in ein Durchhaus getrieben und den Professor Piccard am Verlassen der «Zwei Katzen» gehindert, und die Mamsell holte eine Kalbskeule aus dem Gefrierraum. Obwohl es für ihr Ausbleiben also Gründe geben konnte, die nichts mit ihm zu schaffen hatten, war er verstimmt. Warum drücken sie sich? dachte er. Warum schwänzen sie ausgerechnet heute?

Manfred Bieler (geb. 1934)

Korso am Graben

Gegrüßt bzw. nicht gegrüßt wurde in erster Linie am Graben, einer der Hauptverkehrsadern der Stadt, rechtwinklig zum repräsentativ tschechischen Wenzelplatz gelegen und Mittelpunkt des deutschen Gesellschaftslebens (abermals möchte ich dem Leser vertrauen und ihm den immer wieder fälligen Hinweis ersparen, daß mit der «deutschen Gesellschaft» eine fast ausschließlich deutsch-jüdische gemeint ist – die nichtjüdische, im Bezirk Kleinseite jenseits der Moldau konzentriert und größtenteils sudetendeutscher Abkunft, hatte mit alledem schon dank ihrer antisemitischen Neigungen kaum etwas zu schaffen). Am Graben befanden sich die von der deutsch-jüdischen Gesellschaft bevorzugten Geschäftsläden, Kaffeehäuser und Restaurants, die führende deutsche Buchhandlung, das altrenommierte Hotel «Blauer Stern», das «Deutsche Haus» und die übrigen Wahrzeichen einer heute bis in die Wurzeln ausgerotteten Existenzform. Und am Graben fand allsonntäglich in den späten Vormittagsstunden der Korso statt, auf dem

Grüßen und Nichtgrüßen kultiviert wurden, wobei die im ersten Fall geübten Nuancen größte Bedeutung hatten. Wie tief der Grüßende den Hut zog und in welcher Entfernung er zum Gruß ansetzte, war für das Verhältnis zwischen ihm und dem Gegrüßten ebenso aufschlußreich wie für dessen gesellschaftliche Position; er seinerseits, der Gegrüßte, bekundete durch die Promptheit und Freundlichkeit der Erwiderung, in welchem Ausmaß ihm der Gruß willkommen war. Nicht selten bahnte sich auf solche Weise ein Rapprochement oder eine Abkühlung an, nicht selten geschah es, daß auf dem Grabenkorso geschäftliche, persönliche und sogar zwischengeschlechtliche Beziehungen entstanden oder zu Bruch gingen – wie denn überhaupt das Ende dieser segensreichen Institution, deren ungezwungene Ergiebigkeit in mancher Hinsicht sogar die des Kaffeehauses übertraf, innig betrauert werden muß. Der Korso hatte bis in die Dreißigerjahre bestanden, nicht nur am Graben zu Prag, auch auf der Wiener Ringstraße und am Budapester Donaukai und auf dem Hauptplatz noch der kleinsten Provinzstadt, die sich damit eines funktionierenden Gesellschaftslebens vergewisserte.

Friedrich Torberg (1908–1979)

Café Continental · Jungprager Dichter

Am Graben, wo wir uns zuletzt aufhielten, lag auch das Café Continental, Prags Literaten- und Journalisten-Café. Ähnlich wie in Wien das «Herrenhof» die Nachfolge des «Central» angetreten hatte, war das «Conti» dem geschleiften, einstmals von den Jungprager Dichtern bevölkerten Café Arco nachgefolgt, ohne es jedoch an literarischem Ruhm zu erreichen. Näheres über das Café Arco findet sich bei Karl Kraus, Kurt Wolff, Max Brod, Willy Haas und Johannes Urzidil, dem letzten, 1972 verstorbenen Mitglied des «Prager Dichterkreises» (dem ich – eine für mich höchst schmeichelhafte Stelle in der Autobiographie Max Brods erlaubt mir diese Aussage – «als Hospitant» angehört habe). (...)

Daß im «Conti» auch des Schach- und des Kartenspiels gepflogen wurde und daß an den dazugehörigen Käuzen, Schnorrern und Mäzenen kein Mangel herrschte, versteht sich ebenso von selbst wie die nach strengen Regeln geordnete Besetzung der Stammtische und die endlosen Diskussionen – durchwegs Charakteristika, die eigentlich zu jedem Kaffeehaus gehören. Und ich frage mich, ob sie nicht besser in einem eigenen Abschnitt untergebracht wären, der das Phänomen «Kaffeehaus» als solches behandeln und mit Beispielen belegen wird. Anderseits überschneidet sich ein Posten der obigen Aufzählung mit dem Kapitel über das Kartenspiel. (...)

Dafür bietet sich das Stichwort «Diskussion» an, das zugleich über die Enge des Kaffeehauses hinausweist. In der Tat wurde Prags Geistesleben von einer schier unerschöpflichen Diskussionsfreudigkeit beherrscht, der jeder erdenkliche Anlaß willkommen war. Anton Kuh hat sie in einem parodistischen «Veranstaltungs-Kalender», wie er jeweils am Wochenbeginn auf der Kulturseite des «Prager Tagblatts» erschien, durch die folgende fingierte Ankündigung gekennzeichnet:

«Donnerstag, 8 Uhr abend. Lese- und Redehalle liberaler Studenten.» (Die gab es wirklich.) «Lichtbildervortrag: Wer schläft mit Fräulein Bunzl? Anschließend Diskussion.» (...)

Jener anschließend diskutierte Lichtbildervortrag beschäftigte sich nicht zufällig mit einer Frage des Geschlechtsverkehrs, der in Prag mit dem gleichen Eifer und der gleichen Breitenwirkung betrieben wurde wie die Diskussion. Die beiden Tätigkeitsgebiete wiesen gewissermaßen verfließende Grenzen auf.

Friedrich Torberg

Café Continental · Begegnung mit Gustav Meyrink

Man saß im Café Continental, das eine der Hochburgen des Prager Deutschtums war; in einer Ecke des Schachzimmers war der Tisch für Meyrink und seine Gefolgschaft reserviert. Man sprach leise, sehr leise, man stellte sich ganz auf die ruhige, kaum hörbare Stimme des Meisters ein. Er war in jeder Hinsicht respektgebietender als wir, schon durch sein Alter, ferner durch sein schriftstellerisches Ansehen. (...)

Gesprächsthemen an Meyrinks Tisch waren: erstens dunkle Anspielungen auf gesellschaftliche Ereignisse, die ich nicht verstand und die irgendwie mit Meyrinks doch noch nicht ganz verschmerztem Unrechtleiden zusammenhingen – zweitens die eben im Simplicissimus erschienene Novelle Meyrinks und jene Geschichte, an der er unter eifrigen Quellenforschungen und Sachstudien gerade arbeitete. Wenn ihm irgendeine chemische Formel, eine mystische Terminologie oder ein als Motto zu verwendendes Notenbeispiel nicht greifbar war, wurde Kauder um Rat gefragt. Und immer wußte er sofort das gerade Erforderliche. Manchmal flüsterte Meyrink auch etwas aus der im Entstehen begriffenen Erzählung vor. Er nahm auch Einwendungen entgegen, und zwar immer äußerst höflich, dankbar, anerkennend gleichsam. Überhaupt war er in diesem Kreis ganz anders, als ich mir ihn nach seinem eisernen einsamen Einherschreiten auf dem Graben vorgestellt hatte. In seinen glänzenden blauen Augen, die groß und erstaunt blickten, tauchte zuweilen etwas Treuherziges, Warmes auf. In grenzenloser Verehrung für den im Grunde doch unerklärlich bleibenden, aus unsichtbaren Tiefen hervor schöpferischen Menschen erschrak ich über jedes Zeichen einer noch so bescheidenen Nähe, das er gab.

Max Brod (1884–1968)

Am Graben, Mai 1945

Obwohl er fieberte, fuhr Sellmann am Samstagmorgen in die Bank und saß bis zum Schalterschluß vor Amerys Heizofen. Der Regierungschef sollte seine Ermächtigung um dreizehn Uhr im Radio bekanntgeben, statt dessen schrie der Ansager: «Tod den Deutschen!» Als Sellmann ausgeschaltet hatte, öffnete er das Fenster zum Graben und sah einen Soldaten über den Damm laufen. Der Soldat stolperte in der Tramschiene und fiel aufs Gesicht. Nur das rechte Bein streckte sich, verschob die Hose und entblößte die weiße Wade. Die Straße blieb eine Weile leer, dann traten Männer aus den Häusern und gingen an dem Erschossenen vorüber. Sie waren den gestrigen sehr ähnlich, doch sie sprachen nicht miteinander, als hätten sie sich über ihr Ziel schon geeinigt. Eine Tram bremste vor dem Toten, der Fahrer und der Schaffner zerrten ihn an den Bordstein, und der Schaffner riß die Signalleine, nachdem er sich überzeugt hatte, daß niemand zugestiegen war. (...)

Während er über den Graben ging, blickte er in die Gesichter über den Zellwollmänteln: Schlosser nach der Frühschicht, die Haare noch naß und so straffgekämmt, daß die Kammzähne im Scheitel saßen, Untermieter aus den Vorstädten, Stammgäste der Stehbierhallen, verbitterte Angestellte, Eisenfresser in Zivil. Auch die jungen Frauen schienen verwandelt, begehrlich und schön in ihren hellen Regenhäuten, mit festen Beinen und freien Hälsen, ernste Katzen, die Pupillen nachtschattengroß. Es hörte sich albern an, wenn geschossen wurde, als striche jemand mit einer brennenden Zigarette über eine Reihe aufgeblasener Luftballons. Eine Dame bekam plötzlich eine Ohrfeige und bückte sich nach ihrem Hut. Sellmann fühlte, daß er sich unter Leuten bewegte, die ihm im Vorbeigehen einen Tritt geben konnten, ohne daß sich irgendwer darüber gewundert hätte. Er sah, wie ein Mann ein belegtes Brot aß, danach einen Stein in die Auslage einer Buchhandlung warf und anschließend auf die Normaluhr blickte, als wollte er sich vergewissern, daß er sein Rendezvous nicht versäumte. Aus den Fenstern der Podiebrad-Kaserne ragten die Läufe von Maschinengewehren. Statt in ein Auto würde man in eine Kugel rennen. An der Ecke der Tischlergasse führten zwei Weiber einen schmächtigen Verkäufer zwischen sich, dem sie ihre Netze über den Kopf gestülpt hatten. Sie drückten ihn mit den Henkeln in die Knie und zeigten ihn her wie einen gefangenen Hasen.

Manfred Bieler (geb. 1934)

Pulverturm

Aus der oberen Vorstadt lief ich
zu diesem Turm und begann Prag zu entdecken.
Ich betrat die alten Gäßchen,
und mir wurde bang.

Aus den Wirtsstuben klang Gläserklirren,
und die Liebe ließ ihre schäbigen Spitzen übers Pflaster
schleifen.
Ich aber eilte zum alten Ring
und weiter zum Fluß.

In der Weihnachtszeit war Markt auf dem Ring.
Abends zündeten die Verkäufer ihre Karbidlampen an,
die Orangen in ihren Strohkörben hatten sie zu
Pyramiden geschichtet,
wie Kanoniere ihre Kugeln neben die Geschütze schichten,
wenn die Schlacht bevorsteht.
Es war die unausschöpfliche Zeit jungenhafter Einsamkeit.

Einmal lächelte mich ein unbekanntes Mädchen an.
Es hatte eine abgebrochene Rose im Mund,
eine angewelkte,

und flüsterte mir etwas in die Augen.
Ich ergriff die Flucht, rannte durchs Turmtor,
und noch als ich daheim die Türklinke umklammert hielt,
schlug mein Herz laut.

Im Leben aber entging ich der Liebe nicht.
Unglückliche Rose! Sie verwelkte ohne mich.
Doch irgendwo dort hatte es begonnen.
Durch sie! Die Rose!

Jaroslav Seifert (1901–1986)

Porschitsch · Wo Kafka arbeitete

Unweit des Bahnhofs Prag-Mitte steht auf dem Poříč, einer breiten und sehr lebhaften Geschäftsstraße der Neustadt, das Prager zivile Exekutionsgericht, ein großes, ockergelbes, im bombastischen Gründerstil der Jahrhundertwende errichtetes Gebäude, wo sich früher, zur Zeit Österreichs, und später, in den Jahren der ersten Tschechoslowakischen Republik, die Amtsräume der «Arbeiterunfallversicherungsanstalt für das Königreich Böhmen» befanden.

Damals hatte das Haus am Poříč Nr. 7 ein reines, blankgescheuertes und mächtiges Aussehen. Die mit reichem Schnitzwerk und vergitterten Kristallscheiben verzierten zwei Tore waren schwarz poliert, die Fenster glänzten, das Stiegenhaus und die Gänge waren stets hell erleuchtet, bei dem großen breiten Lift stand ein weißhaariger Portier mit goldverbrämter Tellermütze und einem mächtigen Rübezahlbart. Das ganze Gebäude der Arbeiterunfallversicherungsanstalt war von einer solchen Macht und Würde erfüllt, daß die armen kranken oder verletzten Arbeiter und Arbeiterinnen, die hierher zur Verhandlung über einen Schadenersatz oder eine Pension vorgeladen wurden, gewöhnlich schon vor dem Portier mit dem Rübezahlbart ganz kleinlaut und verdattert dastanden. Die Beamten und Ärzte hatten dann mit den kleinen Leuten keine schwere Arbeit; beeindruckt von der Größe des Gebäudes und der Würde des Beamtenapparates, ließen sie sich gewöhnlich übervorteilen.

Aber das ist nun schon längst vorbei. Die Arbeiterunfallversicherungsanstalt ist in ein neues, größeres Gebäude am Kai übergesiedelt, wo die Vertreter der Arbeiter selbst den Gang der Dinge überwachen. Im Haus am Poříč Nr. 7 fand ihre Heimstätte eine Justizbehörde, die sich gewöhnlich nur mit der Eintreibung kleiner Schulden und Zahlungsrückstände befaßt. Man rechnet hier nicht mehr mit riesigen Gesamtsummen jahrelanger Renten und Pensionen, die von reichlich entlohnten Versicherungsmathematikern, Justitiaren und Ärzten verwaltet und dirigiert werden, sondern nur noch mit unbedeutenden, unangenehmen Kapitalsplittern, die von mäßig bezahlten Kanzlisten und Gerichtsvollziehern angefordert und eingetrieben werden. Das große Haus wird jetzt von kleinen unbegüterten Leuten bevölkert. Auch die äußere Erscheinung des Gebäudes hat sich verändert. Das Haus am Poříč Nr. 7 hat nicht mehr ein so reines, blankgescheuertes und würdiges Aussehen wie früher. Es ist alt geworden, grau und verfallen, ohne eigentlich irgendwelche Risse im Mauerwerk aufzuweisen.

Wie gesagt: Das Haus strahlt nicht mehr die frühere Würde und Macht aus, und doch bin ich jedesmal, wenn ich an ihm vorbeigehe, irgendwie bedrückt und gleichzeitig aufgewühlt. Der Anblick des Hauses schlägt mich in einen traumhaften Bann, in eine Art berauschter Abhängigkeit von vergangenen Tagen. Ich gehe wieder über hellerleuchtete Treppen und Gänge, klopfe an dunkle, mattpolierte Türen, trete in elegant eingerichtete Kanzleien mit runden Konferenztischen und ledernen Klubsesseln, höre Stimmen und sehe Gesichter, meinen Vater und Doktor Franz Kafka und viele, viele andere Menschen meiner Jugend.

Gustav Janouch (geb. 1903)

Porschitsch

Heute gleicht Prag einer gepreßten Blume
Und allen Städten
Allen Städten die du besucht hast allen Städten die du besuchen willst
Du kommst dir hier vor wie ein Fremder der gerade angekommen ist und ein Hotel sucht
Er sucht ein Hotel auf dem Porschitsch wo es Reste von Tingeltangeln gibt
Entgeistert sitzest du in einer Bierhalle als ob du tschechisch nicht verstündest
Worüber reden wohl diese zwei Trunkenbolde ohne Alter
Sie reden von dir
Aus welchem Land du gekommen bist
Sie reden
Als lerntest du eben ein interessantes ziemlich eigenartiges Volk kennen
Wie ein Blinder lernst du seine Sitten kennen
Ein wunderlicher Reisender der sich nach einer ausländischen Frau sehnt
Nach dieser einigermaßen ohne Geschmack gekleideten Frau oder Arbeiterin
Nostalgisch berührt vom Duft des unbekannten Rauchfleischs
Ein wunderlicher Reisender der die Reise unterbricht ohne zu wissen wo und warum
Ein wunderlicher Reisender der niemals Überfluß hat
Und vor dem sich anscheinend die Zeit gar nicht entsetzt
Der weiß Gott woher gekommen ist und plötzlich mit dem Regen davonfährt

Vítězlav Nezval (1900–1958)

Palais Přichovský (Deutsches Haus) · Komment bitte!

In der großen Schwemme des Deutschen Hauses (...) saßen die farbentragenden Korporationen, die Finkenschaften, die schlagenden und nichtschlagenden Verbindungen beim Frühschoppen. Der Urquell schäumte, die Wiener waren heiß, und der Kren war scharf. Epp, mit dem Band der liberalen Verbindung «Marcomannia», war eingetreten, geleitet von zwei Kommilitonen. (Das vornehme, streng feudale Korps «Carolingia» hatte sich seinerzeit vergeblich bemüht, ihn zu keilen.) Er ging nicht zu seinem Tisch, sondern näherte sich suchend dem Platz, den die katholische Verbindung «Guelfia» – violette Kappen, violett-gelbes Band – innehatte. Er hatte den Gesuchten, Jaques Dowidal, rasch gefunden.

Er ging stracks an ihn heran. Das war, selbst wenn man eine Kontrahage suchte, so ungewöhnlich, daß eine Stille eintrat. Noch einen Schritt näher; und leise, beinahe knirschend, aber doch vernehmlich in die Atempause hinein: «Judenjunge!» Bevor Jaques Dowidal aufspringen konnte, klatschten links und rechts zwei Ohrfeigen auf seine Wangen.

Schreie und ungeheurer Tumult. Schwarz und dunkelrot ist es vor Dowidals Augen. (...) Eine Sekunde lang hat er das Gefühl, zu stürzen und als stürze alles mit ihm, als fiele er zurück in jene Zeit, da er der kleine getretene Dowidl war in einem verwahrlosten Heim. Das Elternhaus, Einsamkeit und Hunger, der Sandhaufen auf dem Spielplatz, der Ringkampf, Epps Shatterhand-Hieb ... aber schon ist die Schwäche vorbei, schon holt – Bruchteil einer Sekunde – die Faust zum Schlage aus. Trainingsball und Boxstunde sind ihm gegenwärtig, Reiten, Schwimmen, Fechten, Vortanz auf dem Theatervereinsball, sein Wahlspruch fällt ihm ein: für jeden Schlag zwei, für zwei Schläge – es ist nicht auszurechnen, in der wievielten Potenz er heimzahlen wird.

Man wirft sich dazwischen. Man appelliert an akademische Form und Haltung. Komment bitte! Hier wird nicht geholzt. «Guelfia» stellt sofort zwei Sekundanten. Schwere Bedingungen. Dowidal will Pistolen. Man rät ab – das gibt leicht gerichtlichen Stunk. Man einigt sich auf schwere Säbel (Nummer 3), ganz leichte Bandagen. Termin wird noch festgesetzt. Verbeugung. Stille, Hacken schlagen. Epp mit Begleitung ab.

Im Korps «Carolingia» schmunzelt man. Schneidig angeritten, der Epp, gelernter Ulane. Schade, wäre Zierde des Korps geworden. Donnerwetter – das saß, das kommt von tief her. Weibersache? Aber die Freunde Epps sind erstaunt und bekümmert. Unfaßbar, diese antisemitische Entgleisung. Wie hatte ihm das einfallen können? Das war unvereinbar mit dem Liberalismus und dem Fortschritt, dessen Vorkämpfer Epps Vater war und zu dem auch er sich bekannte. Das war ein böser Rückfall. Jede Beleidigung, jede Provokation war zulässig, nur gerade *diese* Beschimpfung nicht, die keine war.

Hans Natonek (1892–1963)

Hybernergasse / Café Arco · Bissiges

Dort in Prag, wo neukatholsche Christen
heimisch sind, teils aber Pantheisten,
hingeschwellt am Tag,
dort ertönt manch morgendlicher Triller
aus der Jugendbrust des andern Schiller;
ausgerechnet das geschieht in Prag.

Aus dem Orkus in das Grenzenlose
wird gewendet eine alte Hose,
was Ergetzung schafft.
Der dort schaukelt auf der Morgenröte,
der hier hat den Ton des alten Goethe;
denn Gewure heißt auf deutsch die Kraft.

Aber besser noch sind zwo Gewuren,
denn das zeucht dann hin wie Dioskuren,
was nur mich nicht freut,
unterscheid' ich unbeirrter Mahner
junge Prager, alte Weimaraner;
doch Talent hat schließlich jeder heut.

Wer im Himmel oder unberufen
gar an des Olympus heiligen Stufen
wie das Kind im Haus,
morgen hat er wieder andre Sorgen,
etwa zwischen Hölty und Laforgen
kennt er sich mit jeder Note aus.

Wer entzückt im Flügelkleide wandelt
oder andrer Art mit Büchern handelt,
Gott gefallen mag.
Die hier gehn nur – merkt auf das Exempel –
nebst der Kirche in den Sonnentempel
und erscheinen auch im «Jüngsten Tag».

Reingebadet in entlieh'nen Lenzen,
läßt der Seele Überschwang nicht Grenzen
fremdem Element.
Heute ist sie à la Rimbaud tropisch,
morgen schlicht kopiert sie schon den Kopisch,
hat ein ausgesprochenes Formtalent.

Solchem Wesenswandel wehrt kein Veto,
hin zu Goethen geht es aus dem Ghetto
in der Zeilen Lauf,
aus dem Orkus in das Café Arco,
dorten, Freunde, liegt der Nachruhm, stark o
liegt er dort am jüngsten Tage auf.

Karl Kraus (1874–1936)

Wassergasse · Die beste Sachertorte

Damit sind wir bei der letzten Kategorie der Alt-Prager kulinarischen Kostbarkeiten gelandet: bei den Zuckerbäkkern. Denn unweit von Herrn Koula und seinen Kugelwürstchen stand man wiederum Schlange – diesmal vor dem Geschäft eines Herrn Toman, dessen Produkte ebenfalls in der Stadt als einzigartig galten. Wir Kinder nannten sie «Tomanky». Und man brauchte gar nicht hinzusehen, um herauszufinden, worauf man auch hier so geduldig wartete: in die Nase stieg einem das wunderbar gemischte Aroma von Mandeln, kandierten Früchten, Marzipan, Schokolade, Kokosmehl, Zucker und weiteren leckeren Dingen, die hier zu kleinen Wunderwerken verarbeitet wurden – zu des Herrn Toman ganz besonders feinem, luxuriösen Teegebäck. Auch bei der Haute Volée, sowohl der tschechischen wie der deutschen, galten die gar nicht billigen «Tomanky» als etwas Unübertreffliches.

Auch die anderen Zuckerbäcker Prags waren ein Kapitel für sich. «Die beste Sachertorte kommt gar nicht von Sacher, sondern vom Berger», erklärte mir meine Tante Elsa kategorisch. Und der naschhafte Lokalpatriotismus ging noch weiter. «Kam se hrabe Zauner na našeho Myšáka», hieß es, als jemand den im ganzen alten Österreich berühmten Ischler Konditor erwähnte – «mit unserem Myšák kann man einen Zauner gar nicht vergleichen.»

Berger mit seinen schweren Buttercremetorten und Myšák mit seinen Baisers konkurrierten stark miteinander; ihre jeweiligen Etablissements lagen einander schräg gegenüber in der Wassergasse, und am Vor- und Nachmittag waren die Cafélokale über den zwei Zuckerbäckerläden stets bummvoll mit wohlbeleibten Damen, die dort vom Einkaufen verschnauften und unter deren Gewicht die feinen Sesselchen – bei Berger im Stil von Louis XV und bei Myšák Chinoiserie – zusammenzubrechen drohten. Niemand schien damals um die schlanke Linie besorgt zu sein, und auf den Kaffees schwammen Schlagsahne-Hügel und auf den Tellerchen daneben häuften sich die Süßigkeiten.

Der dritte «große» Zuckerbäcker, Štěrba, hatte einen ebenso schönen Laden am unteren Wenzelsplatz und eine Filiale am Bergstein. Auch dort gab es feinste Torten, aber mit dem Wenzelplatz-Café im ersten Stock, mit dem Doppelblick auf die Kirche von Maria-Schnee und auf die Prager Hauptverkehrsader, hatte es seine besondere Bewandtnis: an mehreren Tischchen saßen dort regelmäßig junge, aufgeputzte Frauen einsam und allein, bis sie diskret von Herren, die zunächst irgendwo nebenan Platz genommen hatten, angesprochen und «engagiert» wurden. «Setz dich nicht zum Štěrba», warnten die Mütter ihre Teenager. «Dort könntest du Unannehmlichkeiten haben.»

Bedřich Rohan (geb. 19??)

Café Slavia · Angelegenheiten der Nation

Nächtelang saß er jetzt schweigend an dem Stammtisch des Nationalcafés, an welchem Männer verkehrten, die älter und ernster waren als er und von denen er glaubte, daß sie an der Spitze des Volkes ständen. Es waren Dichter und Maler, Schauspieler und Studenten. Sie hatten alle etwas in ihrem Gehaben, was ihn früher stark abgestoßen hatte, allein er suchte sich daran zu gewöhnen. Nach dem Theater fanden sie sich müde und mürrisch zusammen, und wenn sie sich begrüßten, lächelten sie einander mitleidig zu. In ihren Kleidern war entweder etwas übertrieben Vornehmes oder eine grobe Vernachlässigung zu bemerken, und man konnte auf den ersten Blick schwer erkennen, was sie vereinte. Erst einige Gläser Tschaj oder Budweiser Bieres machten begreiflich, daß die Ähnlichkeit in den großen Worten liege, welche immer zahlreicher und ungestümer von ihren Lippen kamen, je später es wurde. Ein Unterschied blieb allerdings noch darin bestehen, daß die in den modernen Kleidern ihre Worte gleichsam nur vor sich auf den Tisch legten mit der Warnung: nicht anrühren, während die anderen sie einfach in die Luft warfen, gleichviel wen sie treffen mochten. Da hörte nun Wanka die Angelegenheiten der «Nation» verhandeln, er erfuhr zum erstenmal von ihrer Bedrängnis und Not, von ihrer stillen und innigen Sehnsucht. Eine Beschämung überfiel ihn plötzlich wie einen Lachenden, der erfährt, daß ein Toter im Hause sei, und er dachte darüber nach, wie es denn geschehen konnte, daß er von all diesem Drückenden gar nichts gemerkt hatte alle Jahre lang. Er dürstete, recht viel davon zu erfahren, aber wenn er sich den Männern wieder zuwandte, entdeckte er, daß sie ganz in demselben Tone längst von anderen Dingen sprachen, von der Kunst und ähnlichem. Und er sah mit einemmale, daß ihre Begeisterung nichts als Heftigkeit war, und daß sie nichts Gemeinsames besaßen als ihre Einbildung.

Rainer Maria Rilke (1875–1926)

Der Wenzelsplatz einst und jetzt

[Auch schon 1870 standen] zu beiden Seiten viele dreistöckige Häuser, aber sie lösten sich mit niedrigen zweistöckigen ab, und so bot der Platz einen freieren, klareren Anblick. Die Luft über ihm wehte frisch, die Sonne übergoß ihn auf ihrer Bahn mit ihren Strahlen. Oben schlossen ihn die Festungsmauern ab, von denen Prag zu jener Zeit noch umfriedet war. In der Mauer war das Roßtor für Fuhrwerke und für große Truppenteile. Es wurde von einem mächtigen Gewölbe bogenförmig überdacht und führte dann in einer Biegung nach links, einerseites zur Landstraße nach Kutná Hora, anderseits zur Straße nach Černý Kostelec.

Die Fußgänger mieden das große Roßtor. Darin war es

dunkel, und das Pflaster war sehr oft glitschig vom Straßenschlamm. Kein Sonnenstrahl drang dort hinein. Es war sehr unangenehm, ja gefährlich, in der dunklen Durchfahrt, die mehr einem Tunnel glich denn einem Tor, Fuhrwerken zu begegnen. Den Fußgängern diente ein viel schmaleres und kürzeres kleineres Tor.

Über den beiden Toren konnte man auf der Festungsmauer oder der Bastei, wie die Prager das nannten, schöne Spaziergänge unternehmen, und gerade von dort bot sich zu jeder Tageszeit ein hinreißender Blick auf den Wenzelsplatz, besonders jedoch abends, wenn an beiden Seiten des Platzes die Gaslaternen brannten und in der Mitte eine Reihe von Kandelabern. In der rechten Ecke ragte bereits das Sommertheater auf den Schanzen auf, auch Arena genannt.

Diese Schanzen schlossen nicht nur den Wenzelsplatz oben ab, sondern Prag überhaupt. Hinter dem Tor war nicht mehr Prag, es gab noch nicht einmal die Königlichen Weinberge in der heutigen Gestalt. Der Ortsteil Vinohrady war erst im Entstehen begriffen. Trat man aus dem Tor, war man auf dem Lande. Hinter dem Graben unterhalb der Schanzen breiteten sich Getreidefelder aus.

Der Platz selber war ein freier Raum. Es war keine seltene Erscheinung, daß im oberen Teil am Ende der Ferien kleine Jungen ihre Drachen steigen ließen, daß sie dort mit Bohnen als Murmeln spielten. Sie fanden immer noch Zeit genug, auszureißen, wenn sich drohend ein k. u. k. Polizist mit Roßhaarbusch auf dem Hut nahte.

Auf dem Platz gab es noch längst keine Tramways oder Pferdebahnen. Ja, niemand war in Gefahr, von einem ländlichen Fuhrwerk, einer herrschaftlichen Kutsche oder einer Droschke überfahren zu werden. Immer gab es Zeit und Raum genug zum Ausweichen.

Eine schöne Zierde des Wenzelsplatzes waren seine Brunnen, wenn ich nicht irre, insgesamt drei. Der erste stand unten oberhalb des Brückls, der zweite zwischen der

Jindrišská- und der Vodičková-Gasse und der dritte oberhalb der Marianská-Gasse. Und dort stand auch ein kunstloses Reiterstandbild des heiligen Wenzel. Diese Brunnen verwandelten sich zu besonderen Feiertagen in Springbrunnen oder Wasserkünste. Dies geschah zu Sankt Nepomuk und auch Fronleichnam. Dann sprudelten die Wasserstrahlen, statt durch kurze Röhren unmittelbar ins Bassin, nach oben. Außerdem waren die Brunnen mit frischem Birkengrün und anderen Zweigen geschmückt.

Die Frequenz auf dem damaligen Wenzelsplatz war gering. Auf der Fahrbahn standen im Schatten einige Droschken. Manchmal stand auch quer auf dem Platz ein Fuhrwerk ohne Pferde. Wer weiß, wie lange es schon dastand, es war niemandem hinderlich. Um die Brunnen scharten sich die Prager Lohndiener mit ihren zweirädrigen Karren – auch sie waren niemandem hinderlich. Am Platz gab es einige Einkehrgasthäuser, wo die Fuhrleute vom Lande abstiegen, die bis in die siebziger Jahre den Speditеurdienst, die Verbindung mit Prag versahen. Denn auch nach dem Bau der ersten Eisenbahnen in Böhmen blühte noch lange das Fuhrmannsgewerbe. Der größte Teil des flachen Landes war ohne Bahnverbindung. So brachte also das Land seine Erzeugnisse mit Hilfe der zuverlässigen Fuhrleute nach Prag und umgekehrt. Es blühten und gediehen die Einkehrgasthäuser und Brauhäuser, von welch letzteren es auch etliche am Wenzelsplatz gab. Der lebhafteste Handelsverkehr herrschte im unteren Teil des Platzes, je höher man kam, um so lebloser wurde es – hier war ja auch Prag zu Ende. Auch keine großen Promenaden gab es in jenen Jahren auf dem Wenzelsplatz. Wer die «Leute, die Welt» sehen, wer neue Kleider zeigen wollte, mit einem Wort – wer auch nur ein bißchen den Stutzer oder die elegante Dame herauskehren wollte, der strebte zum Graben, in die Obst- oder die Ferdinandstraße. Dort sah er die «Prager Welt», und dort wurde er gesehen.

Dafür aber war der Wenzelsplatz für etwas andres gut:

für große pompöse Begräbniszüge. Wer auch nur ein bißchen auf seine Reputation bedacht war, der wünschte über den Roßmarkt nach Volšany gefahren zu werden, natürlich mit Musik. Und dann zog der Trauerzug mit einer Reihe von Droschken und Fiakern von unten nach oben, unter den Klängen eines Trauermarsches, und keiner der Passanten versäumte es, dem Leichenwagen nachzuschauen, wo ein Stück schwarze Wachsleinwand mit einer weißen Aufschrift hing, die Namen, Stand und Alter des Verstorbenen anzeigte. Der Tote hatte freilich nichts davon, aber die Zuschauer sagten gerührt: Ist das aber ein schönes Begräbnis!

Ignát Herrmann (1854–1935)

Wenzelsplatz · Zentrum des modernen Prag

Václavské náměsti [Wenzelsplatz], Národní třída [Nationalstraße], Na přikopě [Am Graben] sind die Stichworte für das moderne Prager Zentrum. Hier sind die großen Geschäfte und Kaufhäuser, die mondänen Hotels, die Cafés, Bars und Nachtlokale – das, was für Berlin Kurfürstendamm und Tauentzien waren. Auch die Bauten stammen aus derselben Zeit: Gründerjahre und Jugendstil. Nur ist dieses Prager Zentrum im Gegensatz zu Berlin aus dem letzten Krieg verhältnismäßig unzerstört hervorgegangen, und in Stimmung und Kolorit ist es eben *Prag* und nicht Berlin. Was Prag eigentlich ist, läßt sich kaum definieren. Man ist geneigt, Prag die Summe des Abendlandes zu nennen. Hier geben sich Paris, Wien, Berlin ein Stelldichein mit allerlei Zutaten, die diese Städte nicht mehr prägen, die nur noch rudimentär hier und da auftauchen; in Prag aber sind sie durchaus lebendig. Gleichzeitig wirkt die Moderne mit amerikanischen und sowjetischen Einflüssen auf das eingesessene Pragertum. Seine Stärke ist seit eh und je gewesen, ohne ein Tüpfelchen seiner Eigenart aufzugeben, sich freundlich-verschmitzt einzuverleiben, was von dem von außen Kommenden sich als praktisch, brauchbar und kommod erwies. Beispielsweise die Selbstbedienungsläden, die Imbißstuben, die Cafeterias, die die altmodischen Caféhäuser – das «Slavia» oder den Mánes-Turm – mit dem schwarzen Kaffee nach türkischer Art nicht überflüssig machen. Prag kann mehr verkraften als andere Städte. Das Gebiet Wenzelsplatz-Graben-Nationalstraße umfaßt gut und gern sechzig Jahre, wenn nicht mehr, europäischer Zivilisation, wobei die Leute, die sich diese Zivilisation zu eigen gemacht haben, sich völlig sicher innerhalb der divergierenden Tendenzen dieser sechzig Jahre bewegen, mit einer Selbstverständlichkeit, die verwirrt und erleichtert. Sie verwirrt, weil man selber nicht so unbefangen Lebensformen der Vergangenheit mit denen der Gegenwart unter einen Hut bringen kann, sie erleichtert, weil die Prager es ohne Anstrengung, unreflektiert, können.

Heddy Pross-Weerth (geb. 1917)

Mariengasse · Das Haus der Werfels

Die kleinen, gelben, quadratischen Steine des Trottoirs stießen mit abgeschrägten Kanten aneinander, und wenn man die Zwinge des Spazierstocks – welcher Junge wäre damals ohne Spazierstock gegangen? – schleifen ließ, gab das einen prächtigen Lärm, den man sogar melodisch abstufen konnte. Zwischen Trottoir und Fahrbahn breitete sich eine Art Allee mit Bäumen und Bänken. Auf den Bänken saß man rittlings und spielte ein Spiel mit Kieselsteinen, das fast so schwer zu erklären wie zu spielen ist und seine Virtuosen hatte. Die Fahrbahn war schlecht gepflastert, vier Wagen hätten bequem nebeneinander Platz gehabt, zum Glück war es kaum einer in der Stunde, denn noch gab es keine Autos.

Nur die eine Seite der Mariengasse war von Häusern gesäumt, gleichgültigen Bürgerhäusern, zwei oder drei Stockwerke hoch und zumeist im schlechten Stil der Achtzigerjahre gebaut, bis auf das Palais der Barone Ringhofer etwa, das nur ein Stockwerk hatte und dessen Vornehmheit durch einen livrierten Türsteher in langem Mantel und mit großem Stock betont wurde. Jedes dieser häßlichen Bürgerhäuser war dennoch für den Bewohner der Straße etwas Lebendiges, noch heute erinnert sich der Überlebende nicht an die Hausnummern, sondern berechnet: «Neben uns wohnte der Kohlenhändler, dann kam das Haus von Werfels, dann das Umrath'sche Haus, dann Ringhofer...»

Denn man muß nicht länger verschweigen, daß diese sensationelle Szenerie in Prag zu suchen ist und «das Haus von Werfels», Mariengasse 41, das Haus war, in dem Franz Werfel seine Jugendjahre verbrachte.

Trotzdem soll durchaus nicht versucht werden, Erinnerungen an Werfel aufzutischen, sie sind allzu dürftig. Zwischen unseren Häusern – das «unseren» ist eine Hochstapelei, denn Werfels besaßen das Haus, in dem sie wohnten, während der melancholisch Rückblickende nur in einer Mietwohnung des Hauses Nummer 45 zum Feuilletonisten heranwuchs – war lediglich das Haus des erwähnten Kohlenhändlers, zu meiner Zeit bereits Altkohlenhändler, denn nur die schöne schwarze Glastafel mit den gekreuzten Hämmern rechts und links vom Namen zeugte von entschwundener Pracht, der Händler selbst aber stand mit weißem Bart und weißem Spitz müßig vor seinem Haus, und er und seine Frau waren zu den wimmelnden Kindern so nett, wie es nur kinderlose Ehepaare sein können, die ja Kinder im allgemeinen mehr von den besseren Seiten her kennen.

N. O. Scarpi (1888–1980)

Stadtpark

Der Stadtpark war von drei Alleen durchzogen, von der oberen, der unteren und der breiten mittleren. In die obere Allee – sie war neben dem Bahnhof gelegen – ging man nur, um Abwechslung zu suchen, und immer geschah es, daß man sie bald verließ. Die obere Allee wurde von Menschen passiert, die den Stadtpark nur als Durchgangsort benutzten, und es war, als würde, mit den Paketen, die sie trugen, mit dem Strohgepäck der Frauen und den schwarzen Holzkoffern der Soldaten, der Geruch des Eisenbahncoupés, der Geruch von Ruß und Orangenschalen bis an die freie Luft getragen. Hier saß auf seiner Bank der Mann mit dem hölzernen Bein. Die Welt seiner Finsternisse, der Schreckensbilder von Spital und Nachtquartier, hatte ihn so sehr in ihren Bann gezogen, daß man ihn immer wieder nur hieher kommen sah, nur zu dem muffigen oberen Weg, nicht in die lichteren Bezirke des unteren Weges und der Hauptallee.

Der untere Weg war immer menschenleer. Man suchte ihn sehr gerne auf, und am Anfang des Spazierganges bogen die Kinder ab, um die Fräulein unbemerkt dahin zu leiten. Der Weg war geschlängelt und mit der Ordnung der Gebüsche an der Seite – im Winter ein dicht verfilztes Ästewerk – gab er immer wieder einen überraschenden Aspekt. War es Renato gelungen, Marianne zum Lachen zu bringen – mit einer unglaubwürdig einfachen Bemerkung konnte das geschehen, wie etwa: «Schau dort in der Gasse der Mann mit seinem Bart!» – dann konnte er hoffen, der ganze Spaziergang werde so verlaufen.

Der untere Weg wurde aber auch knapp vor dem Nachhausegehen aufgesucht. Man war daran, den Stadtpark zu verlassen, aber im letzten Augenblick schienen sich die Gouvernanten zu besinnen und sagten: «Wir gehen noch einmal den unteren Weg.» Um diese Zeit war in der angrenzenden Mariengasse ein oder das andere Fenster schon erleuchtet und fuhr dort ein vereinzeltes Gefährt vorbei, so schien mit dem Aufschlagen der Hufe und dem Rattern des Wagens auf seiner Fahrt über das schlechte Pflaster die Stille um so deutlicher zu werden, aus der das Geräusch heraufkam und in der es sich wieder verlor.

Herrmann Grab (1903–1949)

Hauptbahnhof

Die Bahnhofsuhr schlug, es war dreiviertel sechs. Raban blieb stehn, weil er Herzklopfen verspürte, dann ging er rasch den Parkteich entlang, kam in einen schmalen, schlecht beleuchteten Weg zwischen großen Sträuchern, stürzte in einen Platz, auf dem viele leere Bänke an Bäumchen gelehnt standen, lief dann langsamer durch eine Öffnung im Gitter auf die Straße, durchquerte sie, sprang in die Bahnhofstüre, fand den Schalter nach einem Weilchen und mußte ein wenig an den Blechverschluß klopfen. Dann sah der Beamte heraus, sagte, es sei doch höchste Zeit, nahm die Banknote und warf laut die verlangte Karte und kleines Geld auf das Brett. Nun wollte Raban rasch nachrechnen, da er dachte, er müsse mehr herausbekommen, aber ein Diener, der in der Nähe ging, trieb ihn durch eine gläserne Tür auf den Bahnsteig.

Franz Kafka (1883–1924)

Hauptbahnhof (früher Wilson-Bahnhof) · Nicht abgeholt

In Prag gibt es zwei Bahnhöfe, den Masaryk- und den Wilson-Bahnhof.

Ich gastierte in Prag an der Oper und ging an einem freien Abend zu meinem lieben Freunde Vlasta. Da begrüßte er mich, selbstverständlich in tschechischer Sprache, und sagte mir: «Lieber Herr Kammersänger, ich habe gehört, daß Sie in vierzehn Tagen wieder nach diesem Amerika fahren. Tun Sie mir den Gefallen und grüßen Sie mir den Wilson. Sagen Sie ihm, er habe hier in Prag seinen Bahnhof vergessen, er möge ihn doch abholen lassen, weil er uns im Weg steht.»

Ich versprach es ihm, hatte aber keinen Erfolg, denn der Bahnhof steht heute noch dort.

Leo Slezak (1873–1946)

Wirtshaus Zum Kelch · Polizeispitzel

Im Wirtshaus «Zum Kelch» saß ein einsamer Gast. Es war der Zivilpolizist Bretschneider, der im Dienste der Staatspolizei stand. Der Wirt Palivec spülte die Tassen ab, und Bretschneider bemühte sich vergeblich, mit ihm ein ernstes Gespräch anzuknüpfen.

Palivec war als ordinärer Mensch bekannt, jedes zweite Wort von ihm war Dreck oder Hintern. Dabei war er aber belesen und verwies jedermann darauf, was Victor Hugo in seiner Schilderung der Antwort der alten Garde Napoleons an die Engländer in der Schlacht von Waterloo über dieses Thema schreibt.

«Einen feinen Sommer ham wir», knüpfte Bretschneider sein ernstes Gespräch an.

«Steht alles für einen Dreck», antwortete Palivec, die Tassen in den Speiseschrank einordnend.

«Die haben uns in Sarajewo was Schönes eingebrockt», ließ sich mit schwacher Hoffnung wieder Bretschneider vernehmen.

«In welchem Sarajewo?» fragte Palivec. «In der Nusler Weinstube? Dort rauft man sich jeden Tag. Sie wissen ja, Nusle!»

«Im bosnischen Sarajewo, Herr Wirt, man hat dort den Herrn Erzherzog Ferdinand erschossen. Was sagen Sie dazu?»

«Ich misch mich in solche Sachen nicht hinein. Damit kann mich jeder im Arsch lecken», antwortete höflich Herr Palivec und zündete sich seine Pfeife an. «Sich heutzutage in so was hineinmischen, das kann jeden den Kopf kosten. Ich bin Gewerbetreibender, wenn jemand kommt und sich ein Bier bestellt, schenk ichs ihm ein. Aber so ein Sarajewo, Politik oder der selige Erzherzog, das ist nix für uns. Draus schaut nix heraus als Pankrác.»

Bretschneider verstummte und blickte enttäuscht in der leeren Gaststube umher.

«Da ist mal ein Bild vom Kaiser gehangen», ließ er sich nach einer Weile von neuem vernehmen. «Gerade dort, wo jetzt der Spiegel hängt.»

«Ja, da ham Sie recht», antwortete Herr Palivec. «Er is dort gehangen, und die Fliegen ham auf ihn geschissen, so hab ich ihn auf den Boden gegeben. Sie wissen ja, jemand könnt sich irgendeine Bemerkung erlauben, und man könnt davon noch Unannehmlichkeiten haben. Hab ich das nötig?»

«In Sarajewo hat es aber bös aussehn müssen, Herr Wirt.»

Auf diese heimtückische direkte Frage antwortete Herr Palivec ungewöhnlich vorsichtig:

«Um diese Zeit is es in Bosnien verflucht heiß. Wie ich gedient hab, mußten wir unserm Oberlajtnant Eis aufn Kopf geben.»

«Bei welchem Regiment haben Sie gedient, Herr Wirt?»

«An solche Kleinigkeiten erinner ich mich nicht, ich hab mich nie um so einen Dreck gekümmert und war auch nie drauf neugierig», antwortete Herr Palivec, «allzu große Neugier schadet».

Der Zivilpolizist Bretschneider verstummte endgültig, und sein betrübter Ausdruck heiterte sich erst bei der Ankunft Schwejks auf, der bei seinem Eintritt in das Wirtshaus ein schwarzes Bier mit folgender Bemerkung bestellte: «In Wien ham sie heut auch Trauer.»

Bretschneiders Augen leuchteten voller Hoffnung auf. Er sagte kurz:

«Auf Konopischt hängen zehn schwarze Fahnen.»

«Es sollten zwölf dort sein», sagte Schwejk nach einem Schluck.

«Warum meinen Sie zwölf?» fragte Bretschneider.

«Damits eine runde Zahl gibt. Aufs Dutzend rechnet sichs besser, und im Dutzend kommt auch alles billiger», antwortete Schwejk.

Jaroslav Hašek (1883–1923)

Karlsplatz · Altes Nachtlokal

Das heute nicht mehr existierende und schon fast ganz in Vergessenheit geratene Altprager Nachtlokal «U techniky» («Zur Technik») befand sich im Hochparterre eines alten, unansehnlichen Hauses neben dem großen würdigen Backsteingebäude der Technischen Hochschule am Karlsplatz. Das Nachtlokal benützte als Firma den Namen seines soliden Nachbargebäudes, ohne ihm, außer der räumlichen Nähe, nur im geringsten nahezukommen. Im Gegenteil: Die Atmosphäre dieses unmodernen und damals vor Jahren schon langsam verfallenden Nachtlokals war dem Geiste und der Bedeutung des Namens der benachbarten modernen Gedankenwerkstatt vollkommen fremd. Das Nachtlokal «Technik» ging nicht so wie die Technische Hochschule mit der Zeit. Es war zurückgeblieben. Es hatte sich nicht der neuen Ausstattungstechnik der brutal aufstrebenden neuen Vergnügungsindustrie angepaßt, die sich damals nach dem ersten Weltkriege auf dem sumpfigen Boden einer hektisch auflodernden Industrie- und Handelskonjunktur in Prag sowie in allen anderen großen Städten

Europas mit schreienden Lichtreklamen und blöckenden Saxophonen rücksichtslos breit machte. Das alte Nachtlokal auf dem Karlsplatz hatte nicht das damals übliche Barpult mit hohen vergoldeten Stühlen davor, sondern nur einen ganz gewöhnlichen Bierausschank neben der Küche, die dem Wirt gleichzeitig als Büroraum diente. Davor war das sogenannte «große Lokal», ein rechteckiger, ständig verrauchter und doch leer und kahl wirkender Raum, der mehr an den ungeheizten Wartesaal eines Provinzbahnhofes als an ein großstädtisches Unterhaltungsunternehmen erinnerte. Das Lokal bot einen beträchtlich schlampigen Anblick, den die gehäkelten, schmutzig-verwaschenen gelben Vorhänge der drei hohen Fenster nur noch verstärkten. Neben ihnen wirkten die bis zur rauchgrauen Decke mit einem rosa und mimosengrünen Ornament bedeckten Wände wie schäbige Kulissen eines kleinen Vorstadttheaters, wo dem armen Publikum keine großen Dramen und Opern, ja nicht einmal elegant-servierte Operetten, sondern nur noch die vom reichgedeckten Tisch der Kultur längst in den Staub des Vergessens herabgefallenen alten Rührstücke und derben Possen mit Gesang und Tanz geboten wurden.

Und wie der Raum, so waren auch die Menschen. In dem alten Nachtlokal am Karlsplatz gab es kein elegantes, in Frack und blendend weiße Wäsche gekleidetes Personal. Die Kellner hatten dunkle Hosen, Gummikragen mit speckigen, stabil genähten schwarzen Schleifen und weiße, grobleinene Jacken, wie sie im Sommer in den kleinen Gartenrestaurants die alten, von Krampfadern geplagten Aushilfskellner tragen. Die vier Musiker, die hier von acht Uhr abends bis drei Uhr früh Klavier, Geige, Akkordeon und Cello spielten, waren, mit den Kellnern verglichen, noch ungemein elegant, da sie bessere, gewöhnlich als Sonn- und Feiertagsstaat dienende Anzüge anhatten. Dadurch wurden sie der äußeren Erscheinung nach nicht nur den Kellnern, sondern auch dem zahlreichen Publikum übergeordnet, das sich hier nur in seiner Arbeitskleidung zusammenfand. Denn der Besuch der «Technika», wie das alte Nachtlokal kurz genannt wurde, war keine feiertägliche Angelegenheit. Das war etwas ganz Alltägliches: der Schlußpunkt nach einer Biersitzung, der Epilog einer Kartenpartie, ein verstohlener Seitensprung aus dem Nachtdienst, die Zwischenstation eines plötzlich improvisierten Bummels, der im grauen Alltag begonnen hatte, um darin auch wieder dort zu enden.

Ja, das alte Prager Nachtlokal «Technika» war nur ein verrostetes, von verschiedenem Bierunkraut umwuchertes Nebengeleise der Wochentage, das die verschiedenen kleinen Leute ab und zu benützten, um sich mit den geringen Mitteln, die sie besaßen, wenigstens während einiger flüchtiger Nachtstunden ein Leben in Saus und Braus vorzutäuschen. Darum erschienen mir auch damals, als ich mit Sauer durch das von Rauch und Stimmengewirr erfüllte «große Lokal» schritt, alle die Männer und Frauen an den kleinen runden Marmortischen wie eine lärmende, sich krampfhaft lustig gebärdende Ausflugsgesellschaft, die ein plötzlich hereinbrechender Regensturm in den kahlen Tanzsaal eines kleinen Dorfgasthauses getrieben hatte. Nun saßen sie in zerknüllten Kleidern da, aßen Speck, belegte Brote, Schinken und Eier, tranken Bier, Kaffee und Wein, sangen alte Volkslieder und neue Gassenhauer, schwatzten und lachten, putzten sich die Nase, stocherten in den Zähnen herum und warteten, warteten auf einen Tropfen Sonne, auf ein ganz klein wenig Licht, dieweil hinter den verqualmten Wirtshausfenstern die schieferbraune Nacht tiefer und tiefer wurde.

Gustav Janouch (geb. 1903)

Baumgarten · Sonntagsvergnügen

Aber kein einziges dieser weitläufigen Parkgelände hat mich jemals so entzückt, wie unser alter lieber «Baumgarten». Viele Fremde sagen das gleiche, so brauche ich nicht zu fürchten, daß mein Urteil einer beschränkten Heimatsvorliebe zur Last gelegt wird. Der Baumgarten also ist schöner als alle Großparke der mitteleuropäischen Weltstädte. Auch er ist ein Riese an Ausdehnung, hat Wirtschaften, Teiche und Wasserkünste innerhalb seines Bezirkes, besitzt greise Bäume und saftige Rasenflächen, dankt seine Entstehung der Jagdliebhaberei eines Herrschers und ward durch kaiserliche Gnade zum Gemeingut der Bürgerschaft. Und doch ist unser Baumgarten anders, ganz anders wie die andern grünen Lustreviere, wie überhaupt alle Prager Gärten ihre eigene, besondere Note besitzen.

Als meine Vaterstadt noch nicht so ausgewachsen war und nur zögernd über das linke Moldauufer herübergriff, lag der Baumgarten weit weg von Prag; da gab es noch Einsamkeit auf seinen breiten verschlungenen Wegen, und im Schatten der hundertjährigen Linden und Rieseneichen träumte die Schwermut. Damals schmiegte sich nur das Örtchen Bubenč an die Mauern des «Königlichen Tiergartens», sonst gab es weder Hof noch Haus in der Nähe. Jetzt freilich ist die Stadt bis dicht an unsern Baumpark herangerückt, auf drei Seiten hält sie ihn eng in ihren steinernen Armen, die «Elektrische» hat ihre Eisenschienen bis tief in sein entheiligtes Bereich geschoben, aber er ist schön geblieben trotz alledem. Seit 1804, also schon über ein Jahrhundert, stehen die Tore des Baumgartens offen; damals hat Kaiser Franz I. diesen Wildpark den böhmischen Landständen geschenkt und er ist heute noch Eigentum des Landes Böhmen.

In meiner Kinderzeit war ein «Ausflug» nach dem Baumgarten ein besonderes Sonntagsvergnügen; damals gab es dort noch Getreidefelder und Kartoffeläcker. Ein Meierhof, wo man wundervolle kuhwarme Milch zu trinken bekam, galt als besonderer Anziehungspunkt. Natürlich war auch schon die «große Restauration» da mit dem Genußplatz und der Nobelallee. Und die Militärkonzerte am Sonntag und Donnerstag versammelten ganz Prag unter die schattigen Kastanienbäume.

Worin beruht nun der Reiz und die besondere Anziehungskraft des Baumgartens? In der ungewöhnlichen Art, wie sich hier Kunst und Natur verbunden hat. Kaiser Rudolf, jener unglückliche Herrscher, unter dessen Szepter der dreißigjährige Krieg ausgebrochen ist, hat diesen Park, wie alles, was er von seinen Vorgängern an Krongut ererbt, mit eigenem künstlerischem Geist erfüllt, denn er war eine schönheitstrunkene Künstlernatur und sein ganzes Wesen und sein Schicksal erinnert an den schwermütigen König Ludwig von Bayern. Der Kaiser ließ einen Stollen durch den Sommerberg schlagen, das felsige Belvedereplateau durchstechen – ein für die damalige Zeit selten kühnes Unternehmen der Technik – und setzte so weite Strecken des Tiergartens unter Wasser. Auf einem Hügel wurde ein Jagdschlößchen erbaut, das später dem jeweiligen Statthalter von Böhmen zum Sommeraufenthalte diente; Wildgänse und Wasserreiher wurden im Waldgehege angesiedelt; eine neue, völlig veränderte Landschaft entstand und das jetzige Eichenwäldchen ragte als kleine Insel aus den schilfumränderten Fluten eines mächtigen Teiches empor. Der große Teich ist nun längst wieder verschwunden, ein herrlicher Landschaftspark mit weiten Wiesen und selten schönen Baumgruppen bedeckt seinen Boden, aber die Anlage des rudolfinischen Zeitalters ist noch deutlich in ihren ursprünglichen Linien zu erkennen und sie geben eben dem Baumgarten den unvergleichlichen persönlichen Reiz, das besondere Gepräge.

Oskar Wiener (1873–?)

Mauern und Tore

Prag war zu jener Zeit von Festungsmauern umgeben. Gleich nach Beendigung des Dreißigjährigen Krieges ordnete Kaiser Ferdinand III. an, an Stelle der ehemaligen betürmten Mauern, die die Neustadt und die Kleinseite umschlossen, um die ganze Stadt Mauern einer neuen Art zu errichten, aber dieses Werk wurde erst unter seinem Enkel, dem Kaiser Karl VI., vollendet. Dabei wurde der Vyšehrad in eine Zitadelle umgewandelt. Längs dieser Mauern entstanden an ihrer Außenseite ringsum tiefe, breite Gräben, die an den sonnigen Hängen mit Maulbeerbäumen bepflanzt wurden. Die Beeren dieser Bäume wurden im Spätsommer auf dem Obstmarkt oder an Ort und Stelle selbst, in den Gräben, feilgeboten. Von dort holten sich auch die ersten Prager Züchter von Seidenraupen das Laub der Maulbeerbäume als Nahrung für ihre Raupen.

Die Einfahrt oder der Eintritt nach Prag war nur durch Tore möglich, deren es acht gab: das Vyšehrader, das Korntor, das Roßtor, das Neue Tor, das Poříčer, das Bruska-, das Strahover und das Újezder Tor. Das Vyšehrader als ein Festungstor wuchs mit der Zeit zu drei Toren und erhielt eine ganz besondere Gestalt. Die übrigen Tore waren alle niedrig und glichen kurzen Tunneln. Durch das mittlere, das aussah wie eine überwölbte Höhle, fuhren die Fahrzeuge, zu beiden Seiten waren schmale Passagen für die Fußgänger.

Servác Heller (1845–1922)

Wyschehrad · Einsamkeit

Am südlichen Ende Prags, auf einem gegen die Moldau felsig abstürzenden Hügel, erhebt sich ernst und düster die Wyschehrader Zitadelle. Es läßt sich im Umkreise einer großen, volkreichen Stadt nichts einsam Abgeschiedeneres denken, als dieses alte, ziemlich ausgedehnte Fort. Denn die Besatzung beschränkt sich in Friedenszeiten auf eine Offizierswache von geringer Stärke, die nur den allernötigsten Sicherheitsdienst an den Toren und auf den Wällen versieht. Die Kasematten und Blockhäuser im Innern stehen leer und verödet, und die spärlich gefüllten Pulvermagazine scheinen wie die Belagerungsgeschütze nur da zu sein, um einem invaliden Unteroffizier der Artillerie zur Sinekure eines Zeugwartes zu verhelfen. Auch die Poststraße, welche durch die Zitadelle über den Rücken des Hügels nach Budweis führt, wird nur wenig benützt. Harmlose Spaziergänger nach dem nahen anmutigen Dorfe Podol, Landleute aus der Umgegend, welche Lebensmittel zum Prager Markt bringen, und hin und wieder ein bestäubter Wanderbursche sind fast die einzigen Passsanten der Festungstore. So herrscht innerhalb der Wälle gewöhnlich die tiefste Stille, die nur selten durch das Rollen eines Wagens, regelmäßig aber am frühen Morgen, mittags und abends durch den Wachetambour mit rasselnden Trommelsignalen unterbrochen wird.

Zumal im Winter ist es hier oben traurig und ausgestorben. Kalt und schneidend saust der Wind um die verlassene Höhe, und mißmutig, dicht in ihre Mäntel gehüllt, gehen die Schildwachen auf den eingeschneiten, von krächzenden Dohlen beflogenen Wällen auf und nieder. Aber wenn der Schnee ins Schmelzen kommt und die Moldau unten wieder blau und schimmernd vorüberwallt, da entfaltet sich in dieser Abgeschiedenheit ein wunderbarer Lenz. Dichter, glänzender Graswuchs überkleidet alle Gräben und Böschungen, und um die eingesunkenen Kanonenlafetten sprießen Veilchen und Primeln. Immer bunter schmückt sich der Rasen, und manche Schießscharte wird durch einen wilden, in voller Blüte stehenden Rosenbusch verdeckt, den ein langjähriger Friede hart am Gemäuer wachsen ließ. Selbst aus den Kugelpyramiden, die der Zeugwart so zierlich zu errichten versteht, sprießt und blüht es: denn der

Wind hat Erdreich und Samen in den Fugen abgelagert, und nun duften und schwanken über den furchtbaren Geschossen die blaßgelbe Reseda, der dunkelblaue Rittersporn und die rötliche, langgestielte Steinnelke. Bienen und gepanzerte Käfer summen und schwirren durch die heiße, zitternde Luft; zutraulich zwitschernd lassen sich Hänfling und Rotkehlchen auf die wuchtigen Feuerrohre nieder, und an den Mauerabhängen der Wälle klettert und sonnt sich die goldgrüne, funkelnde Eidechse.

Ferdinand von Saar (1883–1906)

Wyschehrad · Wahllandtag 1140

Als der folgende Tag, der vierte des Monates Hornung, angebrochen war, hatte Witiko sein wohlgereinigtes Lederkleid an, die Lederhaube auf dem Kopfe, und das Schwert an der Seite. Als der Priester gekommen war, ging er mit ihm durch die Straßen Prags. In denselben waren Menschen, welche ihre sonntäglichen Gewänder an hatten, in verschiedenen Richtungen gingen, und von den Dingen sprachen, die heute geschehen sollten. Der Priester und Witiko schlugen den Weg nach dem Wysehrad ein. Menschen gingen desselben Weges. Mancher Reiter zog mit großem Gefolge dahin. Mancher verfolgte einzeln den Weg. So gelangten sie an den Wysehrad, und gingen durch das Tor ein.

In dem Hofe waren viele Menschen. Der Priester führte Witiko zu einer Treppe, und dann über diese in einen langen Gang. Wenn irgendwo Reisige standen, sagte der Priester ein Wort, und auf das Wort wurden sie vorüber gelassen. Von dem Gange traten sie in ein Gemach. Das Gemach war groß, und in demselben befanden sich sehr viele Menschen. Es waren Diener da, es waren Herren da, selbst Frauen und Mädchen. Von dem Gemache führte eine

Tür in ein weiteres Gemach, in das sie gingen, und in dem wieder Menschen waren.

«Hier müssen wir warten», sagte der Priester zu Witiko.

In dem Gemache war noch weiterhin eine sehr große Tür, an der Bewaffnete standen.

Als sie eine Stunde gewartet hatten, trat ein Mann aus der hohen Tür, und rief: «Witiko.»

«Du mußt allein hinein gehen», sagte der Priester.

Witiko ging an den Bewaffneten vorüber durch die hohe Tür, der Mann mit ihm, die Tür wurde hinter ihnen geschlossen, und Witiko stand vor der Versammlung.

Es war ein sehr großer Saal. Der Saal war rückwärts und seitwärts ganz mit Menschen gefüllt. Nur wo Witiko stand, war ein größerer freier Raum. Er konnte auf alle sehen, und alle konnten auf ihn sehen. Vorne in der Versammlung, wo ein langer Tisch mit Schreibgeräten stand, saß der Bischof von Prag Silvester. An seiner Linken saß der Bischof mit den dunkeln Augen und dem braunen Barte, welchen Silvester Zdik den Bischof von Olmütz geheißen hatte. Dann saßen mehrere Äbte und geistliche Herren. Seitwärts saßen Priester, die zu den Untergebenen der Bischöfe und Äbte gehörten. Vorne in der Versammlung saß auch ein Mann in einem sammetnen dunkelpurpurnen weiten Gewande, das ein Gürtel zusammen hielt, in welchem aber kein Schwert hing. Auf dem Haupte hatte er eine dunkelpurpurne Haube mit einer weißen Feder. Ein weißer Bart floß auf das Gewand nieder. Neben ihm saß einer in grauem Gewande mit grüner Haube weißer Feder und weißen Haaren. Es war Smil, ein Kriegsanführer, den Witiko im Zuge nach Sachsen gesehen hatte. Neben Smil saß einer in schwarzem Gewande mit schwarzer Haube grauer Feder weißem Barte, dann noch mehrere in kostbaren Gewändern. In den Reihen hinter diesen saßen vornehme Herren Böhmens schön geziert.

Adalbert Stifter (1805–1868)

Die Gründung Prags

Das glückliche Paar lebte im Genuß unwandelbarer Liebe nach der Sitte damaliger Zeit, wo der Instinkt, der die Herzen verbindet, so fest und dauerhaft war als der Kitt und Mörtel, der die Mauren der alten Welt so unzerstörbar machte. Herzog Primislas wurde bald einer der streitbarsten Ritter seiner Zeit, und der böhmische Hof der glänzendste in Deutschland. Es zogen sich unvermerkt viel Ritter und Edle auch eine große Volksmenge aus allen Gegenden des Reichs herbei, daß die Residenz für die Einwohner zu enge wurde, darum beschied Libussa ihre Amtleute zu sich, und befahl ihnen eine Stadt zu bauen an dem Orte, wo sie den Mann finden würden, der in der Mittagsstunde den weisesten Gebrauch von den Zähnen zu machen wisse. Sie zogen aus und fanden zu der bestimmten Zeit einen Mann, welcher sich angelegen sein ließ, einen Bloch entzwei zu sägen. Sie urteilten, daß dieser geschäftige Mann von den Zähnen der Säge in der Mittagsstunde einen ungleich bessern Gebrauch mache, als der Schmarotzer von den Zähnen seines Gebisses an der Tafel der Großen, und zweifelten nicht, daß sie den Platz gefunden hätten, den ihnen die Fürstin zur Anlage der neuen Stadt angewiesen hatte. Daher umzogen sie den Raum des Feldes mit der Pflugschar, den Umfang der Stadtmauer zu bezeichnen. Auf Befragen, was der Arbeitsmann aus dem zerschnittenen Werkstück zurichten wollte, antwortete er: «Prah», welches in der böhmischen Sprache eine Türschwelle bedeutet. Darum nennte Libussa die neue Stadt Praha, das ist Prag, die wohlbekannte Königsstadt an der Muldau in Böhmen. (...) [Die Gemahlin des Primislas] wurde Mutter von drei Prinzen, davon zwei in der Jugend starben, der dritte aber wuchs heran und aus ihm sproßte ein glänzendes Königsgeschlecht, das auf dem böhmischen Throne Jahrhunderte blühete.

Karl August Musäus (1735–1787)

Libussas Prophezeiung

Die Berge treten ehrfurchtsvoll zurück,
Es öffnet sich des Tales sichrer Schoß,
Denn oben schwebt das wandelbare Glück,
Und wirft der Nachwelt rätselhaftes Los.
O Herrlichkeit! sie wächst vor meinem Blick,
Sie steigt, sie windet sich, wie wird sie groß!
Schon ruft sie, spiegelnd in der Moldau Welle:
Prag, Prag, heiß ich, bin deines Ruhmes Schwelle!

Ich hör das Beil, es lichtet durch den Wald,
Und feste Häuser steigen rings empor,
Sie reihen sich in wechselnder Gestalt,
Die Mauer schirmt, es wehret Turm und Tor,
Es engt der Raum, zur Höhe treibt Gewalt,
Schon ragt am Berg der Schlösser hohes Chor,
Sie jauchzen lichtstolz in der Sonnenhelle:
Prag, Prag, du unsres Glanzes Ehrenschwelle!

Schon fasset sie nicht mehr des Tales Bucht,
Schon wehret ihr nicht mehr des Flusses Macht,
Und wie der Bergstrom wachsend Ebne sucht,
Dringt jenseits sie; der Wälder tiefe Nacht,
Sie neigt sich ihr; der Fläche stolze Frucht,
Die weite Stadt, zum blauen Himmel lacht,
Und grüßt hinüber zu den Schlössern helle:
Prag, Prag liegt hier vor seines Thrones Schwelle!

Ja wie des Bergstroms Sohn, der blanke See,
Liegt sie gebreitet in der Sonne Glanz,
Und wie versteinte Wogen ringsum seh
Ich stolzer Schlösser, hoher Tempel Kranz.
Es braust das Volk, und rauscht in Wohl und Weh;
Es tost die Stadt in Lust und Waffentanz,
Und mancher singt auf des Geschickes Welle:
Prag, Prag, du meines Glückes reiche Schwelle!

Sieh! auf dem Schloß erglänzet eine Krone,
Und, wie ein Königsmantel weit, ergießt
Die goldne Stadt sich von des Berges Throne;
Um ihn, als ein gestirnter Gürtel, fließt
Die Moldau ernst, und Heil der Nachwelt Sohne!
Der mit der Brücke Demantschloß ihn schließt.
Durch Siegesbogen lobsingt laut die Welle:
Prag, Prag, du meines Heils umpalmte Schwelle!

Clemens Brentano (1778–1842)

VORSTÄDTE

Vom Wert der Vorstadt

Fremde Städte nimmt man als Tatsache hin, die Bewohner dort leben, ohne unsere Lebensweise zu durchdringen, so wie wir ihre nicht durchdringen können, vergleichen muß man, man kann sich nicht wehren, aber man weiß gut, daß das keinen moralischen und nicht einmal psychologischen Wert hat, schließlich kann man oft auch auf das Vergleichen verzichten, da die allzu große Verschiedenheit der Lebensbedingungen uns dessen enthebt. Die Vorstädte unserer Vaterstadt aber sind uns zwar auch fremd, doch hier haben Vergleiche Wert, ein halbstündiger Spaziergang kann es uns immer wieder beweisen, hier leben Menschen teils im Innern unserer Stadt, teils am ärmlichen, dunklen, wie ein großer Hohlweg zerfurchten Rande, trotzdem sie alle einen so großen Kreis gemeinsamer Interessen haben wie keine Menschengruppe sonst außerhalb der Stadt. Darum betrete ich die Vorstadt stets mit einem gemischten Gefühl von Angst, von Verlassensein, von Mitleid, von Neugier, von Hochmut, von Reisefreude, von Männlichkeit, und komme mit Behagen, Ernst und Ruhe zurück, besonders von Žižkov.

Franz Kafka (1883–1924)

Lücke, Abgrund, Beginn

Alles das war in der Tat komplizierter, als man heute vergegenwärtigen oder auch nur erklären könnte. Es war eine ganz genau abgestufte Gesellschaft, die bei den Adelspalais auf der Prager Kleinseite begann und bei den glänzenden Hausbällen der Mercys, Petscheks, Denhofs, Kahlers und Werfels in der Parkstraße, der damaligen Mariengasse, schon endete – vielleicht in kleineren Dimensionen, aber genauso nuanciert wie die Pariser Welt Marcel Prousts. Dann gab es eine große Lücke. Und dann... Wo diese Welt endete, gähnte zunächst ein Abgrund – und dann begann die Welt der manchmal so hübschen und guten und zarten Vorortmädchen aus Žižkov oder anderen Vororten, wo es glücklicherweise noch eine natürliche Erfüllung gab, die aber allzuschnell und allzunahe in die Welt der ziemlich zweideutigen Nachtlokale und der völlig eindeutigen Bordelle mündete. Unser aller Leben als junge Studenten war vom innersten sozialen Kern aus ganz anders geordnet, als man es sich heute auch nur vorstellen kann.

Willy Haas (1891–1973)

Geruch der Armut

Der historische Kern unserer Hauptstadt Prag ist von Vorstadt-Quartieren umkränzt, deren zumeist aus dem vorigen Jahrhundert stammende Häuser sich durch Altersschwäche und Schäbigkeit «auszeichnen». Einst wurden sie als profitbringende Zinshäuser gebaut, fast ohne Rücksicht auf ihre Bewohner. Gerade das «Proletarier-Viertel» Žižkov hat zum größten Teil dies Gepräge. Einen «Moder-Kranz» nennen die Architekten und Stadtplaner diesen Ring von Gebäuden und beginnen, ihn zu liquidieren.

Ein Moder-Kranz! Jahrelang streunte ich zwischen den

Gräbern der Wolschaner Friedhöfe umher, und ich weiß, wie ein vermoderter Kranz ausschaut. Das Wort ist erschütternd, aber treffend. Und ich weiß auch, was nach dem Tod von uns bleibt. Ein paar traurige Blumen auf unserem Grab.

In der Vorstadt hatte ich mich schon von früher Jugend auf an das Klagelied des Moderns und an den Geruch der Armut gewöhnt. Denn Armut und Not stinken! Und doch – wie streben und haschen die Menschen in Armut und Not nach einem bißchen Glück. Ich schloß auch die reizlosen «blinden» Sackgäßchen ins Herz, voll Staub, Ruß und von rachitischen Grashalmen zwischen den Pflastersteinen «verlaust». Schon der frohen Stunden wegen, die wir hier erlebten, wenngleich wir keine Ahnung hatten, was Seligkeit ist. Schon um der Tage willen, da wir so intensiv lebten und nicht wußten, was das Leben ist.

Nun stehe ich also am Hange des Žižka-Bergs, lasse meinen Blick über die Stadtlandschaft schweifen und lächle über mein eigenes Leben und die ersten Erinnerungen und warte, bis Rauch aufwallt, gleich darauf eine dröhnende Detonation erschallt und ein Haus nach dem andern in sich zusammensinkt.

Jaroslav Seifert (1901–1986)

Žižkov · Idylle im Armenhaus

Wenn Großmütterchen Pintová aus dem Armenhaus in Žižkov sich erinnert, bedauert sie vor allem, daß sie keine Zähne mehr hat, um mit ihnen zu knirschen. So richtet sie nur ihre Augen zum Himmel, spuckt aus, und ihre gebeugte, geschrumpfte Gestalt schlurft langsam in eine Ecke, wo sie aus der Tasche ihres grauen Rocks einen Rosenkranz hervorzieht. Und langsam, aber sicher betet sie für den Kaplan Toman, der Herrgott möge ihm den Verrat verzeihen, den er am Armenhaus in Žižkov begangen hat. Wenn die anderen Großmütterchen über diesen Fall reden, bemerkt Großmütterchen Pintová, in deren Augen ein kleiner Glanz zurückkehrt, ihr habe der Kaplan Toman schon damals, als er noch zu ihnen gekommen sei, nicht gefallen, wie rüpelhaft er sich benommen habe – gar nicht wie ein Diener Gottes, sondern wic ein gemeiner Kerl.

Die scharfe Sprache der Pintová gefällt nicht allen, und so kommt es häufig zu Streitigkeiten, die aber auch unterhaltsam sind, weil sich mit ihnen die Langeweile vertreiben läßt.

Vor kurzem sagte Großmütterchen Skuhrovská, eigentlich hätte die Pintová ihnen das ganze eingebrockt. Aber ich glaube, daß die Dinge sich von ganz allein entwickelt haben und nur die Umstände dazu beitrugen, daß es schließlich zur Katastrophe kam. Das war jedoch eine Katastrophe größeren Ausmaßes, die nicht ohne Folgen blieb. Das flache Fläschchen, das die Pintová in ihrem Koffer aufbewahrt, gehört auch dazu; dieses Fläschchen ist nun leer. Wenn man es aber öffnet und daran schnuppert, entgeht der süße Duft von Kümmelbranntwein keiner feinen Nase. Auf diese Weise verkündet das Fläschchen, daß es einst gefüllt war, und nur durch eine kuriose Verkettung der Umstände hatten der Kaplan Toman, das Armenhaus und der süße Kümmelbranntwein etwas miteinander zu tun.

Das vermeintliche Sterben der Pintová spielte dabei eine Rolle. Das aber liegt schon lange zurück. Jetzt schimpft die Pintová wieder munter über den Kaplan Toman und ist schon seit langem nicht mehr bettlägerig. Genaugenommen war aber nur das weiche Herz des Kaplan Toman an allem schuld. Vor einiger Zeit wurde er ins Armenhaus gerufen. Die Pintová lag todkrank im Bett und wollte die Sterbesakramente empfangen. Es war das allererste Mal, daß der junge Kaplan die Sterbesakramente erteilte, und ihn beflügelte Begeisterung. Die Umgebung und die Situation selbst bewirkten, daß er nach dem heiligen Akt in die Tasche griff und der Sterbenden einen Gulden in die Hand drückte.

Derartiges war den Großmütterchen aus dem Armenhaus noch nie zuvor widerfahren.

Als er fort war, sagte die Mlíčková erfreut: «Der neue Kaplan gibt die Sakramente in einer sehr schönen Art und Weise.»

Für den Gulden ließ sich die Pintová noch am selben Abend Schinken und eine Flasche Kümmelbranntwein holen.

Als am darauffolgenden Morgen der Arzt kam, um den Todeskampf der Pintová mit einer Spritze zu lindern, sah er sie am Tisch sitzen und fröhlich vor sich hin singen: «...auf der grünen Wiese hat er mich gefragt, ob ich ihn noch liebe, ja, hab ich gesagt...»

Doch schon nach einer Woche war das flache Fläschchen mit dem Kümmelschnaps genauso leer wie das Portemonnaie der Pintová.

Wieder klopfte der Kirchendiener bei Kaplan Toman an und berichtete, die Pintová liege erneut im Sterben und verlange die Sakramente.

Als sie den Kaplan erblickte, sagte sie erfreut, wenn auch mit leiser Stimme: «Ach, mein lieber Hochwürden, ich weiß nicht, ich weiß nicht, ob ich heute noch so viel Kraft habe, daß ich den Gulden mit der Hand festhalten kann.»

Doch sie hielt ihn, und der Kaplan Toman sagte zu dem Kirchendiener, als sie das Armenhaus verließen: «Ist die aber zäh!»

Und er sollte recht behalten. Als am nächsten Morgen der Arzt erneut zu ihr kam, lief die Pintová durch die Stube, und auch diesmal sang sie: «Auf der grünen Wiese hat er mich gefragt, ob ich ihn noch liebe, ja, hab ich gesagt...»

«Hören Sie, Pintová, was ist los mit Ihnen?» fragte der Arzt.

«Wissen Sie, gnädiger Herr Doktor, der Herr Kaplan gibt die Sakramente so schön.»

Das war an einem Mittwoch gewesen. Am drauffolgenden Tag erschien der Kirchendiener schon wieder bei Kaplan Toman und rief, kaum daß er die Tür geöffnet hatte: «Hochwürden, wir müssen wieder ins Armenhaus nach Žižkov. Diesmal liegt die alte Skuhrovská im Sterben.»

Doch bevor sie dort eintrafen, geriet die Sterbende in einen Streit mit dem Großmütterchen Mlíčková, die sich ebenfalls todkrank ins Bett legen wollte, damit der Kaplan alles in einem Aufwasch machen könnte, wofür sich auch die Pintová einsetzte. Aber die anderen redeten es der Mlíčková aus, weil sie erst Montag an der Reihe sei. Die Mlíčková keifte zwar, sie wolle gleich heute im Sterben liegen und nicht bis Montag warten, denn schließlich könne ihr ja bis dahin wirklich etwas zustoßen. Aber sie beruhigte sich. Als sie später mitbekam, wie der Kaplan der alten Skuhrovská nach dem seelischen Trost einen Gulden in die Hand drückte, konnte sie sich nicht länger beherrschen. Mit weinerlicher Stimme sprach sie zu ihm: «Ich fürchte, Hochwürden, ich ahne es schon, daß die Reihe bald auch an mich kommt!»

Wenn sich der junge Kaplan später an diesen Tag erinnerte, schüttelte er den Kopf, und eine Gänsehaut lief ihm den Rücken hinunter.

Im Armenhaus von Žižkov erinnert man sich noch heute daran, zu welch einem Spektakel es kam, als am Samstag plötzlich die alte Vaňková klagte, ihr sei nicht gut, sie würde gleich in Ohnmacht fallen. Die Mlíčková sagte, das sei von der Vaňková ganz unverschämt, denn sie sei als erste dran, und wenn die Dinge so stünden, dann wolle sie das Sterben sofort hinter sich bringen, und am Montag solle die Vaňková den Kaplan halt noch einmal holen lassen.

Nun ergab sich ein riesiges Palaver, bis schließlich Vaňková, die Jüngere, nachgab; denn sie war erst neunundachtzig, die Mlíčková dagegen schon neunundachtzig Jahre und drei Monate alt.

Als der Kirchendiener den Kaplan wieder holen wollte, erbleichte dieser und sagte, heute solle besser der ältere Kaplan Richter hingehen.

Der Kaplan Richter ging also hin, betete inbrünstig am Bett der Mlíčková, segnete alle und empfahl sich, ohne jedoch der Sterbenden einen Gulden gegeben zu haben.

Die Pintová, die es wie alle anderen bemerkt hatte, zupfte den Kaplan Richter am Rock: «Verzeihen Sie, Hochwürden, aber ich muß die Mlíčková doch in Schutz nehmen. Wir haben immer einen Gulden bekommen, wenn wir die Sakramente bekamen. Es ist wahr, Hochwürden, sie haben länger gebetet, aber Sie haben den Gulden vergessen...»

Erschüttert blickte der Kaplan Richter die Großmütterchen an, dann langte er ins Portemonnaie...

Der Beschluß des Stadtrats von Žižkov in dieser Angelegenheit war interessant. Die Kaplane hatten durchgesetzt, daß den alten Frauen im Armenhaus von Žižkov das freiwillige Sterben untersagt wurde. Ferner war beschlossen worden, daß die Sterbesakramente allen Großmütterchen gleichzeitig und nur ein einziges Mal im Monat gegeben werden.

Die Einnahmen der Großmütterchen sind nun so gering wie eh und je.

Und das Fläschchen, das so süß nach Kümmelbranntwein roch, ist ganz leer. Über dem Armenhaus liegt Katastrophenstimmung. Die Vaňková hat sich vor vierzehn Tagen aufgehängt, weil ihr der Stadtrat von Žižkov untersagt hat, immer wieder im Sterben zu liegen.

Jaroslav Hašek (1883–1923)

In der Bertramka

Gab es je ein Paradies, so nicht auf diesem Planeten.
Die Erde dreht sich um ihre Achse,
auf daß sich ewig abspule die Zeit
aller menschlichen Plagen.

Ein Paradies jedoch gab es. Offenbar auf einem der Sterne.
Wer kann genau bestimmen,
wo die himmlischen Gärten sind?

Existierte aber ein Paradies Schönheit,

können wir uns diese nicht vorstellen,
ohne daß sie uns ständig unsere Welt erinnerte.
Die Reize der Frauen,
den Duft der Blumen,
die Freude der Kinder
und die Farben der Schmetterlingsflügel.

Ist dort auch ein Firmament,
so gibt es darunter keinen Platz für den Schmerz.
Die Menschen weinen dort nicht,
und Tränen sind seltener dort
als Perlen in unseren Flüssen.

Von dorther ist er gekommen.
Und begann er zu spielen,
und hüpfte ihm der Zopf auf dem Rücken,
rauschten sogar die Muscheln nicht mehr,
stellten ihre entzückenden Öhrchen.
Warum nur schlossen sie damals die Tür nicht
und spannten die Pferde nicht aus der Kutsche!
So früh ist er gegangen.
Und ist durch die Pforte aus schwarzer Erde
zurückgekehrt, woher er gekommen.

Geblieben von ihm sind nur die armselige Locke und jenes
Etwas,
welches das Leben schöner macht,
als es gewesen.

Jaroslav Seifert (1901–1986)

Spuk in der Bertramka

Ganz Smichow weiß davon. Im Bio Knižeci, wo sich alte Frauen an der Kassa für die Sonntagsvorstellung drängen, im «Lavoarek», dem kleinen Park bei der Bezirkshauptmannschaft, wo die Kindermädchen zusammenkommen, im Kinskypark, wohin die Soldaten in gemischten Doppelpatrouillen gehen, und im «Hotel Hafen», jenem abendlich viel frequentierten Labyrinth von Brettern und Balken, von dem man, ohne die Moral zu verletzen, nicht erforschen kann, warum man es «Hotel» nennt, im versteckten Beisel «Belgie» und in jedem Vyčep spricht man davon: in der Bertramka gehen Gespenster um.

Die verruchtesten Details sind zu hören: Der Sohn der Hausmeisterin von der Bertramka, der junge Ket, sei in der Nacht einer Weißen Frau vor dem Hause begegnet, habe sie grob angefahren, worauf sie eine Drohung gegen ihn ausstieß. Die Schafferin der Bertramka, Frau Hořejši, habe für eine in der Bertramka vor einigen Jahren verstorbene Dame in der Kapelle des Kleinseitner Friedhofes eine Messe lesen lassen müssen, um der Toten, die sich allnächtlich in ihrem Sterbezimmer zu schaffen machte, einige Ruhe zu gewähren. Ein Jüngling, der im oberen Gartensalon wohnte, sei in seinen Träumen von Vampiren und ähnlichen ungebetenen Gästen heimgesucht worden, bis er sich dem Spiritismus ergab und mit Hilfe der dabei erworbenen Lehren die quälenden Geister für geraume Zeit zu bannen vermochte.

Allen Respekt vor den Gespenstern: kein besseres Plätzchen könnte ein Sterblicher für so okkulte Zwecke ausfindig machen. Unmöglich ließe sich fünf Minuten von der Straßenbahn, den Ringhofferschen Dampfhämmern und den Fabriken der Mewa ein so entzückendes Rokokotuskulum vermuten. Der Graf Clam wollte es mitnichten, daß die neugierige Bürgerwelt Smichows auch nur einen Blick in jenes zärtliche Heim und dessen amouröse Räume werfe, das er für seine erklärte Freundin, die Sängerin Josefine Duschek, in dem Weinberg Bertramka aufgebaut und mit einem verschwiegenen zweiten Eingang versehen hatte, in Koschiř – dem Portal seiner Klamovka ganz nahe. Wenn es hier Gartenfeste Fragonardschen Stiles gab, drang kein Flüstern und kein Knistern in eine argwöhnische Welt hinaus.

Als es galt, 1787 für den nach Prag gekommenen Compositeur Wolfgang Amadé Mozart ein recht stilles, recht ungestörtes und recht idyllisches Studio ausfindig zu machen, wo man ihn sanft zur Abfassung einer Ouvertüre für seine neue Oper namens «Don Giovanni» zwingen könnte, so war wahrhaftig die Bertramka wie geschaffen dazu. Da hat denn selbiger Kammermusikus in dem kleinen, rot-gold tapezierten Eckzimmerchen mit dem eingelegten Fußboden und an dem Brunnen im Garten geträumt, in sein klingendes Innere hineingehorcht und das Erlauschte mit kleinen schwarzen Punkten notiert. Hernach hat die vielgeliebte Frau Josefine Duschek-Hambacher den hübschen Melodienschöpfer dankbarlich auf das rot-goldene Sofa im Salon gezogen, auf das ihr gräflicher Mäzen oft sie gezogen hatte – aber, zum Teufel, wissen wir denn überhaupt, ob Graf Clam die wunderschöne Pepi hier im Don-Juan-Salon karessiert hat und ob Wolfang Amadeus solches getan und ob in diesem Salon jetzt Gespenster ihren Spuk treiben? Wie sollen wir das wissen? Die Bertramka ist als Liebesvilla so pst gebaut, daß selbst in diesen doch vierfenstrigen Ecksalon kein indiskreter Blick zu dringen vermag. Von hier oben sieht man nichts als ein grünes Brettertor, den Hofweg, auf dem ein ausrangierter Schubkarren steht und eben eine lahme Katze humpelt, und einen unbewohnbaren Schuppen. Überdies ist noch ein Paravent vor die Fenster geschoben: der großmächtige Kastanienbaum, dessen Laub zwar, wir sind im Spätherbst, «Fiesco» geschoren, dessen Geäst aber derart dicht und breit ist, daß man selbst mit einem Feldstecher von außen nichts erlugen könnte. Längs der ganzen Innenfront ist überdies ein geschlossener Korridor gelegt wie das Schloß auf Papagenos Mund.

Egon Erwin Kisch (1885–1948)

Buquoyscher Garten · Glänzende Sommerfeste

Zu den herrlichsten Gärten Alt-Prags zählte unstreitig der gräflich Buquoysche Garten in Smíchov. Seine schöne Lage – der Garten wurde auf den Grundstücken des einst hier befindlichen Karthäuser-Klosters angelegt, und zog sich bis ans Ufer der Moldau hin – sowohl als seine schattigen, einst so berühmten Alleen und der glänzende künstlerische Schmuck, den man ihm hat angedeihen lassen, hatten ihn zu einem beliebten Rendezvous-Ort des Prager Adels gemacht, der sich hier oft zu glänzenden Festen zu versammeln pflegte. Selbst die kargen Überreste der einstigen Herrlichkeit der «Bukvojka» (wie der Volksmund noch heute den gegenwärtig von Portheimschen Besitz nennt), die sich bis auf die Gegenwart erhalten haben, lassen uns die entschwundene Schönheit und den malerischen Zauber dieses Gartens ahnen.

Der Garten samt dem herrlichen Lusthaus, diesem strahlenden Juwel der Prager Barockepoche, gehörte einst dem genialsten der Prager Architekten aller Zeiten, Kilian Ignaz Dienzenhofer, der auch diesen schmucken, koketten Bau schuf, die Decke des Salons im Lusthause durch ein farbensattes, ungemein dekorativ empfundenes Freskogemälde von Wenzel Laurenz Reiner und den Garten durch zahlreiche graziöse steinerne Bildsäulen und Vasen schmücken ließ. Von den Erben des genialen Architekten brachte den Garten samt dem Lusthause Frau Felicitas Nell von Nellenberg, geborene von Buchholz an sich, von welcher dieselben im Jahre 1758 in den Besitz des Grafen Franz Leopold Buquoy übergingen. Die Zeit, während welcher der Garten der gräflichen Familie Buquoy gehörte, bedeutet die Glanzperiode in seiner Geschichte. Gar oft war der schattige, weitausgedehnte Garten der Schauplatz glänzender Sommerfeste, die hier die Blüte des böhmischen Adels jener Zeit versammelten.

Geradezu feenhaft muß der Anblick gewesen sein, den der Garten bei derartigen festlichen Anlässen bot. Blumenfestons und Girlanden zogen sich zwischen den Bäumen hin, mit duftigen Blüten waren die zahlreichen Statuetten und Vasen, die steinernen Ruhebänke geschmückt, in den mächtigen Baumkronen, in den langen schattigen Alleen und in den Büschen flammten, wie uns Zeitgenossen berichten, mit Anbruch der Dämmerung zahlreiche buntfarbige Lämpchen auf, und der Glanz all der zahlreichen bunten Lichter spiegelte sich in den Bassins der Springbrunnen, die ihre silbernen, plätschernden Wasserstrahlen spielen ließen. Und dazu denke man sich noch die glänzende Gesellschaft in ihren koketten Trachten, mit all dem Glanz, den ihr ihre Abkunft, ihre Macht, ihr Reichtum verliehen, dann das geheimnisvolle bläuliche Dunkel der Laubgänge, durch deren grüne Kuppeln sich die Mondesstrahlen nur mühsam die Bahn brachen, das Rauschen der Moldau, die an dem Garten vorbei ihre Wellen trieb, die prickelnden Rhythmen und die graziösen Weisen der in den Gartenpavillons und im Salon des Lusthauses aufspielenden Musik hinzu, man stelle sich den pikanten Reiz und die gefällige Anmut der Tänze und Schäferspiele vor, die auf den schwellenden Rasenteppichen des Gartens und auf den glatten Parketten des Salons stattfanden, und man wird nur eine blasse Ahnung jener Lebenslust haben, die hier einst schäumte und perlte. Anmut und Schönheit, Glanz und Macht, Reichtum und echte Vornehmheit begegneten hier einander, um in froher Lust und heiterem Genusse sich der Gaben des Lebens zu erfreuen.

Jaroslav Kamper (1871–1911)

Gasse in den Weinbergen

Wie Sie vielleicht wissen, wohne ich in der Krucemburggasse in den Weinbergen. Das ist eine diesesr kurzen Quergassen, in denen es nicht einmal ein Wirtshaus gibt, keine Wäscherei, nicht einmal einen Kohlenhändler; dort geht man um zehn Uhr schlafen, ausgenommen jene Genießer, die das Radio aufdrehen und erst um elf ins Bett kriechen. Die Bevölkerung der Gegend besteht aus stillen Steuerträgern, Beamten bis zur siebenten Rangklasse, einigen Aquarienliebhabern, einem Zitherspieler, zwei Briefmarkensammlern, einem Vegetarianer, einem Spiritisten und einem Geschäftsreisenden, der selbstverständlich Theosoph ist. Den Rest machen die Quartiergeberinnen aus, bei denen die Obgenannten in «sauberen, elegant eingerichteten Zimmern mit Frühstück» wohnen – so heißt es wenigstens in den Inseraten. Einmal in der Woche, am Donnerstag, pflegte der Theosoph erst um Mitternacht nach Hause zu kommen, dieser Abend gehörte irgendwelchen geistigen Exerzitien. An den Dienstagen hatten die Aquarianer ihre Vereinsversammlungen, an diesem Tag kamen sie ebenfalls erst gegen Mitternacht heim und stritten sich gewöhnlich noch unter der Laterne über Schleierschwänze und Lebendgebärende herum. Vor drei Jahren geschah es sogar, daß ein Betrunkener durch die Gasse kam. Man nimmt an, daß er aus Koschirsch war und sich nur zu uns verirrt hatte. Täglich aber um Viertel zwölf kam da ein Russe nach Hause, ein gewisser Kovalenko oder Kopytenko, ein eher kleiner Mann mit einem dünnen Bärtchen; er wohnte auf Nummer sieben bei Frau Jansky. Wovon der Russe lebte, wußte man nicht. Bis gegen fünf Uhr faulenzte er zu Hause, dann sah man ihn mit einer Aktentasche zur nächsten Straßenbahnhaltestelle gehen und in die Stadt hineinfahren. Punkt Viertel zwölf stieg er ebendort aus der Straßenbahn und bog in die Krucemberggasse ein. Später behauptete jemand zu wissen, daß der Russe die Zeit zwischen fünf und elf Uhr in einem Kaffeehaus verbringe, wo er mit anderen Russen herumstreite. Es gab aber auch Leute, die behaupteten, der Mann könne überhaupt kein Russe gewesen sein, weil Russen niemals so zeitig nach Hause gingen.

Karel Čapek (1890–1938)

Nusler Tal · Kultur in der Vorstadt

Er fand nämlich zwischen seinen Büchern den eben abgelaufenen Jahrgang der Zeitschrift «Kultur», von welcher nur die Oktobernummer fehlte. Er notierte sich deshalb die in der Zeitschrift vermerkte Adresse des Herausgebers und wanderte auf die Weinberge. Es war gerade ein schöner Tag, und Herr Baschta hatte keinen Grund, über den weiten Weg von seiner Vorstadt bis fast ins Nusler Tal zu klagen. Er schwitzte nur ein wenig auf dem Weg hügelan hinter dem neuen Gebäude des Landesmuseums, fand sich aber für die Mühe entschädigt, indem er mit Vergnügen die verschiedenen neuen Fortschritte betrachtete, die man hier auf den Weinbergen erzielt hatte, seitdem er das letzte Mal da gewesen war. Mit Absicht machte er auch noch einen Umweg zur neuen St. Ludmilakirche und zum Nationalhaus und spähte auch nach einem Wirtshaus mit Weinberger Bier aus, aber das wurde damals ja noch gar nicht gebraut.

Endlich erfragte er den richtigen Weg in die Čelakovskýgasse, wo er Gelegenheit hatte, seine bisherigen Ansichten über die tschechischen Schriftsteller ein wenig zu korrigieren. Er hatte sich diese Leute alle ungefähr so vorgestellt, wie der unglückliche, in unserem ersten Kapitel geschilderte Schuldner aussah. Und jetzt begegnete er einem ganz ordentlichen Herren, der noch dazu realer Hausbesitzer war! Nun ja, ein wenig Mangel an praktischem Geiste konnte er sich nicht enthalten an ihm auszusetzen, als er das ansprechende, villenartige Gebäude im Grunde eines schöngepflegten Gartens sah, der sich dem Nusler Tal zuneigte. Es war nun einmal ganz weit draußen, und diejenigen Mieter, die so romantische Perspektiven suchten, waren sicher nicht die ordentlichsten.

Svatopluk Čech (1846–1908)

Nachtlager von Granada

Dieses alte Prager Vorstadthaus ist ausgezeichnet vor allen anderen Häusern durch seinen ganz besonderen und unvergleichlichen Geruch. Jedes Haus besitzt ja für seine Nasen seinen persönlichen Odör, an dem man es leicht und sofort erkennt. Aber es kann in einer großen Stadt doch vorkommen, daß das eine oder andere Gebäude zum Verwechseln ähnlich riecht. Doch das Vorstadthaus, von dem hier die Rede ist, unterscheidet sich in dieser Beziehung wirklich von jeder anderen Mietkaserne. Seine Bewohner würden es unter Tausenden, wie die Hunde ihren Herrn, an der Witterung erkennen, auch wenn sie die Straße, die Hausnummer und sein äußeres Aussehen vergessen sollten.

Im Hofe befindet sich ein Pferdestall und darüber ein gewaltiger Heuboden; und dieser Heuboden ist bis an die Dachsparren mit duftendem Heu angefüllt. Und dann gibt es in diesem Hause ein großes Magazin, angefüllt mit

Fellen und getrockneten Häuten; und diese Felle und Häute sind mit Naphthalin bestreut. Und der Wohlgeruch der getrockneten Wiese, die auf dem Heuboden aufgespeichert ist, und der zudringliche Gestank des Naphthalins, fließen zu einem seltsamen Akkord zusammen, haben sich verbunden zu einem sonderbaren Aroma, das nicht seinesgleichen hat weit und breit, und den Hof und die Gänge und die Hausflur erfüllt. Die Menschen, die hier wohnen, haben den Geruch angenommen, ihre Kleider sind durchtränkt von ihm, und ihre Haare. Es gibt nur ein Haus in ganz Prag, das so beschaffen ist und seine Hausleute sind gar nicht böse darüber.

Aber dieses Vorstadthaus besitzt noch eine andere Merkwürdigkeit. Sobald bei uns die heißen Tage beginnen und die Menschen unter der bleiernen Glutwelle schmachten, wird dort allabendlich das Nachtlager von Granada aufgeschlagen. Rings um den Hof, die vielen Stockwerke entlang, laufen jene offenen Galerien, die in Prag oft alte Häuser aufweisen, und die hierzulande Pawlatschen genannt werden. Auf diesen Pawlatschen nächtigt nun die zahlreiche Bewohnerschaft des Hauses, Männer und Frauen, Kinder und Katzen, Hühner und Hunde schlummern hier in holdem Verein. Weshalb sollten sie auch in den dumpfen Stuben übernachten, die wie die Bleikammern Venedigs mit brütender Hitze geladen sind, wenn draußen eine unverglaste Pawlatsche mit kühlen Steinfließen ladet? In der Stube summen tausende von Fliegen und die Luft ist zum Schneiden dick, aber draußen duftet es so schön nach Heu und Naphthalin. Manche feine Partei, die jetzt in ihren vornehmen vier Wänden fast verschmachtet, mag die Menschen im Armeleuthause um die kühle Schlafgelegenheit beneiden, um die gastfreie Pawlatsche, die ein Witzbold, der auch ein wenig mit seiner Bildung protzen wollte, das Nachtlager von Granada genannt hat.

Oskar Wiener (1873– ?)

Scharkatal · Scharka

Nah an Prags getürmten Mauern
Breitet sich ein Hügelkranz,
Alte Burgruinen trauern
Hier ob früh verlornem Glanz.

Düster blicken jene Reste
In den Frühling rings hinab,
Sterbend schottert sich die Feste
Für und für das eigne Grab.

Hier in grauer Vorzeit Tagen
Hauste eine Mädchenschar,
Aller Weiblichkeit entschlagen,
Zärtlicher Gefühle bar.

Lauernd, gleich verborgnen Schlangen,
Band sie all ein großer Eid:
Jeder Mann, den sie gefangen,
Ward dem Martertod geweiht.

Scharkas Name klang – in Schrecken –
Durch die ganze Männerwelt,
Manchen ritterlichen Recken
Hat des Mädchens Arm gefällt. –

Sinnend sah vom Burgbalkone
Scharka nach der Löwenstadt,
Wela ist's, die Amazone,
Die sich jetzt in Ehrfurcht naht.

«Herrin! Deine Krieger fingen
Dort im nahen Felsenschacht
Einen Jüngling – sieh, sie bringen
Ihn gefesselt, wohlbewacht.»

«Einen Mann? Ha, lust'ge Mähre!»
Fährt sie auf in wilder Glut.
«Malt doch gleich die neuen Speere
Mit verhaßtem Männerblut!»

Zögernd steht die Amazone,
Zögernd, mit gesenktem Blick:
«Fürstin, nimm zu meinem Lohne,
Diesen Spruch, nimm ihn zurück!

's ist um solch ein Leben schade,
Glühend wie der Rose Licht;
Nur dies eine Mal walt' Gnade,
Jenen Jüngling – töt' ihn nicht!»

Scharka wütet: «Ha, Vermess'ne
Amazone! Unerhört!
Sag, was hat, du Pflichtvergeßne,
Deine Sinne dir betört?

Mir das Schwert, mit eignen Augen,
Zur Befried'gung kühner Lust
Will, was unsre Speere taugen,
Sehn ich – für der Männer Brust!»

Ernst C. Zeller

Weißer Berg

Gehen Sie zum Weißen Berg, und Sie werden spüren, daß Sie dem Tod niemals näher waren. In der Ferne werden Sie eine sterbende Stadt sehen, Prag, die tragische Königin. Sie siecht dahin, und die Agonie, von der sie seit drei Jahrhunderten befallen ist, kann nie geheilt werden.

Jiři Karásek ze Lvovic (1871–1951)

Schlacht am Weißen Berg

Auf dem weißen Berge, unweit Prag, fingen die Böhmen an, sich zu verschanzen, als von der vereinigten kaiserlich-bayrischen Armee (am 8. November 1620) der Angriff geschah. Am Anfange des Treffens wurden einige Vorteile von der Reiterei des Prinzen von Anhalt erfochten; aber die Übermacht des Feindes vernichtete sie bald. Unwiderstehlich drangen die Bayern und Wallonen vor, und die ungarische Reiterei war die erste, welche den Rücken wandte. Das böhmische Fußvolk folgte bald ihrem Beispiel, und in der allgemeinen Flucht wurden endlich auch die Deutschen mit fortgerissen. Zehn Kanonen, welche die ganze Artillerie Friedrichs ausmachten, fielen in Feindes Hände. Viertausend Böhmen blieben auf der Flucht und im Treffen, kaum etliche hundert von den Kaiserlichen und Ligisten. In weniger als einer Stunde war dieser entscheidende Sieg erfochten.

Friedrich saß zu Prag bei der Mittagstafel, als seine Armee an den Mauern sich für ihn niederschießen ließ. Vermutlich hatte er an diesem Tage noch keinen Angriff erwartet, weil er eben heute ein Gastmahl bestellte. Ein Eilbote zog ihn endlich vom Tische, und von dem Wall herab zeigte sich ihm die ganze schreckliche Szene. Um einen überlegten Entschluß zu fassen, erbat er sich einen Stillstand von 24 Stunden; achte waren alles, was der Herzog ihm bewilligte. Friedrich benutzte sie, sich mit seiner Gemahlin und den Vornehmsten der Armee des Nachts aus der Hauptstadt zu flüchten. Diese Flucht geschah mit solcher Eilfertigkeit, daß der Fürst von Anhalt seine geheimsten Papiere und Friedrich seine Krone zurückließ.

Friedrich Schiller (1759–1805)

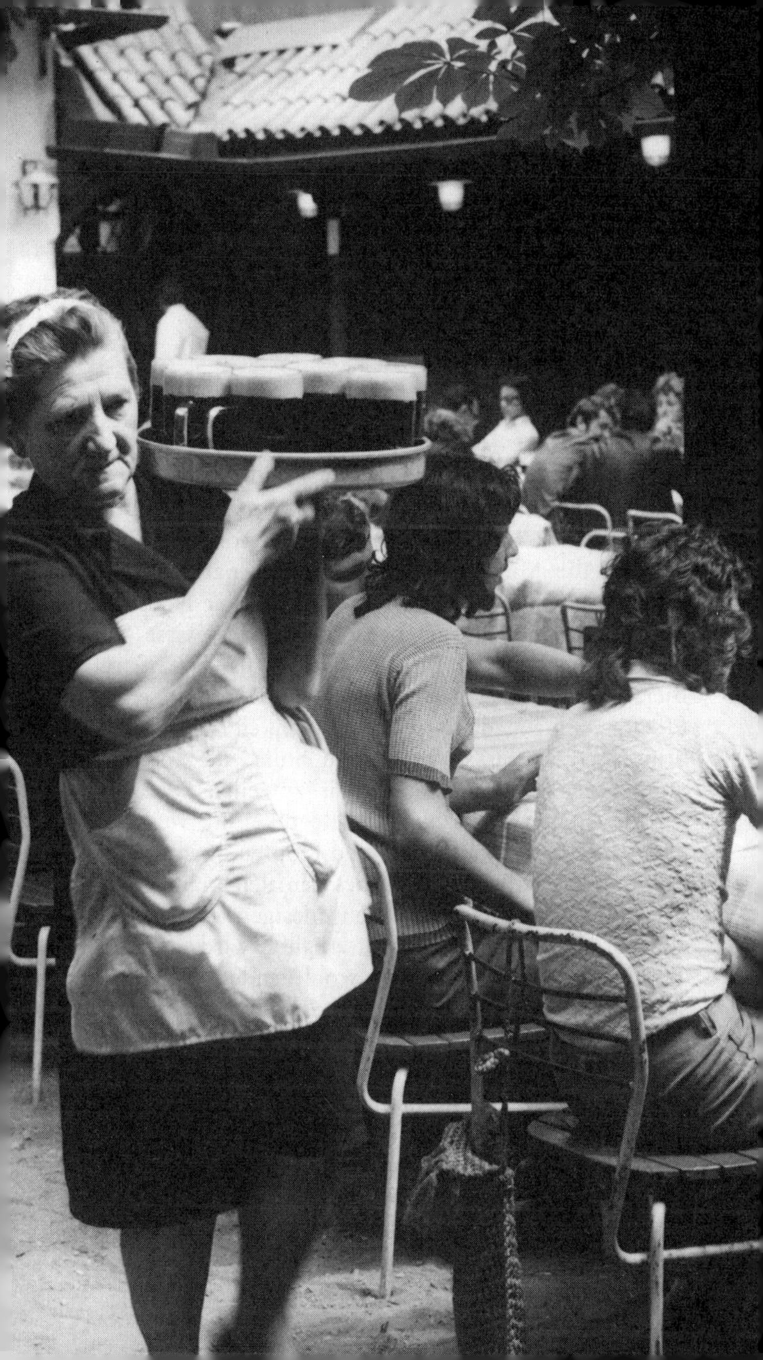

WÜRSTE UND BIER

Die Musik und das Bier

Zwei Dinge sind es, welche auf den gemütlichen und gesellschaftlichen Charakter der Prager besonders einwirken, nämlich die Musik und das Bier. Der nationale Sinn für Musik, der in Prag fortdauernd mit großer Kunstliebe gepflegt wird, begünstigt ebensosehr eine gewisse Sanftmut und Zärtlichkeit der hiesigen Sitten, als das vortreffliche Bier, der zweite Musengott der Bevölkerung, ein mildes Pflegma, eine gedämpfte Gemütlichkeit in den Umgang bringt. Auch die schwermütige Stille, die hier auf den Straßen herrscht, scheint es mir zuweilen zu sagen, daß ich unter einer biertrinkenden Bevölkerung weile, der das künstliche Gebräu aus Malz und Hopfen über alles gilt, sogar über die edleren Gaben des genialen Mannes Bacchus. Das Prager Bier, das in den hiesigen Felsenkellern so außerordentlich gut und kühl erhalten wird, besitzt in der Tat, bei einem eigentümlich wohltuenden Geschmack, so substanzreiche Teile, daß es einmal ein Kenner mit Recht ein flüssiges Brot nannte. Und als solches wird es auch hier vielfältig genossen, da man sogar schon des Morgens mit Bier frühstücken sieht, und die ganze Atmosphäre Prags schien mir beständig so bierdurstig, daß ich das, was ich sonst für eine Barbarei gehalten haben würde, an mir selbst erlebte... Aber nun denke Dir, was es auf das Temperament eines Volkes für Einfluß haben muß, wo ein so starkes und schweres Bier zum Lieblingsgetränk geworden. Doch der Prager genießt sein Bier selten ohne – Musik. Aus den niedrigsten Bierhäusern schallt Dir Harfe, Flöte, Geige, Trompete oder Trommel fast zu jeder Tageszeit entgegen, und so wiegt sich die sanfte Biermelancholie schnell in eine weiche Musiksymphonie hinüber, die am Ende sogar in die Füße tritt und die Schwere des Phlegmas zu einem rasch sich drehenden Tanz bewegt.

Theodor Mundt (1808–1861)

Wie die kleinen Leute speisten

Die damaligen kleinen Leute mit leeren Taschen und schlaffen Geldbeuteln machten einen Bogen um die Gasthäuser, in denen das Mittagessen teuer war. Drei oder gar vier Silbersechser – Herrschaften, das war nicht wenig Geld! Und so war der kleine Mann, der Student, der niedere Beamte und Handwerksgeselle, der bei seinem Meister nicht in Kost war, ein lebendes Adreßbuch aller Prager Brauhäuser, in denen man billiger speisen konnte. In diesen Volksküchen konnte man die Stufenleiter der Preise für ein Mittagessen verfolgen, wie sie kreuzerweise sanken. Hinter den Fenstern dieser Unternehmen hingen Zettel mit der Aufschrift aus, daß ein Mittagessen hier 28, 27, 26, 25, 24 Kreuzer kostete. Das heißt Suppe, Rindfleisch und Zuspeise, oder wie man in Prag auch sagte, «cugmýs», das heißt Zugemüse zum Fleisch. (...)

In Prag gab es noch eine Art von Volksküchen, von denen die letzten erst während des [ersten] Weltkrieges verschwanden. Das waren Küchen und Speiseräume in einem, ohne Tische und Stühle, ja vielfach auch ohne Bestecke. Den Blechlöffel brachte der Gast entweder in der Tasche oder im Stiefelschaft mit, und wer keinen Löffel hatte, dem dienten die Finger als Gabel. Das bedeutendste

Zentrum dieser Küchen war der Kohlenmarkt und bis zur Veränderung des Altstädter Rings auch die Lauben am Eiermarkt.

Das waren nicht nur «Restaurants», sondern auch «Kaffeehäuser», und der Volkswitz, dem es nie an Einfällen mangelte, wetzte daran seine Zunge. Als ich zum erstenmal vom «Hotel Kandelaber» und vom Café «Zum Buckelkorb» sprechen hörte, verstand ich das nicht gleich, aber bald erkannte ich, worum es sich handelte. Früh am Morgen kam eine alte Frau (oder auch zwei oder drei) auf den Kohlenmarkt, mit all ihrer Kücheneinrichtung: ein Buckelkorb oder ein kleiner Handwagen, darin ein eisernes Öfchen für Kohle oder Holzkohle, zwei, drei eiserne Töpfe, Deckel, Schöpflöffel – mit einem Wort, was man zum Kochen braucht. Die Frau heizte unter dem Topf voll Wasser an, und bald war ihre Umgebung vom Geruch glühender Kohle erfüllt, zuweilen auch von beißendem Rauch, wenn es nicht gut brennen wollte. Zuerst kochte sie einen Kaffee, weil ja die anderen Marktweiber frühstücken wollten, und man kann sich denken, daß das ein guter, starker Kaffee war! Aber schon schälte sie auch Kartoffeln und zerkleinerte trockene Brotscheiben und Rinden für die Vormittags- und Mittagssuppe. In diesen Eisentöpfen wurde so mancher Laib Kommißbrot zerkocht. In Kasserollen und auf Bratpfannen schimmerten in tödlicher Blässe durchgeseihte Nudeln und gelbliche Stampfkartoffeln, sehr oft auch Hirsebrei. Um die Mittagsstunde war das «Hotel Kandelaber» von vielen Hungrigen umlagert, und wer es besonders eilig hatte und nicht auf einen Teller warten konnte, rief der Verkäuferin zu:

«Für zwei auf die Hand!»

Er bekam also die Nudeln oder die Hirse auf die nackte Hand. Aber auf der Hand brannte das, und so warf der liebe Gast die Speise von einer Hand in die andere, bis sie ein bißchen auskühlte.

Ignát Herrmann (1854–1935)

Kulinarisches vom alten Eiermarkt

Frau Fogetka ist heute irgendwie gut gelaunt.

«Sie haben morgen früh keine Kuttelflecksuppe?» hat die Frau Nachbarin von rechts sie gestern abend gefragt.

«Keene. Hab keene Lust, die Flecke zu waschen», gab Frau Fogetka zur Antwort.

«Was denn, Kuttelflecke, die muß man zuerst schön abspülen, wegen dem Sand, und dann noch zweimal wässern, damit sie den Geruch verlieren.»

«Das wär mir was! Mit dem Geruch verlieren sie die Kraft. Und dann muß man sie fünf Stunden kochen, früh aufstehn – ich hab die schönsten Träume immer erst gegen Morgen», entschied Frau Fogetka.

Heute hatte sie also wirklich keine Kuttelflecksuppe. Sie kam etwas später als sonst auf den Markt, schlenderte hin und her, unterhielt sich. Sie hörte sich alle Träume an und legte sie aus wie keine andere...

Dann machte Frau Fogetka ihren Stand zurecht, briet und kochte in aller Ruhe. «Kochen und braten kann von allen Lebewesen einzig der Mensch», pflegen wir in unserem Stolz zu sagen, aber auch diese Kunst ist nicht allen Leuten gleich gegeben, und es gibt Auserwählte. Niemand würde es wagen, der Frau Fogetka zu sagen, sie sei nicht auserwählt. Der Himmel selbst müßte zu ihren Gunsten entscheiden, denn er blickt schon etwa fünfzig Jahre lang frei und ungehindert auf ihre Kunst hinab. Frau Fogetka ist auch in der Tat schon lange «Trakteurin» auf dem Markt. Sie übt ihr Kochhandwerk aus wie der Makkaronimann in der Porta von Neapel, wie der Koch, der in den Straßen von Konstantinopel Hammelpilaw feilhält, oder der Pariser Flickschuster in der Rue Mouffetard, der bei seiner schmutzigen Arbeit auf schmutzigem Geschirr schmutzige Beefsteaks verkauft. Frau Fogetka sitzt mit ihrem Laden nicht unter den Arkaden, wohin die schamhafteren Gäste kommen, um mit dem in Empfang genommenen Topf gleich in der Tiefe des Durchgangs zu verschwinden, um hier, in einer dunklen Ecke – nicht frech ausgelacht, aber auch nicht frech bemitleidet – ihr «Mittagessen» zu verschlingen. Sie hat sich draußen unter freiem Himmel niedergelassen, dort, wo man beim Plätschern des Springbrunnens so fein Kartoffeln schälen und das Maulwerk so angenehm laufen lassen kann. Schlicht, wie alles an Frau Fogetka, ist auch ihr Stand. Zwei Tragkörbe und eine Brotschüssel, die auf dem Pflaster stehen, das ist ihr ganzes Geschäft. Alle Tage zündet sie mit dem Prometheusfunken die Holzkohle an, die Kohle glimmt entweder in einem eisernen, runden Blechkasten oder wohl auch nur in einer Tonschüssel, der Blechkasten und die Schüssel stehen im Tragkorb, und auf den Kohlen liegen längliche Bratpfannen voll schmorenden Inhalts. Ein niedriger kleiner Schemel hinter dem Laden für die Frau Trakteurin, ein Schemel oder ein alter Sessel vor dem Laden für die Gäste, das ist alles. Außer, wir erwähnten noch den aufgespannten Regenschirm, der an einem Ständer befestigt ist; er ist nicht wegen der Speisen da, sondern um die Frau Trakteurin gegen Sonnenbrand zu schützen. Grau der Regenschirm, grau die Speisen, grau die Frau Trakteurin, alles grau. Doch halt, ich wage nicht zu sagen, daß Frau Fogetka vielleicht schon graue Haare hätte! Ein farbiges Kopftuch verbirgt es, aber die Kleidung ist überwiegend grau, die stechenden Augen sind grau, die verrunzelte Haut im Gesicht und an den Händen ist grau. Nun, jetzt kennen Sie Frau Fogetka.

Heute gibt Frau Fogetka der Welt ein Gastmahl! Es gibt hier allerdings nicht hundertfünfzig Gerichte wie bei Verry in Paris, aber es gibt genug. Auf einer Bratpfanne Schweinebraten mit knuspriger Schwarte und gelben Kartoffeln, auf der zweiten gebratene Gänse in Viertel geteilt, die nur darauf warten, abgenagt zu werden – Frau Fogetka kauft keine schlechten Gänse, sie kauft nur billige, solche etwa, die beim Transport vom Korbgeflecht leicht gedrückt oder beschädigt wurden. Auf der dritten abgezogene Schweineschwarte mit Kümmel und Salz gedünstet; sie wird stückweise als Brotbelag verkauft. Auf der vierten Erbsen mit Graupen; wird mit dem Kochlöffel in die ausgestreckte Hand geklebt, zwei Kreuzer die Portion. Dann ein paar Tellerchen mit Gurkensalat – ja, wenn wir uns so umsehen, müssen wir sagen, daß Frau Fogetka heute die reichste Auswahl hat. Vergleichen wir!

Ihre Nachbarin zur Rechten hat gebratene Kalbshaxe, Hirse und Dalken. Die Hirse wird auf die gleiche Art verkauft wie Erbsen mit Graupen.

Die Nachbarin links bietet Pfannkuchen feil, in längliche Vierecke geschnitten wie Dukatenbuchteln. Dann «Kucmoch» mit Mohn. Und gekochte Milz mit Erbsen. Der Feinschmecker liebt allerdings die poröse, schwammige Milz nicht, aber hier am Markt ist sie beliebt. Fünf Kreuzer das Tipfel.

Beim nächsten Stand kriegt man gebackenes Kuheuter, sieht fein aus, wie Karbonaden. Aber dann – Gänseklein mit Kartoffeln! Ich glaube, einer solchen Disharmonie wäre Frau Fogetka nicht fähig. – Delikates Gänseklein und Kartoffeln! Wie in der Natur zur Nachtigall immer nur Rosen gehören, so gehört zu gebratenem Zickel junger Hopfensalat, zum Spanferkel Senf, zu Gänse- oder Hühnerklein Reis oder Nudeln – das fühlt doch jeder!

Und an den andern Ständen sehen wir schmorende Leberwürste, gebratene Fische, Kommißbrot mit Landkäse, und als Delikatesse rote Häuflein gesottener Krebse, und so weiter. Und dann – nein, das kann man nur mit geschlossenen Augen essen! Vor solch einem Ragout würde auch ein Chinese zurückschrecken! Gekochte Würmer, ein zerhackter Schuh, ein geriebener Henkel von einem Wasserbottich oder so was. Doch – stellen wir uns nicht unwissend. Es ist Beuschel, aber schrecklich zerhackt und zerstückelt.

Kartoffeln gibt es allerdings überall. Sie sind das ganze Jahr hindurch die Hauptspeise. Die Kartoffel ist dem

Tschechen, was dem Italiener der Makkaroni. Es gibt im Tschechischen auch einen humoristischen Kosenamen, «Rebhuhn», dafür. In Wien wird ein ähnlicher Ausdruck gebraucht, doch wenn einer in der Donaustadt ein «ungarisches Rebhuhn» verlangt, kriegt er wenigstens Rindshaxe, bei uns kriegt er, wenn er «Rebhuhn» sagt, immer nur Kartoffeln. Wer Kartoffeln ißt, wird angeblich dumm. Kaffee dafür schärft den Verstand. Darum spendiert sich auch das Mütterchen, das für drei Kreuzer Kartoffeln verschlungen hat, gleich nebenan für vier Kreuzer eine Tasse Kaffee, und die Oma bleibt klug.

Jan Neruda (1834–1891)

Prager Schinken

Nicht ein Wörtchen kann man in Prag über den autochthonen Schinken auftreiben. Der Zettelkatalog der Universitätsbibliothek und die Archive der Zeitungen enthalten keinerlei Material, im «Slovník naučny» existiert überhaupt kein Schlagwort «šunka» (im deutschen Konversationslexikon wird unter «Schinken» der Prager Schinken wenigstens lobend hervorgehoben), und sub «vepř» steht auch nichts darüber. Nur in seinem Heim läßt sich der Schinken – den die Prager Deutschen mit beschimpfendem Femininum «*die* Schinke» benennen – finden, in der Selchwarenfabrik.

Zuerst erfährt man dort, was dazugehört, ein Schinkenerzeuger zu werden: man muß Chmel heißen. Wer diesen Namen führt, ob er nun bisher Geschäftsreisender, Bankbeamter, Schneider oder Katechet war, dem stellt man sofort Kapital für die Errichtung einer Selchwarenfirma zur Verfügung. Dagegen ist auch am ältesten und tüchtigsten Metzgergehilfen Chmel und Malz verloren, er kann sich niemals etablieren, wenn er nicht in männlicher Deszendenz dem Geschlechte der Chmeliden entstammt. Der englische Schinken ist salzig, der westfälische schmeckt roh und faserig, der Prager aber ist saftig und zart. Wieso? Die großen Fleischkönige wie Swift oder Armour aus Chicago kamen nach Prag, das zu erkunden, sie engagierten die Meister weg – es gelang ihnen doch nicht, in Chicago Prager Schinken herzustellen. «Es waren eben keine Chmels!»

Ein Mythos schlingt sich um die Prager Schinkenfabrikation: Man erzählt in der Branche des Auslandes, die Schweine söffen vor dem Schlachten Pilsner Bier, der Sole, in der die Schinken lagern, und dem Heizmaterial seien geheime Essenzen beigemischt, für die Räucherung werde besonderes Obst verwendet und der Schinken in einer Umhüllung aus Brot gebacken. Nichts davon ist wahr, versichern die Eingeweihten. «Man muß bloß Chmel heißen, das übrige besorgt der lokale Bazillus!» Und was ist der lokale Bazillus? «Der ist nicht entdeckt.»

Egon Erwin Kisch (1885–1948)

Ein Prager Sherlock Holmes

Mařena kam nach Prag in Stellung. Am Morgen führte sie der Dienstherr aus dem Hause in der Hopfenstockgasse, zeigte ihr, wo der Kaufmann ist, wo der Metzger, wo der Bäcker, führte sie auf den Karlsplatz, ging mit ihr durch den Park und zeigte ihr das Schwarze Bräuhaus, wo sie immer das Bier holen soll.

Mařena nickte, sie werde sich alles merken, kaufte glücklich am Morgen ein und fand auch glücklich mittags ins Schwarze Bräuhaus. Aber kaum nahm sie den Krug mit dem Bier auf, schmetterte draußen auf dem Platz Musik los. Mařena durchzuckte es. Sie rannte aufs Trottoir hinaus und war wie vom Donner gerührt.

Von oben wälzten sich Ströme von Menschen, die Musik

spielte, daß es ihr in die Beine fuhr. Und all die Massen marschierten schön im Takt, das schwang nur so und wiegte sich. Mařena war wie betäubt. Ihr Leben lang hatte sie so etwas Schönes nicht gehört. Aber schon war dieser ganze Schwall von Soldaten und Zivilisten bis vors Schwarze Bräuhaus gelangt. Und auf einmal nahm jemand Mařena untern Arm. «Mařenka, kommen Sie mit!» rief der Unbekannte, und weil die Musik spielte und weil Mařenas Füße schon tanzten und weil sie der junge Mann kannte, obwohl sie sich um nichts in der Welt erinnern konnte, woher, gab sie sich dem mitreißenden Strom hin, drückte fest den Krug an sich und ging mit.

Und die Trompeten lachten, die Tschinellen klirrten, und die Trommel schien jeden Schritt zu loben; und der ganze freudige Rhythmus trug Mařena wie auf Traumesflügeln. Erst als das dritte Stück zu Ende gespielt war, flog es ihr durch den Sinn: Die Herrschaften warten auf das Bier! Sie erschauerte, entriß sich ihrem Begleiter, quetschte sich aus dem Gedränge heraus und wartete, bis der ganze Zug vorbei war. langsam schaute sie sich um, aber da wurde ihr bange. Vor ihr ragte ein hoher Turm auf, ringsum waren lauter riesige Paläste, angestaute Reihen von Straßenbahnen fuhren in alle Richtungen los, sie donnerten über die Geleise und bimmelten. Automobile hupten, pfiffen, kreischten, Droschkenkutscher schrien, die Leute drängten sich hierhin und dorthin, alles eilte und fuhr und hastete, nur Mařena stand hier allein mit ihrem Krug, verlassen, namenlos fremd unter Fremden. Plötzlich fiel von all der Hast und von den großen Gebäuden eine furchtbare Beklemmung auf sie. Sie wandte sich nach rechts, sie wandte sich nach links, aber wo sie hergekommen war, wußte sie nicht. Sie fühlte nur immer mehr, daß sie gleich in Tränen ausbrechen würde, in ein fürchterliches Geheul, damit sich die Leute ihrer erbarmten und sie zu ihrer Herrschaft führten. Und als sie schon das Gesicht zum Weinen verzog, da sprach jemand sie von hinten an:

«Was sucht Sie denn hier, Jungfer, was denn?»

Sie schaute sich um, hinter ihr stand ein Polizist. Groß, stark, mit roten Backen.

«Ich ... ich kann nicht nach Hause finden», stammelte Mařena, «bin nur ein Stückchen mitgegangen, ein ganz kleines Stückchen mit der Musik, und jetzt kenn ich mich hier nicht aus.»

«Und wo wohnt Sie?»

«Ich ... ich weiß nicht, wie das heißt.»

«Wie lange ist Sie in Prag?»

«Den ersten Tag.»

«Und wie heißt Ihr Herr?»

«Ich weiß nicht.»

«Und wo hat Sie das Bier geholt?»

«Ich weiß nicht.»

Mařena kullerten schon die Tränen über die Wangen. Der Polizist betrachtete sie nachdenklich. Das war ein schwerer Fall.

Plötzlich kam ihm ein Einfall.

«Reich Sie mir das Bier!»

Er nahm den Krug, blies den Schaum weg, schaute hinein, schnupperte bedächtig, setzte den Krug an den Mund und nahm einen tiefen Schluck. Dann rieb er sich mit der Zunge den Gaumen, um fachmännisch den Geschmack zu prüfen, und plötzlich wandte er sich an Mařena:

«Bei Primas?»

Mařena schüttelte den Kopf. Nein. so hatte das Bräuhaus nicht geheißen.

Der Wachmann nahm einen neuen Schluck, kostete wieder das Bier.

«Bei Schönflocks, was?»

«Nein, anders.»

«Sapperlot, das ist komisch», bemerkte der Wachmann und trank wieder. «Es wird doch nicht von Fleck sein?»

«Nein, das hieß anders.»

Jetzt war auch der Wachmann mit seinem genialen Einfall am Ende. Er hob zum vierten Mal den Krug, aber da schnauzte jemand empört:

«Schämen Sie sich nicht?! Am hellichten Tag Bier auf der Straße zu trinken! Sie sind doch im Dienst, oder? Können Sie nicht in ein Haus gehen?»

Der Polizist erschrak, knallte die Hacken zusammen, legte die Linke mit dem Krug an die Hosennaht und salutierte mit der Rechten. Der Herr Revierinspektor!

«Melde gehorsamst, Herr Revierinspektor, das ist nicht wegen dem Durst. Das Mädel hat sich verirrt, und wir wissen nicht, woher sie ist. Vielleicht kann man nach dem Bier...»

Der Revierinspektor durchbohrte zuerst den Wachmann mit Blicken, dann Mařena, dann den Krug. Sie erklärten ihm beide, was passiert war. Er brummte und knurrte, blitzte mit den Augen nach den Leuten, die sich bereits ringsum scharten, aber da half alles nichts – etwas mußte geschehen!

«Geben Sie den Krug her!» herrschte er schließlich den Wachmann an.

Dieser reichte ihm respektvoll den Krug, und der Herr Revierinspektor hob ihn, die Neugierigen nicht achtend, an den Mund und tat einen tüchtigen Zug. Dann ließ er den Krug sinken, schaute eine Weile hinter den Pulverturm in die Ferne, leckte sich die Lippen, strich sich den Schnurrbart und sagte bieder:

«Machen Sie kein langes Gerede, Mann, und zeigen Sie dem Mädel den Weg. Das ist Schwarzes Bräuhaus.»

Eduard Bass (1888–1946)

Rundgänge

Wöchentlich ein- oder zweimal nahm der Vater den Knaben mit auf Rundgänge durch Kirchen und Wirtshäuser. Bei Bigalsky hinter der Heinrichskirche hob sich das Bier in blanken Seideln aus einer Kellerversenkung. Bei Schnell auf der Kleinseite trank man Pilsener und aß dazu ellenlange dünne Würstel, die von den Canonici von St. Veit besonders geschätzt und daher «Domherrnwürstel» genannt wurden. Ihrer erfreute sich der Knabe aber nur, wenn der Vater nahebei auf dem Kleinen Waldsteinplatz sich beim Schuster Chleborad seine Schuhe anmessen ließ oder sie anprobierte oder sie abholte. Chleborads Schuhe waren zwar jedesmal zu eng, dafür aber äußerst dauerhaft. Bevor man bei ihm eintrat, stärkte man sich noch bei Schnell, nachher aber suchte man Erholung im Schatten der Niklaskirche bei Glaubitz, wo schon der König Wenzel IV. zu zechen liebte. Der Heimweg war dann lang genug, um sich darüber klar zu werden, ob man noch beim «Jesuskindlein» oder nahe der Kirche Maria Schnee bei «Pinkas» Station machen sollte. Etwas Heiliges war in Prag meistens dabei. Wurde es warm, bevorzugte man den schattigen Bräuhausgarten des Thomasklosters oder den «Zum Primas», wo die Aufschrift prangte:

Juni, Juli und August:
Laß das Weib und trink mit Lust,

oder ging zu «Fleck» oder ins «Schwarze Bräuhaus»; es gab noch andere Wirtsgärten; und der Knabe kannte sie alle, kannte auch geradezu persönlich die Radieschenweiber oder die mit gebrannten Mandeln oder jene, die in einem Umhängekorb Rollmöpse, Pfefferfische und saure Zwiebeln feilboten, dazu die Männer, die auf ihrem Kopf ein Tablett mit verzuckerten, auf Holzstäbchen gereihten Früchten balancierten, die Lottomänner, die Liebesbarometermänner, den Elektrisiermaschinenmann Ferda Springauf, die Luftballonverkäufer, den pensionierten Diurnisten, der Aufstehmännchen und mechanisch bewegte Walrosse vorführte, kurz den ganzen vergnüglichen ambulanten Jahrmarkt, der sich unaufhörlich von einer Gartenrestauration zur anderen und weiter im Kreis bewegte.

Soweit also schien wiederum alles behaglich, bis irgendeine angeregte Gruppe an einem Tisch zu singen begann, nicht eigentlich um zu singen, sondern um irgend etwas zu demonstrieren.

«Slawengeist, er lebt, er lebet,
wächst und blüht trotz allen.
Mit uns Rußland! Wer uns angreift,
wird durch Frankreich fallen.»

Das war nun kaiserlich und königlich verboten. Aber irgendwelche Deutsche am Nachbartisch hätten angefangen die «Wacht am Rhein» zu singen, die ebenfalls verboten war. Rußland war weit, Frankreich war weit, der Rhein war weit. Und die Deutschen hatten in Wirklichkeit die «Lorelei» gesungen, aber die Tschechen behaupteten, es sei die «Wacht am Rhein» gewesen und außerdem habe einer laut und vernehmlich die Stadt Aussig Aussig genannt und nicht Ustí, wie es der Slawengeist erfordere. Dahin war der Friede, und uralter Groll, gehegt seit den Przemysliden, den Luxemburgern und dem Kuttenberger Dekret, schaffte sich Luft, krakeelend, rabiat und Biergläser schmetternd.

Johannes Urzidil (1896–1970)

Frühschoppen

Matthias Triebl, der ewige Mediziner, der an der Prager Hochschule bereits seit Jahren – nicht studierte, saß wieder einmal mit zweien seiner Kumpane, dem Mausdreck und dem Mustl, bei einem Frühschoppen, der um halb elf begonnen hatte und, als die frühe Dämmerung des Wintertages herabsank, noch immer währte. Daran war der ausgezeichnete Stoff schuld, der in der unansehnlichen Vorstadtkneipe verzapft wurde; sie waren zum erstenmal in dieser Schenke und waren hineingeraten, weil der Trieblmatz im Vorbeigehen einen ungemein dicken, bärtigen Mann, einen richtigen König Gambrinus, ein schäumendes Halbliterglas mit solchem Behagen leeren sah, daß der alte Student alsogleich selber durstig wurde. «Kommt!» sprach er mit der sichern Witterung des bewährten Quellenfinders zu seinen Gefährten. «Dieser Schein trügt nicht! Wo derart wohlbeleibte Männer in den Vormittagstunden so hingegeben zechen, dort muß die richtige Labe rinnen!» Er sollte recht behalten. Das Bier, das ihnen vorgesetzt wurde, gehörte zu jener Sorte, von der man sich immer noch eins leistet: der Schaum stand zwei Finger breit, dick wie Schmetten, über dem goldroten Gerstensaft, der wie Öl durch die Gurgeln rann. Also waren sie guter Dinge, und da auch eine richtig gewürzte und gepfefferte Kuttelflecksuppe sowie ein saftiges Beinfleisch zu bekommen waren, beschlossen sie, sich in dem warmen Hinterzimmer häuslich niederzulassen und ein Quodlibet zu löffeln, zu Ehren des königlichen Trankes und in Anbetracht des trostlosen Regentages, der alle Gassen in eine kühle Nebelfeuchte hüllte.

Rudolf Haas (1877–1943)

Prager Würste

Die Prager *uzenárny* – das Wort läßt sich nur unzureichend mit «Verkaufsläden für geräucherte Würste» übersetzen – waren eine einzigartige Einrichtung. Einige waren mit einem Metzgerladen kombiniert; Würste, Schinken und geräucherte Fleischwaren wurden im vorderen Raum verkauft, frisches Fleisch im hinteren Raum. Die besten Wurstläden jedoch ließen sich nie herab, frisches Schweinefleisch zu führen – geschweige denn Rind- oder Kalbfleisch.

In den glücklicheren Vorkriegsjahren, da Essen und Trinken den Prager Bürgern noch wichtiger waren als die Ansprachen ihrer politischen Führer, konnte man die gesellschaftliche Stellung eines Mannes oft an dem Wurstladen erkennen, in dem er einzukehren pflegte, und an der Art der heißen Würstchen, die er dort verzehrte. Ein Wurstesser hielt seinem Stammlokal stets die Treue.

Im wesentlichen gab es zwei Sorten von heißen Würstchen: die dünnen *párky*, die kurz oder lang sein konnten, Frankfurter oder Wiener Würstchen ähnelten und paarweise verkauft wurden (daher der Name), und die kurzen dicken *vuršty*, *klobásy* oder *taliány*, die weiß und sehr fett waren und deren Füllung mit Schinken- und Knoblauchstückchen vermengt war. Die *klobásy* waren etwas größer und fetter als die übrigen Würste und hatten eine dicke Haut.

Die beliebtesten heißen Würstchen waren die *vuršty*. Sie waren saftig und weniger fett, gewissermaßen der weibliche Teil der Wurst-Familie, und wurden daher vor allem von Männern bevorzugt. Die *vuršty* waren etwa sieben Zentimeter lang, und man aß sie mitsamt der Haut. Wenn jemand die Haut einer *vuršta* auf dem Teller liegenließ, so galt das als ebenso großer Verstoß, wie wenn jemand in einem Burgunder Weinkeller Wasser in den Wein tun würde. Die Güte der *vuršty* prüfte man, indem man mit einer Gabel hineinstach. Waren die *vuršty* frisch und richtig zubereitet, so spritzte der Saft dem Esser ins Gesicht. *Vuršty*-Esser erkannten einander an den Fettflecken auf ihren Krawatten und Jackenaufschlägen. Sie trugen diese Flecken so stolz zur Schau, als wären es Tapferkeitsmedaillen.

Die *vuršty*-Bereitung war ein streng gehütetes Geheimnis der großen Wurstmacher. Es gab Leute, die stundenlang darüber streiten konnten, ob die Produkte von Chmel, Zemka oder einer anderen großen Wurstfabrik denen der selbständigen kleinen Künstler ihres Faches vorzuziehen seien. Die Frage wurde nie völlig geklärt.

Heiße Würstchen verzehrte man direkt in den Wurstläden, wo sie den ganzen Tag lang in besonderen Behältern unter Dampf gehalten wurden. Die Verkäuferinnen, die weiße Kittel trugen wie Krankenschwestern, fischten die *párky* oder *vuršty* mit einer großen hölzernen Gabel aus der kochenden Brühe und legten sie auf einen heißen Teller. Dazu servierte man rohes oder gekochtes Sauerkraut, Kartoffelsalat, russischen, französischen oder wallisischen Salat; orthodoxe Würstchenesser hingegen verlangten zu ihren *vuršty* lediglich Senf oder Meerrettich und Brot oder Brötchen. An der Wand gegenüber dem Ladentisch war in Brusthöhe eine lange Marmorplatte angebracht, an der die eiligen Kunden «im Stehen» ihre Würstchen verzehren konnten. Außerdem gab es einen Hinterraum mit kleinen Tischen für die Gäste, die sich lieber setzen wollten. Die Wurstläden waren weißgekachelt und hatten Steinfußböden, so daß es dort sogar im Sommer kühl war. Im Winter trugen die Verkäuferinnen Strickjacken unter ihren weißen Kitteln.

Um acht Uhr morgens wurden die Wurstläden geöffnet. Dann warteten bereits die ersten Kunden, diejenigen, deren Frühstück aus *vuršty* anstatt aus Kaffee bestand. Um halb elf Uhr waren die meisten Läden vollbesetzt mit Leuten, die vorgaben, es schrecklich eilig zu haben, aber immer Zeit fanden, hier einzukehren und sich ein Paar *vuršty* zu genehmigen.

Der nächste Ansturm auf die Läden begann um die Mittagszeit, wenn viele Kunden kamen, um ein Paar fette *vuršty* zu essen, so wie die New Yorker in eine Bar gehen, um ein paar trockene Martinis zu trinken. Manche kamen auch nach dem Mittagessen, um ihre Würste als Dessert zu verzehren, während sich wieder andere später am Nachmittag dorthin begaben. Um die Abendbrotzeit waren die Läden abermals gestopft voll. Dann nahmen hier ganze Familien ihre *vuršty*-Mahlzeit ein. Junge Männer luden das Mädchen ihrer Wahl zu ein Paar *párky* ein, bevor sie ins Kino gingen. Romantik und Liebe blühten in den Wurstläden.

Joseph Wechsberg (1907–1983)

Frisch vom Faß

Das zu jeder Mahlzeit gehörende Bier wurde in Prag nur frisch vom Faß getrunken. Bier in Flaschen wäre von jedem Prager als impotentes Gesöff verächtlich abgelehnt worden. In jeder Straße gab es ein «Baisel», wo das frische Bier geholt wurde. Die Köchinnen mußten jeden Abend mehrmals den Weg des vielen Bieres gehen. Sie waren einsichtsvolle Wesen, voll Verständnis für den Durst ihrer Herrschaft. Wenn Gäste kamen, stieg die Höhe des Trinkgeldes mit dem Ausmaß des Durstes – das wußten sie. Ihre Bierwelt war in Ordnung.

Friederike Hübner (geb. 1918)

Eifersucht im Selcherladen

Nein. Statt sich das Leben zu nehmen, wollte er lieber etwas essen, und als er nach wenigen Minuten das Haus verließ, war er bereits so hungrig, daß er seinen Blick immer wieder auf einen neben ihm gehenden rotgesichtigen Moldau-Matrosen richtete, der die Mütze in den Nacken geschoben, den Rumpf, um die Montur nicht zu beklekkern, weit vorgebeugt hatte und, ohne ein einziges Mal stehenzubleiben, mit großen weißen Zähnen in eine heiße Speckwurst biß. Das war es. Keine Hummer-Krabben am Spieß, nichts Gratiniertes, Garniertes, Flambiertes, keine Pastetchen und Röllchen – etwas Schweinernes mußte her. Amery bog am Ende des Grabens in die Hybernergasse und betrat kurz vor der Havličekgasse einen kleinen, zum «Volkshaus» gehörigen Selcherladen, der um diese Zeit, da er hauptsächlich Frühstückskundschaft hatte, fast leer war. Ein süßlicher, fetter Duft, der mit den wabernden Dampfschwaden aus einem Holzbottich stieg, nahm ihm für Sekunden den Atem, aber ein hilfreiches Gedächtnis an winterliche Schlachtfeste, bei denen es nicht anders gerochen hatte, schob ihn zu dem dicken Metzger, der mit einer hölzernen Gabel in die Brühe stach, ein Stück Wellfleisch herausfischte und auf die Waage warf: ein halbes Pfund.

«Gut so?»

«Bitte», sagte Amery.

Die Verkäuferin erfaßte das Stück mit einem Papier und wartete mit der Übergabe, bis Amery das Fleisch, den Meerrettich und die Salzstange bezahlt hatte. Er stellte sich mit seiner Portion an das gegenüber dem Tresen angebrachte Brett, nahm Messer und Gabel aus einem Korb und schnitt den ersten weißgrauen Streifen herunter. Als er die Hälfte der Portion gegessen hatte, fühlte er neues Leben ins Kraut schießen, knallartig und herausfordernd. Die Fantasie zog ihren Fehdehandschuh ab: in Gedanken betritt er das Gelände einer Villa im Westen der Stadt, an der Hanspaulka. Im Garten duftet verregneter Holunder. Er hört das Tor hinter sich zuschlagen. Das Haus öffnet sich von selbst. Er steigt die Treppe hinauf in den ersten Stock und schiebt die Flügel einer milchverglasten Tür auseinander. Auf einem Diwan liegt ein dunkler junger Mann, noch nicht zwanzig Jahre alt, unbekleidet, schwarzhaarig. Er hat gewisse Ähnlichkeit mit Karol Djudko. Er raucht und streift die Zigarette aus und sagt: «Jetzt.» Christine erhebt sich, doch der junge Mann schüttelt den Kopf. Sie läßt sich auf die Knie nieder und torkelt, weil der Rock sie hindert, langsam zum Diwan hin. «Gut so?» fragt sie. Der junge Mann nickt. Amery scheint es an der Zeit einzugreifen. «Christine!» ruft er, aber sie hört ihn nicht, und das Seltsame, daß er selber seine Stimme nicht vernimmt. Sie rutscht weiter und reißt dabei die Augen auf, wie die Zigeunerinnen vor der Schwarzen Muttergottes und die Weiber auf dem Heiligen Berg bei Příbram. «Bitte, steh auf!» sagt Amery, will sie unter den Achseln packen und anheben. Aber seine Hände greifen nicht. «Bist du wahnsinnig?» brüllt er, hat aber plötzlich den Einfall, sie anzurufen, und während Christine den rechten Fuß des jungen Mannes küßt, geht er zum Telefon, das auf einem Glastisch vorm Fenster steht, und merkt sich die Nummer. Dann verläßt er den Raum und sieht, während er die beiden Flügel zusammenschiebt, daß sich Christine auf den jungen Mann wirft, der nun kein anderer als Karol Djudko ist.

Inzwischen hatte Amery das Wellfleisch aufgegessen. Er sah noch einen Augenblick auf das fettige Papier und den Rest der Salzstange. «Hat's geschmeckt?» hörte er den Metzger hinter sich fragen. Er nickte, sagte aber nichts, weil er meinte, niemand würde ihn verstehen. Er trat auf die Straße, ging über die Havličekgasse zum Masaryk-Bahnhof.

Manfred Bieler (geb. 1934)

Ein völlig poetischer Zauber

Lange Zeit hindurch hat der Besuch Böhmens und namentlich Prags von Sachsen aus auf mich einen völlig poetischen Zauber ausgeübt. Die fremdartige Nationalität, das gebrochene Deutsch der Bevölkerung, gewisse Kopftrachten der Frauen, der heimische Wein, die Harfenmädchen und Musikanten, endlich die überall wahrnehmbaren Merkmale des Katholizismus, die vielen Kapellen und Heiligenbilder machten mir stets einen seltsamen berauschenden Eindruck, der vielleicht an die Bedeutung sich anknüpfte, welche bei mir der bürgerlichen Lebensgewohnheit gegenüber das Theatralische gewonnen hatte. Vor allem übte die altertümliche Pracht und Schönheit der unvergleichlichen Stadt Prag auf meine Phantasie einen unverlöschlichen Eindruck.

Richard Wagner (1813–1883)

Gasthausgarten

Du bist in einem Gasthausgarten in der Umgebung von Prag
Du fühlst dich voll Glück eine Rose steht auf dem Tisch
Und statt an deinem Märchen in Prosa zu schreiben
Siehst du dir den Goldkäfer an der im Herzen der Rose schläft
Voll Schrecken erkennst du die Linen deines Gesichts in den Achaten von Sankt Veit
Todtraurig warst du den Tag als du dich dort gesehn
Du siehst aus wie Lazarus dem der Tag die Sinne verwirrt
Die Zeiger der Turmuhr im Judenviertel gehn rückwärts
Und langsam gehst auch du in dein Leben zurück
Indes du hinaufsteigst zum Hradschin und abends in den Tavernen
Tschechische Lieder singen hörst

Guillaume Apollinaire (1880–1918)

Zur Aussprache tschechischer Wörter

á	langes a	Vater	Malástrana	
é	langes ä	Währung	Staré Město	
í	langes i	Liebe	Petřín	
ó	langes o	Oper		
ů	langes u	Mut	U Fleků	
ý	langes i (hart)	Kübel	Týnský chrám	
c	wie z	Zahl	ulice	ulize
č	wie tsch	tschechisch	česky	tschesky
ě	wie je		Město	Mjesto
ř	wie rsch	barsch	Petřín	Petrschin
š	wie sch	schön	Šarka	Scharka
v	wie w	Wasser	Voda	Woda
z	wie s	Rose	Zlatá	Slata
ž	wie sch	Flausch	věž	wjesch

AUTOREN- UND QUELLENVERZEICHNIS

ANDERSEN, Hans Christian (1805–1875). Eines Dichters Basar. Aus dem Dänischen. *Seite 121*

APOLLINAIRE, Guillaume (d.i. Apollinaris de Kostrowitzky, 1880–1918). (1) Der Passant von Prag. In: Paul Nettls Alt-Prager Almanach 1926. (2) Zone. Aus dem Französischen von Johannes Hübner. In: Poetische Werke. Luchterhand Verlag, Darmstadt 1969. *Seiten 110, 249*

BASS, Eduard (d.i. Eduard Schmidt, 1888–1946). Ein Prager Sherlock Holmes. Aus dem Tschechischen von Gustav Just. Verlag der Nation, Berlin/DDR, 1984. *Seite 237*

BECHSTEIN, Ludwig (1801–1860). Deutsches Sagenbuch. Leipzig 1852. *Seite 97*

BEN-GAVRIEL, Mose Y. (1891–1965). Das Haus in der Karpfengasse. Colloquium Verlag, Berlin 1958. *Seiten 107, 148*

BERLIOZ, Hector (1803–1869). Memoiren. Aus dem Französischen. München 1979. *Seite 91*

BIELER, Manfred (geb. 1934). Der Mädchenkrieg. Hoffmann und Campe Verlag, Hamburg 1975. *Seiten 172, 177, 246*

BLOCH, Chajim (1881–?). Der Prager Golem. Berlin 1920. *Seite 165*

BOTE, Hermann (um 1436–um 1526). Till Eulenspiegel. Hg. von Siegfried H. Sichtermann. Insel Verlag, Frankfurt a.M. 1978. *Seite 129*

BRECHT, Bertolt (1898–1956). Schweyk im Zweiten Weltkrieg. In: Gesammelte Werke. Suhrkamp Verlag, Frankfurt a.M. 1967. *Seite 86*

BRENTANO, Clemens (1778–1842). Die Gründung Prags, V. Akt. *Seite 207*

BROD, Max (1884–1968). (1, 4) Streitbares Leben. Insel Verlag, Frankfurt a.M. 1979. (2) Die verkaufte Braut; Der abenteuerliche Lebensroman des Textdichters Karel Sabrina. Bechtle Verlag, München 1962. (3) Prager Tagblatt; Roman einer Redaktion. Frankfurt a.M. 1968. © Ilse Esther Hoffe, Tel Aviv. *Seiten 38, 55, 107, 176*

ČAPEK, Karel (1890–1938). Der gestohlene Mord. Aus dem Tschechischen. In: Alt-Prager Geschichten. Frankfurt a.M. 1982. Rechte beim Gebr. Weiss Verlag, Dreieich. *Seite 222*

CASTELLI, Franz Ignaz (1781–1862). Memoiren meines Lebens. *Seite 140*

ČECH, Svatopluk (1846–1908). Der Buchdämon. Aus dem Tschechischen von Peter Demetz. In: Alt-Prager Geschichten. Insel Verlag, Frankfurt a.M. 1982. *Seite 223*

CHATEAUBRIAND, François René de (1768–1848). Erinnerungen. Aus dem Französischen von Sigrid v. Massenbach. Nymphenburger Verlagshandlung, München 1968. *Seite 52*

CLARY-ALDRINGEN, Alfons (1887–1978). Geschichten eines alten Österreichers. Ullstein Verlag, Frankfurt und Berlin, 1977. *Seite 26*

CLAUDEL, Paul (1868–1955). Gesammelte Werke, Band 1: Lyrik. Benziger Verlag, Zürich 1963. *Seiten 71, 90*

EICHENDORFF, Joseph Freiherr von (1788–1857). Aus dem Leben eines Taugenichts. *Seite 127*

FEHR, Götz (1918–1982). Prag; Geschichte und Kultur. Rembrandt Verlag, Berlin 1967. *Seiten 14, 79*

FILIP, Ota (geb. 1930). Café Slavia. S. Fischer Verlag Frankfurt a.M. 1985. *Seite 104*

FREYTAG, Gustav (1816–1895). Bilder aus der deutschen Vergangenheit, IV. *Seite 122*

FRISCH, Max (geb. 1911). Tagebuch 1946–1949. Suhrkamp Verlag, Frankfurt a.M. 1950. *Seite 88*

FUCHS, Rudolf (1890–1942). Die Prager Aposteluhr; Gedichte, Prosa, Briefe. Mitteldeutscher Verlag, Halle 1985. *Seite 70*

GRAB, Herrmann (1903–1949). Der Stadtpark. Fischer Taschenbuch Verlag, Frankfurt a.M. 1985. *Seite 193*

GRILLPARZER, Franz (1791–1872). (1) Tagebuch auf der Reise nach Deutschland 1826. (2) Ein Bruderzwist in Habsburg, IV, 3. *Seiten 81, 111*

GRIMMELSHAUSEN, Hans Jacob Christoffel von (1620–1676). Der teutsche Michel, Caput 11. *Seite 79*

HAAS, Willy (1891–1973). Vor hunderttausend Jahren. In: Merian. Hoffmann und Campe Verlag, Hamburg 1961. *Seite 211*

HAAS, Rudolf (1877–1943). Der Denkzettel. In: G. M. Greif-Bayer (Hg.): Die Wundersame Stadt; Prager Geschichten. Prag 1942. *Seite 242*

HÁLEK, Vítězslav (1835–1874). In: Gustav Just (Hg.): Prager Miniaturen; Ansichten aus alter Zeit. Buchverlag Der Morgen, Berlin/DDR 1985. *Seite 32*

HĂSEK, Jaroslav (1883–1923). Die Abenteuer des braven Soldaten Schwejk. Aus dem Tschechischen von Grete Reiner. Rowohlt Verlag, Reinbek. 1962. *Seite 195*

HAUPTMANN, Franz (1895–1970). Der Soldat Christoph; Eine Erzählung aus Prag. Wien 1943. *Seite 96*

HAUSENSTEIN, Wilhelm (1882–1957). Europäische Hauptstädte. Prestel Verlag, München 1954 – Zweite veränderte Ausgabe. (Erste Ausgabe: Eugen Rentsch Verlag, Erlenbach-Zürich und Leipzig 1932.) Copyright: Frau Margot Hausenstein und Frau Renée-Marie Parry Hausenstein. *Seite 65*

HELLER, Leo (1876–?). Bunte Lieder. Zürich 1903. *Seite 202*

HELLER, Servác (1845–1922). In: Gustav Just (Hg.): Prager Miniaturen;

Ansichten aus alter Zeit. Buchverlag Der Morgen, Berlin/DDR 1985. *Seite 86*

HERDER, Charlotte (1872–1959). ...schaut durch ein farbiges Glas auf die aschfarbene Welt; Kindheit und Jugend im alten Prag. Herder Verlag, Freiburg 1954. *Seiten 57, 72*

HERLOSSOHN, Karl (1804–1849). Riesengebirge. Leipzig 1847. *Seite 158*

HERRMANN, Ignát (1854–1935). In: Gustav Just (Hg.): Prager Miniaturen; Ansichten aus alter Zeit. Buchverlag Der Morgen, Berlin/DDR 1985. *Seiten 187, 231*

HERZOGENBERG, Johanna Baronin (geb. 1921). Prag; Ein Führer. Prestel Verlag, München 1966. *Seite 99*

HODIN, Josef Paul (geb. 1905). Dieses Mütterchen hat Krallen; Die Geschichte einer Prager Jugend. Hans Christians Verlag, Hamburg 1985. *Seite 160*

HOLÁN, Vladimir (1905–1980). Trialog. In: Ripellino (Hg.): Magisches Prag. (s. d.) *Seite 108*

HÜBNER, Friederike (geb. 1918). Knoblauch, Kunst und Kindheit in Prag. Eugen Salzer Verlag, Heilbronn 1975. *Seiten 63, 246*

JANOUCH, Gustav (geb. 1903). Prager Begegnungen. Aus dem Tschechischen. Paul List Verlag, Leipzig 1959. *Seiten 179, 197*

JIRÁSEK, Alois. Böhmens alte Sagen. Aus dem Tschechischen von Hans Gärtner. Artia Verlag, Praha 1963 *Seite 114*

KAFKA, Franz (1883–1924). (1, 3, 5) Sämtliche Erzählungen. Copyright 1935 Schocken Verlag, Berlin. Copyright 1946, 1963 Schocken Books Inc., New York City, USA. © 1969 S. Fischer Verlag, Frankfurt a.M. (2) Briefe. Copyright 1958 Schocken Books, New York. (4) Briefe an Milena. Copyright 1952 Schocken Books, New York. (6) Tagebücher. Copyright 1948, 1949 Schocken Books, New York. Abdrucke mit Genehmigung des S. Fischer Verlages, Frankfurt a.M. *Seiten 12, 91, 97, 125, 194, 210*

KABI. Rabbi Abigdor Kabis Elegie. In: Alterthümer der Prager Josefsstadt. Hg. von David J. Podiebrad. Prag 1855. *Seite 154*

KAMPER, Jaroslav (1871–1911). Wanderungen durch Alt-Prag. Prag 1932. *Seiten 48, 49, 115, 220*

KARÁSEK ze Lvovic, Jiři (1871–1951). Román Mafreda Macmillena. In: Ripellino (Hg.): Magisches Prag. (s. d.) *Seite 227*

KERR, Alfred (1867–1948). Die Welt im Licht. Frankfurt a.M. 1920. Rechte beim Argon Verlag, Berlin. *Seiten 15, 62*

KEYSSLER, Johann Georg (1693–1743). Neueste Reisen durch Deutschland, Böhmen, Ungarn... Hannover 1740/41. *Seiten 78, 103*

KIRSCH, Sarah (geb. 1935). Zaubersprüche; Gedichte. Langewiesche-Brandt, Ebenhausen 1974. *Seiten 83, 164*

KISCH, Egon Erwin (1885–1948). (1) Hetzjagd durch die Zeit. (2) Marktplatz der Sensationen. (3, 4, 5) Geschichten aus sieben Ghettos. Aufbau Verlag Berlin/DDR 1973. *Seiten 28, 117, 167, 218, 236*

KOHN, Salomon (1825–1904). Prager Ghettogeschichten. *Seite 150*
KOHOUT, Pavel (geb. 1928). Erste Begegnung mit Prag. In: Prag, Hg. v. P. Kohout und A. Neumann. Deutscher Taschenbuch Verlag, München 1984 *Seite 112*
KRAUS, Karl (1874–1936). Worte in Versen. In: Schriften in zwölf Bänden. Suhrkamp Verlag, Frankfurt a. M. 1986 *Seite 183*
KRAUS, Oskar (1872–1942). Die Meyeriade. Leipzig 1892. *Seite 34*
KRISCHKE, Traugott (Hg.). Einladung nach Prag. Albert Langen Georg Müller Verlag, München 1966. *Seiten 131, 136*
LASKER-SCHÜLER, Else (1869–1945). Sämtliche Gedichte. Kösel Verlag, München 1966. *Seite 166*
LAUBE, Heinrich (1806–1884). Reise durch das Biedermeier. Hg. von Franz Heinrich Körber. Hoffmann und Campe Verlag, Hamburg 1965. *Seite 46*
LEBZELTER, Friedrich (17. Jh.). In: Herzogenberg, Prag (s. d.). *Seite 78*
LEPPIN, Paul (1879–1945). (1) Prager Rhapsodie; Erstes Buch. Prag 1938. – (2) Sehnsucht nach Prag; Altprager Motiv. In: Dirk O. Hoffmann: Paul Leppin. Diss. Basel 1973. – In der Mitte von Prag. In: Oskar Wiener (Hg.): Deutsche Dichter aus Prag. Wien und Leipzig 1919. *Seiten 80, 141*
LILIENCRON, Detlev von (1844–1909). (1) Poggfred; Sechzehnter Kantus. (2, 3) Bunte Beute. *Seiten 24, 77, 143*
LORENZ, Willy (geb. ?). (1) Liebe zu Böhmen. Amalthea Verlag, Wien 1987. (2) Monolog über Böhmen. Wien 1964. Abdruck mit Genehmigung des Autors. *Seiten 12, 30*
LUSTIG, Arnošt (geb. 1926). Die Wand. In H. Volakova (Hg.): Schicksal des jüdischen Museums in Prag (s. d.). *Seite 155*
MALLY, Leo Hans (geb. 1901). In: Sudetenland, München 1961/3. *Seite 14*
MANN, Golo (geb. 1909). Wallenstein. S. Fischer Verlag, Frankfurt a. M. 1971. *Seite 75*
MAUTHNER, Fritz (1849–1923). Prager Jugendjahre; Erinnerungen. S. Fischer Verlag, Frankfurt a. M. 1969. *Seite 31*
MEISSNER, Alfred (1822–1885). (1) Geschichte meines Lebens. Wien und Teschen 1884. (2) Lemberger und Sohn. Wien und Teschen 1865. *Seiten 23, 116*
MEYRINK, Gustav (1868–1932). (1) Das Haus zur letzten Latern. (2) Der Engel vom westlichen Fenster. (3, 4) Der Golem. Albert Langen Georg Müller Verlag, München 1973, 1975, 1971. *Seiten 22, 53, 145, 149*
MÜLLER, Wilhelm (1794–1827). Gedichte. Leipzig 1868. *Seite 39*
MUNDT, Theodor (1808–1861). Madonna; Gespräche mit einer Heiligen. Leipzig 1835. *Seite 230*
MUSÄUS, Johann Karl August (1735–1787). Libussa. *Seite 206*
NATONEK, Hans (1892–1963). Kinder einer Stadt. Paul Zsolnay Verlag, Wien und Hamburg 1987. *Seite 182*

NERUDA, Jan (1834–1891). (1, 2, 3) Kleinseitner Geschichten. Übersetzung von Josef Mühlberger. Winkler Verlag, München 1965. (4) Bilder aus dem alten Prag. Aus dem Tschechischen von Hans Gaertner. Aufbau Verlag Berlin/DDR 1984. *Seiten 66, 68, 71, 233*

NEZVAL, Vítězlav (1900–1958). (1, 3) Ausgewählte Gedichte. Übersetzung von Johannes Schröpfer. Suhrkamp Verlag, Frankfurt a.M. 1967. (2) In: Ripellino (Hg.): Magisches Prag. (s.d.). *Seiten 16, 50, 181*

PALACKÝ, František (1798–1876). Skizze einer Geschichte von Prag. Verlag Werner Dausien, Hanau 1985. *Seite 26*

PERUTZ, Leo (1882–1957). Nachts unter der steinernen Brücke. Paul Zsolnay Verlag, Wien und Hamburg 1975. *Seite 153*

PICHLER, Caroline (1769–1843). Denkwürdigkeiten aus meinem Leben. Wien 1844. *Seite 102*

Prag und die Prager; Aus den Papieren eines Lebendig-Toten. Leipzig 1845. *Seiten 19, 137*

PROSS-WEERTH, Heddy (geb. 1917). Prag und die Tschechoslowakei. Walter Verlag, Olten 1967. *Seite 190*

RAABE, Wilhelm (1831–1910). Holunderblüte. *Seiten 21, 159*

REICHARDT, Johann Friedrich (1752–1814). Vertraute Briefe, geschrieben auf einer Reise nach Wien und den österreichischen Staaten. Amsterdam 1810. *Seite 135*

RETCLIFFE, Sir John (d.i. Hermann Goedsche 1815–1878). Biarritz, Bd. I. *Seite 163*

RILKE, Rainer Maria (1875–1926). (1, 4) König Bohusch. In: Sämtliche Werke, Band 4. (2, 3) Gedichte; Sämtliche Werke, Band 1. Insel Verlag, Frankfurt a.M. 1961. *Seiten 43, 62, 101, 186*

RIPELLINO, Angelo Maria (1923–1978). Magisches Prag. Aus dem Tschechischen von Pavel Petr. Rainer Wunderlich Verlag, Tübingen 1982. *Seite 124*

ROHAN, Bedřich (Lebensdaten unbekannt; war vor 1939 Redakteur in Prag). Kafka wohnte um die Ecke; Ein neuer Blick aufs alte Prag. Herder Verlag, Freiburg 1986. *Seite 185*

SAAR, Ferdinand von (1833–1906). Innocens. *Seite 202*

SALUS, Hugo (1866–1929). (1) Wintertag auf dem Hradschin. In: Oskar Wiener (Hg.): Deutsche Dichter aus Prag. Wien und Leipzig 1919. (2) Reigen. (Ort?) 1900. *Seiten 42, 113*

SAND, George (1804–1876). Consuelo. Aus dem Französischen. Leipzig 1845. *Seite 101*

SCARPI, N. O. (1888–1980). Liebes altes Prag. Werner Classen Verlag, Zürich und Stuttgart 1968. *Seite 191*

SCHILLER, Friedrich (1759–1805). Geschichte des dreißigjährigen Krieges, 1. Buch. *Seite 228*

SCHOTTKY, Julius Max (1794–ca. 1848). Prag, wie es war und wie es ist. Prag o.J. *Seite 140*

SCHÜRER, Oskar (1892–1949). Prag; Kultur, Kunst, Geschichte. Callwey Verlag, München 1935. *Seiten 28, 73*

SEALSFIELD, Charles (d. i. Karl Postl, 1793–1864). Österreich, wie es ist, oder Skizzen von Fürstenhöfen des Kontinents. *Seiten 50, 126*

SEIFERT, Jaroslav (1901–1986). (1, 3, 5) Der Halleysche Komet. Aus dem Tschechischen von Franz Peter Künzel. Schneekluth Verlag, München 1986. (2, 4) Alle Schönheit dieser Welt. Aus dem Tschechischen von Hans Gaertner. Albrecht Knaus Verlag, München 1985. *Seiten 48, 81, 178, 211, 217*

SEUME, Johann Gottfried (1763–1810). Spaziergang nach Syrakus im Jahre 1802. *Seite 106*

SLEZAK, Leo (1873–1946). Mein Lebensmärchen. Piper Verlag, München 1948. *Seite 194*

SMETANA, Bedřich (1824–1884). Smetana ve Vzpominkách. Prag 1939. Aus dem Tschechischen vom Hg. *Seite 94*

STIFTER, Adalbert (1805–1868). (1, 3) Witiko. (2) Die Mappe meines Urgroßvaters, Kap. 3. *Seiten 44, 131, 204*

STROBL, Karl Hans (1877–1946). Der Schipkapaß. Berlin 1908. *Seite 89*

TOMEK, Wenzel Wladiwoj (1818–1905). Geschichte der Stadt Prag. Prag 1856. *Seite 134*

TORBERG, Friedrich (1908–1979). Die Tante Jolesch oder Der Untergang des Abendlandes in Anekdoten. Albert Langen Georg Müller Verlag, München 1975. *Seiten 173, 174*

URZIDIL, Johannes (1896–1970). Prager Triptychon. Albert Langen Georg Müller Verlag, München 1950. *Seiten 46, 63, 240*

VOLAKOVA, Hana (Hg.). Schicksal des Jüdischen Museums in Prag. Übersetzung von Erich Bertleff. Artia Verlag, Praha 1965. *Seiten 147, 155*

VOLAVKA, Vojtech (geb. 1899). Kunstwanderungen durch Prag. Aus dem Tschechischen von A. Kucerová u. a. Artia Verlag, Praha 1966. *Seite 113*

WAGNER, Richard (1813–1883). Mein Leben, Band 1. München 1911. *Seite 248*

WALTER, Bruno (1876–1962). Thema und Variationen. Copyright 1947 Bruno Walter, New York. Abdruck mit Genehmigung des S. Fischer Verlages, Frankfurt a. M. *Seite 138*

WATZLIK, Hans (1897–1948). Junge Jahre in Prag. In: G. M. Greif-Bayer (Hg.): Die wundersame Stadt; Prager Geschichten. Prag 1942. *Seite 16*

WECHSBERG, Joseph (1907–1983). Forelle blau und schwarze Trüffel; Die Wanderungen eines Epikureers. Reinbek 1964. Lizenz von der Agence Hoffman, München. *Seite 243*

WEISEL, Georg Leopold (1804–1873). Träger. In: Vilma Iggers, Die Juden in Böhmen und Mähren. C. H. Beck Verlag, München 1986 *Seite 151*

WERFEL, Franz (1890–1945). (1) Der veruntreute Himmel. Copyright 1939 Berman Fischer Verlag, Stockholm. (2) Das Trauerhaus. Copyright 1952

Alma Mahler-Werfel. – Abdrucke mit Genehmigung des S. Fischer Verlages, Frankfurt a. M. *Seiten 59, 119*

WIENER, Oskar (1873–?). Alt Prager Guckkasten. Prag 1922. *Seiten 200, 224*

ZELLER, Ernst C. (?). Scharka. In: Herlossohn, Riesengebirge (s. d.). *Seite 226*

ZELTER, Karl Friedrich (1758–1823). In: Der Briefwechsel zwischen Goethe und Zelter. Hg. von Max Hecker. Leipzig 1913. *Seite 58*

Der Verlag dankt den in den Quellenvermerken genannten Rechte-Inhabern für die freundliche Genehmigung zum Abdruck der Texte. Nicht für jedes Zitat war die Rechte-Situation zu klären. Der Verlag ist für Hinweise dankbar.

Die Überschriften in diesem Buch sind mit wenigen Ausnahmen vom Herausgeber formuliert, also keine originalen Überschriften. Kürzungen sind innerhalb der zitierten Texte vermerkt – mit (...) –, am Anfang und Ende eines Textes jedoch nicht. Eckige Klammern bezeichnen Einfügungen des Herausgebers.

Dr. phil. Heinrich Pleticha, geb. 1924 in Warnsdorf/Nordböhmen, war seit 1950 im Schuldienst, zuletzt Leiter eines Musischen Gymnasiums. Er ist Honorarprofessor an der Universität Würzburg, Autor und Herausgeber zahlreicher Jugendbücher und historischer Sachbücher für Erwachsene, u. a. einer dreibändigen Weltgeschichte und einer zwölfbändigen Deutschen Geschichte.

Heinrich Pleticha hat Sagen, Legenden und Anekdoten aus dem alten Prag gesammelt, neu erzählt und im Verlag Herder, Freiburg, herausgebracht. Das Buch – «Wanderer, kommst du nach Prag» – ist illustriert mit 32 Farbtafeln nach Aquarellen von Václav Jansa (1859–1913), dem Prager Meister der Architektur- und Landschaftsmalerei.

BILDERVERZEICHNIS

REGISTER

Die dtv Merian Reiseführer

dtv Reise Textbücher (bis Sommer 1988)

ROM
Herausgegeben von Franz Peter Waiblinger. dtv 3900

LONDON
Herausgegeben von Harald Raykowski. dtv 3901

PARIS
Herausgegeben von Hans von Ziegesar. dtv 3902

BERLIN
Herausgegeben von Barbara u. Walter Laufenberg. dtv 3903

ISTANBUL
Herausgegeben von Jale Tükel. dtv 3904

WIEN
Herausgegeben von Heinz Gumpelmayr. dtv 3905

VENEDIG
Herausgegeben von Franz Peter Waiblinger. dtv 3906

MÜNCHEN
Herausgegeben von Albert von Schirnding. dtv 3907

PRAG
Herausgegeben von Heinrich Pleticha. dtv 3908

In Vorbereitung befinden sich die Bände
Kopenhagen, Florenz, Moskau, New York, Hamburg.